國家社會科學基金重大招標項目
國家社會科學基金冷門絕學研究專項

湖北省公益学术著作
Hubei Special Funds 出版专项资金
for Academic and Public-interest
Publications

U0679494

清代書院課藝選刊

魯小俊 主編

經正書院課藝三集

[清] 陳榮昌 選定 顧瑞雪 整理

長江出版傳媒｜崇文書局

目　録

卷一　經學

卷二　史學

卷三　雜文

卷六 經文

經正書院課藝三集

陳小圃院長選定　監院張 督刊

光緒二十九年癸卯六月開雕

卷一　經學

"括囊无咎无譽"解

（崧督憲課二名）

袁嘉穀

明矣哉！孔子《繫坤》六四之《象》曰："括囊无咎，慎不害也。"且於《文言》衍之曰："天地閉，賢人隱。"

《易》曰："括囊无咎无譽。"蓋言謹也。謹即慎，慎即慎其所以括。括之爲言，結也。取象於囊，則虞仲翔所謂"坤爲囊"者是。虞又曰："括囊在外，多咎也。得位，承五，繫於包桑。故无咎。陰在二，多譽；而遠在四，故无譽。"注《易》之書，今存者，虞其最先，故其説猶明乎象。其舍象而專言理者，干令升引甯戚、蘧瑗："與時卷舒，不艱其身，則无咎。功業不逮，故无譽。"亦可謂善言《易》也。

愚泛覽後儒之學，推"括囊"之理，則有如程子、朱子、劉氏牧、項氏世安、王氏宗傳、俞氏琰。穴"括囊"之象，則有如孔氏穎達、來氏知德、王氏夫之、惠氏棟、毛氏奇齡、張氏惠言、姚氏配中。博證窮搜，總之不離乎虞、干兩説。蓋"囊"所以盛物，而慎以"括"之，人不覺其慎而咎之，人亦不覺其慎而譽之，斯固無煩異解耳。夫《坤》隤然示人以簡，故曰："坤以簡，能簡則順。"故曰："坤道其順，順則静。"故曰："其静也翕，翕則闔。"故曰："闔户謂之坤。"

"括囊"之義，問有異於簡、順、翕、闔諸義乎？《易緯鑿度》曰："坤之性體二，默塞三，沈厚。"又曰："坤道有閉。"鄭氏康成注："閉塞源脈，性不發洩。萬物不化，名之括包。""括囊"之義，間有異於沈、默、閉、塞諸義乎？其慎如此，則唐史氏徵《周易口訣義》所云："不與物忤而无咎，德不施而无譽。"不亦共協於《象》與《文言》乎？

乃焦氏循不從"括""結"之訓。括，結也。《後漢書·康成傳》"括囊大典"，《楊賜傳》"括囊避咎"，注皆同《說文》作"絜"。絜、結，一也。《方言》："括，閉也。"《廣雅》："括，塞也。"《韓詩章句》："括，約束也。"義皆同"結"。訓"括"爲"法"也，又"至"也。義非無所本也，而揆諸孔子示慎之義則已乖。至於《荀子·非相篇》引《易》曰"括囊无咎无譽"，腐儒之謂也。楊氏倞注："引以喻不談説者。"豈知君子處世，實有不得不避凶，不得不畏名者。安在括囊不談而可厚非哉！抑聞之荀子非《易》學專家，言《易》者勿引也可。

"括囊无咎无譽"解

（崧督憲課六名）

張鴻範

《易》道之精，見於《爻辭》。《爻辭》之旨，戒慎居多。如《坤》六四："括囊无咎无譽。"示慎言也。自來解者，莫如《象》《繫》《文言》爲最古，而亦最精。而後儒紛紛，皆不能出其範圍。

何以見《象》之精乎？《象》曰："括囊无咎，慎不害也。"以"慎"解"括囊"，以"不害"解"无咎无譽"，是一言而《爻》旨已明也，又何以見《文言》之精乎？《文言》曰："天地閉，賢人隱。"引《爻辭》曰："蓋言謹也。"謂"四"以陰居陰，有凝閉象。天地閉，賢人隱，謂泰反成否，小人道長，君子道消，隱遯不言，是慎行尤必慎言也，不已明"括囊"之義哉！

且何以見《繫辭》之精乎？《繫辭》有曰："亂之所生也。"則言語以爲階,言行,君子之樞機。樞機之發,榮辱之主。君子藏器於身,慎密不出。觀此諸説,則"括囊"示慎言益明。又有曰"動而不括",可知"括"則不動。《坤》四之不動,正"括囊"也。此雖非爲慎言發,而推而言之,則"括囊"示慎言尤顯。故後世每以"括囊"喻慎言,蓋本於此。

然則"无咎无譽"又何解乎?《繫辭》曰:"无咎者,善補過也。"又曰:"二多譽,四多懼,謂四近君位,稍不慎,則得咎。故曰多懼。"可知《坤》四之慎,善於自藏,即善於補過,故曰"无咎"。"二"之多譽,遠於君也。"四"近於君,多懼而慎,慎而自藏,故不惟无咎,而亦无譽。不然,"括囊"而稍自矜,是得譽即得咎矣,安見无咎无譽哉?

至虞氏注"括"爲"結",即《繫辭》"不動"之義,干氏以爲甯戚、蘧瑗之爻,不外《文言》賢人隱之説。而程子《易傳》,朱子《本義》《易説》,鄭氏《舜舉翼傳》,王氏《宗傳》《易傳》,項氏安氏《玩辭》,以及國朝王氏夫之《稗疏》、惠氏棟《周易述》、毛氏奇齡《仲氏易》、張氏惠言《虞氏義》、姚氏配中《姚氏學》、焦氏循《易章句》,或解大義,或述舊説,又安可以《繫辭》之説括之?故蒙但據《象》《繫》《文言》以解《坤》六四爻辭,而一言以蔽之曰:示慎言。亦庶幾得以經證經之意云。

"十月爲良月"解

(崧督憲課四名)

袁嘉穀

魯莊公十六年,鄭厲公治與於雍糾之亂者。公父定叔出奔衛。三年而復之曰:"不可使公叔無後於鄭。"使以十月入,曰"良月"也,就盈數焉。

案："十月"爲"良月"，因"十"爲數之盈。《左傳》明明載之，本無可疑。杜元凱注："數滿於十。"孔仲達疏："數至十爲小盈。"考之許氏《說文》："十，數之具也。"一爲東西，十爲南北，則四方中央，備矣。備者何盈也？人無不務盈，故盈數謂之良。董子《繁露》："十者，天數之所止也。"黃帝《素問注》："十者，天地之至數也。"楊子《太玄注》："十，終也。"曰止，曰至，曰終，皆與盈數之義近。若《易》之"十年乃字"，疏："十者，數之極也。"則仲達可自爲證。《左》僖四年、襄二十八年，疏皆有"十者，數之小成"之文。則以傳疏證傳疏，尤有不煩旁徵者。

夫注疏明則傳益明。"十月"所以爲"良"，尚非盈數之故耶？觀歷代說經家，無一異詞。蓋以屬公之言，屬公早自解之，而況乎注疏尤解之詳也。自顧氏炎武《日知錄》創"雙月"之說，引顏師古注《漢書》："李廣數奇，命隻不耦。"以雙月爲良，隻月爲忌，喜耦憎隻，古人有之。案《史記·李廣傳》："上以爲廣老數奇。"如氏注："數爲匈奴所敗。""奇"爲不耦也。是"數奇"乃指屢敗而言。孟康曰："奇，不耦也。"服虔曰："作事數不耦也。""奇"本"耦"之對，故胥以"不耦"釋"奇"。然漢武自論廣敗，非論廣命。師古謂"命隻不耦"，已失《史》《漢》本旨，而可據以證《左傳》乎？況顧氏之意，不過以後世喜雙偶作筆錄，見古人先有此風，本不謂《傳》當作此解。觀顧之《左傳杜解補正》不載此條，可見梁氏履繩乃取顧說，益之曰："屬公以十四年六月甲子，復入定位。"蓋亦以雙月雙日爲利《左通補釋》。

案：屬公居櫟窺鄭，久而不得入。傅瑕貳以甲子殺鄭伯，乃納屬公。屬公初無成心，如曰必擇乎雙，設令瑕舉事於雙月隻日，將以爲不利而不入耶？矧屬公入鄭，不以此始。桓十一年九月，自宋歸鄭，己亥立。陳厚耀《春秋長曆》謂己亥乃九月二十五日。彼亦雙月雙日耶？抑前之入不以隻月隻日爲不良，今之入獨以雙月雙日爲良耶？竊謂以雙月爲良，至淺且謬，陽卦奇，陰卦耦，豈陰卦皆良,而陽卦皆不良乎?一歲十二月,不獨十月雙也。豈二、四、六、八之月皆良,而餘月皆不良乎?《小戴記》云:"及良日,屈子《九歌》云:'吉日兮辰良。'"良日、良辰猶言吉日、吉辰也,豈必雙日雙辰姑稱"良"乎?

　　愚故除"雙月"之說,注疏是宗,非惟宗注疏也。良月就盈數,《左傳》明明載之,曾《左傳》之弗信,而欲以異詞相尚,可乎哉?至於戴子高《經傳》識小,以良本爲囸,即古文陽。證合於《爾雅》"十月爲陽"。然《爾雅》言正月陽生,故曰"爲陽"。《左傳》言"十月盈數",故曰"良月"。一夏正,一則正,無煩牽合,牽合則鑿。

問:《詩》非《序》不明。漢唐諸儒無不遵《序》者。自鄭夾漈《詩傳辨妄》始,力詆《小序》,《書序》亦不謂然。朱子如《序》言美刺者,必責其詩有其人其事以爲徵,否則斥爲無理,將"文外曲致"之謂。何也?《雅》有大小之別。沈歸愚謂音體有大小,非政事有大小,然歟?否歟?諸生學《詩》有年,可各言所心得無隱

（林藩憲課八名）

袁嘉端

　　古書之存者希矣,其幸而存,必闖而廢之,忍乎哉!然必謂守一古書,寸步不可失,非愚則泥,非泥則偏。況《詩》無達詁,聖人詩

教只重其益我者爾，門戶奚爲？

然則《小序》可違乎？曰：不可。《小序》雖不明誰作，而出毛公先。雖衛宏有附益，而悖《詩》旨者蓋寡。鄭謂毛引《序》置詩首，良然。或曰附益者毛、衛均有，則非觀毛《傳》或異《序》義者，可知也。如謂《小序》可廢，是鄭漁仲《詩傳辨妄》之説也。夫漁仲之妄亦甚矣，而乃舍己而辨人妄耶？乃自漁仲一倡而宏儒然，《詩》學遂與漢異。

國朝諸經師轉而屈宋以伸漢，不惟漁仲之書鄙之不齒，即朱子《集傳》亦受集矢。夫而後漢、宋之争起，門户成矣。愚於《詩》也，拙而好讀《小序》以通《詩》，顧深疑朱子之通，何故爲漁仲誤？及博考朱子舊説，皆符《小序》。《集傳》之作，不過以備一説爾。不考朱子舊説，謂朱子全廢《小序》，其失也誣。矧《集傳》中從《小序》者，計半而强，縱不以《小序》置篇首，而未嘗不存爲一卷。然則馬貴與所謂"《書序》可廢，《詩序》必不可廢"，誠佳論也。

雖然，《書序》亦豈可廢哉！蔡九峰聞朱子訓，不遺餘力以攻之。攻之當否姑無論，第執依仿《書序》之《僞尚書》，而疑不同僞書之古《書序》。噫，惑也！夫古書之存者希矣，廢《書序》非人情，廢《詩序》尤非善讀者。士而果善讀書，則不惟《小序》可存，毛《傳》之謹，鄭《箋》之博，以及孔《疏》之暢，無不可存以廣益。

以《小雅》《大雅》之分而論，沈歸愚以音、體分者，孔《疏》未嘗不明之，是誠不得以唐儒而輕之也。夫唐儒不可輕也，而必盡輕宋儒；以朱子《集傳》爲不足取，是將於"文王陟降，景山與京"諸解，亦不取朱子定説，又豈聖人擇善而從之教哉！毛以定之方中，"景山"爲大山，不如朱以爲如"既景迺岡"之景，謂"景"此"山"與"京"，如"望"此"楚"與"堂"也。朱子解"文王陟降"二句甚善，見《東塾讀書記》。

“陽，一君而二民”“陰，二君而一民”解

（全臬憲課一名）

張儒瀾

古聞臨兆民之君，不聞懷二心之臣。《易》曰：“陽，一君而二民，君子之道；陰，二君而一民，小人之道。”二者何？眾也。何以不言眾？言二而眾可推也。

一君而二民者何？以一君而治眾民也。何言君子之道？率土之濱，莫非王臣也。二君而一民者何？以一民而事二君也？何言小人之道？天無二日，民無二王也。乃後儒紛紛穿鑿。鄭康成謂黃帝時，地方萬里，中華夷狄，各居其半，共事黃帝。故曰“一君而二民”。三代末，地僅黃帝四之一，須更立一君，方有黃帝時一民之地，故曰“二君而一民”。前人多從之。

嘻，執是説也，則是《易》以地廣者爲君子，地狹者爲小人，是啟好大之風也，此豈聖人之言哉！惟惠氏棟謂：“陽卦一陽而二陰，在人爲一君而二民，二民共事一君，故君子之道。陰卦一陰而二陽，在人爲二君而一民，一民兼事二君，故小人之道。”其説甚確。若王氏夫之之説，引孔子出疆載贄爲證，意以爲一民原可事二君，不知《易》之所謂“二君而一民”者，乃謂二君並立，而一民並事之，非舍此就彼之類。乃原《繫》所謂“社稷有主，而外其心”之類也。至焦氏循又引《後漢書·仲長統傳》，“民”字作“成”，疑是長統所見之本與康成所見不同。然就此處而論，“臣”“民”未嘗不可相通也。若夫韓注謂：“君以無爲統治，無爲則一；臣以有事代終，有事則二。”其解“二”字似太深晦。愚故獨遵惠氏之説，而補其未備之義也。何也？古聞“臨兆民之君”，不聞“懷二心之臣”也。

"陽，一君而二民""陰，二君而一民"解

（全臬憲課六名）

袁嘉穀

惑哉，焦氏循、張氏惠言、姚氏配中、孫氏星衍！諸經説競衍鄭氏"陽，一君而二民""陰，二君而一民"之注，斤斤以地之中外、時之今古分陰陽，豈知鄭氏固經師，而不能無疵之論，何可盡坿？蓋坿之，則鄭注雖通，而《易經》反不可通矣。

今以經文味之。"君民"之解，當從韓氏康伯説。"民"即"臣"也，古人多互用。故《後漢書·仲長統傳》直引作"陽，一君二臣""陰，二君一臣"。或據此謂《易》古本有作"臣"者，不知"臣""民"同用也。"民"字之解無疑，則經意謂二民事一君，爲君子道；一民事二君，爲小人道，更何疑哉？

夫上古之重臣節，當嚴於後世。《禮·坊記》云："有君不謀仕，惟卜之日稱二君。"謂君子既有此君，不可謀仕他國；唯筮仕之日，可舉兩國之君以卜之。本《欽定禮記義疏》。未仕而求一君，蓋猶是君子之道；若仕二君，非小人之道而何？經文本明，合以《禮經》則尤明，何關乎地之中外、時之今古哉？孔子曰："《易》者，理人倫而明王道，順陰陽以正君臣之義。"君一民二，非正義耶？若"二君而一民"，《易緯》所謂治道得則陰物變爲陽物；其反也，陽物變爲陰物者是見《稽覽圖》。

論陰陽之本義，本非陽正而陰邪，六十四卦中，孰非陰陽之互用？特此經言"陰陽"，承上文"德行何也"而言。非專言卦，又明明分小人、分君子，信乎陽正而陰爲邪爾。爲臣民者讀經，尚何至不事一君而事二君耶？疑之者曰：經責臣民，胡不曰"陽，二民而一

君”“陰，一民而二君”？應之曰：是固然矣。《易》責臣民，大義昭然。然經言由君而民，責君之義亦見。不觀《御纂周易折中》乎？“君之權出於一，君爲主也；出於二，反若民爲主也。一而有統，則民之眾翕然從令；二而多門，則民之卑各行其私。”大哉王言！可息群疑，非惟鄭説不可從，即專責臣民，經義猶有未盡也。

“陽，一君而二民”“陰，二君而一民”解

（全臬憲課九名）

孫文達

《易》之最顯最明、不煩辭而可解者，莫如“陽，一君而二民”“陰，二君而一民”二語。蓋約其要，有兩端焉。知兩端之要，可以破眾説之惑。浩其詞，鑿其義，泥其説，晦其旨，經生曉曉，胡爲者？

一在知六子卦畫之義。《繫辭下》傳第四章，專論六子卦畫。乾、坤以純陽、純陰生六子，震、坎、艮六子之陽者，巽、離、兑六子之陰者。陽卦皆一陽爻，二陰爻；陰卦皆二陽爻，一陰爻。其曰“一君”“二君”，即卦中之陽爻是；曰“二民”“一民”，即卦中之陰爻是。曰“陽，一君”“陰，二君”，故上曰陽卦奇，陰卦耦；曰“陽，一君而二民”“陰，二君而一民”，故上曰陽卦多陰，陰卦多陽。其所謂“陽”，正震、坎、艮之陽卦；所謂“陰”，正巽、離、兑之陰卦。所謂“君”“民”，正卦中陰陽爻之所以分。特上言畫數之多寡，及數之所以多寡。此則推言數之多寡，見德行之不同，故下以“君子”“小人”別之。君子屬陽剛，小人屬陰柔，在卦爲陰、陽，在世道爲君子、小人。此明明言六子卦畫，亦明明推闡卦畫之意。竊意知此一要，而其説已瞭然矣。

一在知爻德。蔡虛齋曰：“周公之繫《爻辭》，或取爻德。剛柔

中正之謂德。剛柔則有善不善，惟中正則未有不善者。"據此，則所謂"一君二民""二君一民"，非論爻德而何？爻有君子之象，是剛柔而得中正者也；爻有小人之象，是剛柔而失其中正者也。且證之《上傳》曰："動靜有常，剛柔斷矣。"朱子《本義》云："動者，陽之常；靜者，陰之常。剛柔者，《易》中卦爻陰、陽之稱。"此言"一君二民"，當即所謂陽之常；"二君一民"，當即所謂陰之常。下各別以君子、小人，當即所謂剛柔之斷。此蓋明明闡爻德也。故上曰"其德行何也"，是又二語之最要者矣。

雖然，言之者紛然矣。鄭玄以地之廣狹言，仲長統以"寡者爲人上，衆者爲人下"而言，韓康伯以"君无爲統衆，臣有事代終"而言，王夫之以"陽爲信爲義，陰爲情爲利"而言，以及惠棟《周易述注》據《春秋》，姚配中《周易姚氏學案》宗仲長統之說，孫星衍《周易集解》、焦循《周易補疏》、張惠言《周易鄭氏義注》諸人，又皆祖鄭氏之說。嗚呼！說愈紛，旨愈晦矣。

蒙以爲不必曉曉也，知六子卦畫之義，而民之旨明；知周公取爻德之義，而君子、小人之旨明。王伯厚《困學紀聞》曰："義理、象數，一以貫之，乃爲盡善。"明六子之卦畫象數也，明爻德之取義理也。据此二要固顯也明也，不煩辭而可解者也，復何爲衆說所惑哉！蒙故曰：知兩端之要，可以破衆說之惑。

"五味""六和""十二食"解

（全桌憲課三名）

張鴻範

蒙嘗謂《禮運》爲漢儒僞託，不特"大同""小康"云云，即此"十二食"之說，已見其僞。夫古祇云"五味"。自《周禮》食醬有曰："凡和春多酸,夏多苦,秋多辛,冬多鹹。調以滑甘,是以甘與滑調和四味也。"《禮記·內則》亦言之,而始有"六和"之説。此云"五味""六和",蓋本於此。若"十二食",則古無是説,必因上言十二月、十二管而僞撰以配之,則不經之甚也。

注《禮》之精,莫如康成。其注"五味"曰酸、苦、辛、鹹、甘,本古所云也。注"六和",亦本《周禮》及《內則》之文。而獨於"十二食"無注。據此,則"十二食"之説,鄭君已知其僞。是"五味""六和"可信,"十二食"斷不可信也。惜乎孔仲達不知鄭無注之意,而猶曰:"每月之首,各以其物爲質,是十二月之食。"又據《月令》食麥與羊,謂"春三月其食皆同,夏秋冬亦然"。是不惟不知"十二食"爲漢儒僞撰,且不知《月令》爲呂不韋作,皆非孔門之舊也。《正義》既誤,而宋儒方氏慤謂"十二食"爲六穀六牲,若"牛宜稌,羊宜黍"之類,周氏諝則直以《周官》"鼎十有二"當之,不尤一誤再誤,而並古人言食之義亦晦哉!

《説文》:"食,人米也。"段注:"人,集也。集眾米而成食也。"是"食"之本義爲眾米。眾米者,六穀之謂。故《周禮》:"饎人……共王及后之六食。"鄭注:"六食,六穀也。"然則古云"食"多指"穀";至"飲食"之義,則因其供口腹而引伸之也。食既爲穀,則古祇言"五穀""六穀",未聞有"十二"也。即《內則》於黍、稷、稻、粱外,加以白黍、黃粱、穛、稰,然穛、稰非穀,亦祇言"六穀"也。且言食之詳,莫詳於《周禮》。食醬言"六食",膳夫言"食用六穀",以及言"六飲""六膳""百羞""百醬""八珍"之齊,亦未聞有"十二食"之説,則其爲漢儒僞撰者尤無疑。

或曰:如子言,將何以解?還相爲質乎?不知"還相爲質"亦漢儒泥五行四時十二月"相還"而言。即云不泥,則"六和"云"春多酸",春三月即以酸爲質。陳氏澔之解是矣,奚必復言"十二食"哉!如以爲"飲食"之食,則方氏謂"六穀""六牲"似乎可據。然"十二食"之説既僞,則解者雖當,並不足爲据也。

後人讀《禮記》,當先辨真僞,而《禮》解以鄭注爲宗。觀鄭君之注與否,則"十二食"之僞益明。

《詩·小雅》"啓明""長庚"是否一星辨

(英糧憲課二名)

袁嘉穀

"啓明""長庚"一星也,非二星。且非星之本名。星本名"太白",晨出東方,昏見西方,故《大東》詩云:"東有啓明,西有長庚。"毛《傳》云:"日旦出,謂明星爲啓明;日既入,謂明星爲長庚。庚,續也。"蓋開日之"明",續日之"長",太白金星實如此,何煩異解? 自孔仲達《詩疏》含混,而鄭夾漈遂分爲二星,謂金在日西,故東見;水在日東,故西見。陳長發力辨其非,可謂允矣。顧夾漈之所以疑,當由一星而數名,請詳正之。

《爾雅·釋天》:"明星謂之啓明。"孫注:"太白,星也。晨出東方,高三舍,曰明星。"郭注:"太白,星也。晨見東方爲啓明,昏見西方爲太白。"《詩·女曰雞鳴》篇:"明星有爛。"朱子《傳》:"啓明也。"馬融《廣成頌》:"曳長庚之飛髾。"李賢注:"長庚,即太白星。"《太平御覽·天部》引《天官星占》曰:"太白在西方,一名天相,一名大正,一名大臣,一名大皓,一名明星。"又引《荊州星占》曰:"太白出東北爲觀星,出東南爲明星,出西方爲太白。"又引《廣雅》曰:"太白謂之長庚,或謂之太囂。"曹憲曰:"金,星也。晨見東方爲太白,昏見西方爲長庚。"

一星而且十數名,尚不止"啓明""長庚",何必分"啓明""長庚"之一而爲水星乎! 朱子《傳》頗同夾漈,而於此《大東》詩《傳》,盡從

12

毛説，且曰："金水附日而行。但金大水小，故獨以金星爲言。"蓋隱然攻夾漈之説。《皇朝文獻通考》謂："五星之體，金星最大。大則太陽在地平下之度，少即可見。"從朱《傳》而衍之，益以見詩人詠星，取最大而易見者也。故自朱子從毛，而後之劉氏彝、劉氏瑾、胡氏承珙、陳氏奐，俱不出毛《傳》之外。夾漈之説久棄之矣。

抑聞之古人《詩》説，韓最異毛。今人言星，西頗勝中。乃司馬貞《史記索隱》引《韓詩》曰："太白晨出東方爲啟明，昏見西方爲長庚。"是韓不異毛，而毛可信也。近人譯《天學啟蒙》有曰："金星早夜可望見兩次。"是西不異中，而毛益可信也。

《詩·小雅》"啟明""長庚"是否一星辨

（英糧憲課三名）

李　坤

《傳》曰："日日出，謂明星爲啟明，日既入，謂明星爲長庚。庚，續也。"據此則啟明、長庚皆明星之謂，一星也，何兩星之有？

自《箋》云"啟明、長庚，皆有助日之名"，則似兩星也者。於是《疏》引《爾雅·釋天文》云："明星謂之啟明。"孫炎曰："明星，太白也。出東方，高三舍，今曰明星。昏出西方，高三舍，今曰太白。"然則啟明是太白矣，長庚不知是何星也。或一星出在東西而異名；或二者別星，未能審也。鄭樵氏踵之，遂有金、水二星之説。

蒙按：郭璞氏《爾雅注》云："太白，星也。晨見東方爲啟明，昏見西方爲太白。"明爲一星，與《傳》合。或曰此晉人言也。張揖氏《廣雅》云："太白謂之長庚。"此魏人言，先於郭氏矣。或曰猶後也，鄒陽《上梁孝王書》曰："衛生設策，長庚入昴。"此説皆前於璞、揖矣。或曰詞章家也，近代英人駱克優《天學啟蒙》云："金星軌道，距太陽略遠，早夜可望見兩次。"此天算家言，可證非二星矣。或曰夷也，明徐光啟《新法表異》云："金星或合太陽而不伏，水星離太陽而不見。所以然者，金緯甚大。凡逆行在北七度餘，而合太陽於壽星、大炎二宮，則雖與日合，其光不伏。一曰晨夕兩見者皆坐此。"此則明官書可證，即金星非水星矣。或曰用西法也，《史記·天官書》："太白出東方，庫近日，曰明星；高遠日，曰大囂。出西方，庫近日，曰太白；高遠日，曰大相。"蒙按：太史公，漢人也，在璞、揖前也；生於龍門，非夷也。《史記》雖非官書，然《天官書》天算家言，非詞章家言也。漢無西法，則中法也，可以證爲一星矣。或曰未明言"長庚"爲"太白"也。蒙又按《史記索隱》引《韓詩》云："太白晨見東方爲啟明，昏見西方爲長庚。"韓更在史公前，可不必疑長庚爲何星矣。

《詩·小雅》"啟明""長庚"是否一星辨

（英糧憲課十六名）

李萼芬

天文星象之學，載在經籍，特讀者不察，所以習焉若忘耳。即如《小雅》云："東有啟明，西有長庚。"一東一西，頗似二星，然以爲金、水二者，誤也，非真知天學者也。

因孔子無一定見解，而鄭樵又分爲二星，且有"晨見而昏不見，昏見而晨不見"之説，是直以金星爲有晨度而無昏度，以水星爲有昏度而無晨度矣。不知金、水雖屬二星，而《小雅》之"啟明""長庚"則非二星也。故毛《傳》、《韓詩》、《廣雅》皆以爲一星，且謂其以一星而得二名，則"啟明""長庚"之爲一星，夫復何疑？

然水星小，距地遠，極難窺測；金星大，與地等，距地近，在東在西，俱爲目所共覩。蓋金星爲五緯中之一，即太白長庚是也。每夏秋間,見其先日而出,謂之"啟明";見其後日而入,謂之"長庚"。而推其先日、後日之故,因金星系繞日而行,日爲軌道輪心,晨見東方;金星在輪軌之上,日輪心尚未出地,故先日而出也。金星行至天頂,則軌道在日輪心之下,故有太白晝見。及日中黑子之異,其實日在上,星在中,地在下;經緯同度,行以直相衡也。至日入時,金星繞在日上,日輪心雖入,而金星軌道尚未與日同入,故後日而入也。

邇來天學家愈增進益,且能推測其體質之輕重廣大與自轉之時刻分秒,及繞日之橢圓輪次,而斷爲最近地球之一行星,證以在東在西之故。愈信毛《傳》、《韓詩》、《廣雅》之以一星決之爲是,而孔氏、鄭氏之誤爲二星者非云。

管仲平戎,魏絳和戎,得失若何説

（英糧憲課正取二名）

袁嘉穀

謬哉管仲!以天下才佐霸主,赴王室之難,不能以齊除戎,而反平戎於周。周雖弱,諸侯主也,且與戎和,諸侯何以自立哉!嗟嗟,和戎之害,向以爲惟漢、唐下之稱臣、稱姪、稱兒孫,受辱已耳,書之史册,貽萬年臭。豈知漢、唐之前已先有管仲爲之,是誠何心也!

然則戎不可和乎?曰:然。無已,則有一説。和戎以偷安,不可和也;和戎以養晦,則和。我求和於戎,不可和也;戎求和於我,則和。斯義也,晉之魏絳獨能之。

夫以晉悼之英明,伐彼無終。無終螳耳,豈能當車?顧晉之所求,求服鄭以服諸侯。伐戎而服之,實非急務。彰彰五利,絳非飾説。悼紲初謀而從絳,信千古和戎之一人哉!仲則不然。太叔帶召戎而仲不問,是曰養奸;戎不過揚、拒、泉、皋、伊、雒,而視之如大敵,是曰辱國;即令戎果當平,而秦、晉先平之,仲其後耳,是曰怠事。三者無可解仲之平戎,尚得以魏絳爭長耶?

且夫群國角立,非我制人,則人制我。戎非我宗族鄉黨,欲以一和保百年太平之局,勢必不能。誠知夫和非長策,勢又不能不戰,乃自仲、絳之後,中國無戰勝之。本專務和戎,英如唐太宗,雄如漢高祖,皆一邱貉,意以為戎性豺狼,我不近之,彼焉噬我?夫天下豈有終不噬人之豺狼哉!天生天下人,不肯使才力聰明盡於中國,我不施才力聰明以加人,人將施才力聰明以先我。和之不可恃,昭昭然矣。吾甚願千古謀國者,竭其才力聰明,自治治人,無為戎弱,魏絳雖賢,亦可師而不必師也,況管仲乎?

管仲平戎,魏絳和戎,得失若何說

（英糧憲課正取八名）

張儒源

管仲平戎,魏絳和戎,皆和也。千古和戎,皆失策也,烏乎得?

說者曰:仲之平,在定霸之後,可專力以制戎。況當日戎伐天子,罪不容誅,不討而平,是之謂失。若絳之和,在求霸之初,晉方盡力中原,何暇及戎?況戎既納貢請和,人服而我伐之,無乃不可乎?是絳之不伐而和,亦未嘗不得。

曰:唯唯,否否。仲之失誠如子言,而絳之失亦與仲同,安見其得也?為悼公謀者,與舍戎而求華,不如舍華而求戎也,何也?晉之強也以開疆,而其弱也以求霸,惜乎絳未之思也。方周惠王之世,晉之強大不若齊也。齊桓公納管仲言,不務開疆之實效,而務求霸之虛名,事事粉飾太平,而不知謀及子孫,觀於此之不伐戎而平戎,皆其粉飾之故態耳。晉獻公用里克、荀息諸人,不爭中夏之盟主，而惟務開疆，滅耿、霍、魏、虞、虢諸國，而晉遂強於齊。文公繼齊桓之業，爭盟中夏，襄、靈、成繼之，故外雖名爲霸，而內日弱。景公不與楚莊爭霸，而逞志戎狄，滅赤狄甲氏、赤狄潞氏，延及廧、咎，而天下莫強焉。

向使魏絳反管仲之術，教悼公棄陳而伐戎，即令諸侯叛而歸楚，而晉國表裏山河，君明臣忠，楚共懦弱，將帥無人，亦安能害晉哉！楚不害晉，而晉乃分其四軍，以一軍守國，一軍據險而防秦，而以二軍盡力從事於戎。斯時戎已漸弱，不難一舉而撲滅耳。諸戎既滅，更從事於狄。以平、昭之弱，而荀、吳孤軍且嘗逞志鮮虞，而滅肥、鼓、陸渾諸國；況悼公之才百倍平、昭，而絳與荀罃亦遠勝中行吳？君臣同德同心，又何患眾狄之不滅哉？戎、狄盡滅，則晉之封疆既廣，又無北顧憂，而後專盡力中原，則秦、楚諸國皆將北面而事之，而況中原諸小國乎？惜乎絳見不及此，而乃學仲之專務圖霸，粉飾太平，遂使封疆不廣；有人則強，無人則弱，至平、昭而遂不兢於楚者，皆絳和戎之過也。故曰絳之失亦與仲同，安見其得也？

嗟夫，和戎者，大不得已之舉也！爲國者，不幸而出此，亦惟臥薪嘗膽，以冀其不終和耳。至人心稍有可恃，則智者必不出於此也。吾觀古之和戎者，如漢，如唐，如宋，皆以和而愈弱，不獨仲與絳；而仲與絳爲其禍首耳。故曰千古和戎，皆失策也，烏乎得？

管仲平戎，魏絳和戎，得失若何說

（英糧憲課正取十八名）

張儒瀾

《左傳》僖十一年，揚、拒、泉、皋、伊、雒之戎同伐京師。次年，齊桓公使管仲平戎於王。杜注："平，和也。"又襄公四年，無終子嘉父使孟樂如晉，因魏絳納虎豹之皮以請和諸戎，晉悼公從絳謀，遂和之。其後漢和匈奴、唐和吐蕃、北宋和契丹、南宋和金，皆踵仲與絳之故智，而貽害無窮。說者遂謂二子爲千古之禍首，其失不可勝言矣。

噫！是說也，蓋僅就其流弊論，而未揣二子之時勢以立言耳。夫仲誠未見其得，而絳則不可謂之失也。何也？仲之平者，伐天子之戎；而絳之和者，納貢獻之戎也。仲之平在既霸中原之後，而絳之和在方爭中原之時也。夫桓公假"尊周攘夷"之名，所以得諸侯也。乃諸侯既得，而彼諸戎者，猶敢赴亂臣之召，伐京師，入王城，焚東門，而無所忌憚焉？向非賴秦穆、晉惠同心伐戎以救周，吾恐驪山之禍復見於茲也。仲身爲霸佐，既不能威戎，又不能勤王，則其平日尊周攘夷之心，亦大可知矣。

雖然，亡羊補牢，未爲晚也。爲仲計者，勸桓復和諸侯，同討不庭。當日諸侯方睦於齊，楚亦未敢大逞。而彼戎者，既無方城、漢水之險，又無子文、屈完之才，則移伐楚之眾以臨之，何難一舉撲滅哉？即不能滅，而天威所震懾，未必不如高宗之伐鬼方，宣王之伐荊、徐也，奈何不敢動眾而惟務和解？斯即戎終可和，而已失天子之尊；況乎求方張之猛獸而豢養之，其不復噬人者幾何也？觀於明年諸侯戍周，而曰"爲戎難"故。又三年，王以戎難告齊，復征諸侯戍周，安知非此一平之愈張戎燄哉？故曰仲之平戎，誠未見其得也。

若夫絳之時，則戎固未爲晉患，而自求服晉。且秦、楚方害晉，而中原之國未盡服也。以悼公之英明，荀罃之老練，八卿之和睦，絳之多智，諸侯之同心，諸戎之相助，猶且三駕而僅能服鄭郤楚，而秦則終爲害不止焉。向使絳不教悼公和戎，而悼公日以戎爲事，則諸侯必折而入於楚；諸侯既入楚，則戎害其北，秦剪其西，楚與諸侯攻其南，雖有智者，不能爲晉謀也。絳惟深見及此，故因其求和而與之和，既有叛而伐之、服而舍之之名，又令彼不爲我患，而我得專力制秦、楚，且可挾之以制秦、楚。觀於悼公既霸，而歸功於絳之和戎，則絳之此舉誠大有造於晉哉！故曰絳之和戎則不可謂之失也。

嗟乎！仲與絳往矣，世之主和戎者，每藉口於仲與絳。闢和議者，又歸咎於仲與絳。不知所處之，如仲之時勢，則斷不可學仲，如絳之時勢，則不妨於學絳也。雖然，後世戎狄日肆，絳亦烏可終學哉！

問：《列女傳》以《柏舟》詩爲衛宣公夫人作，以《大車》詩爲息夫人作。與《序》説殊矣。所載衛宣姜事，則貞女也；載息夫人事，則烈婦也，與《左傳》尤殊矣。劉向世受《魯詩》，學博言粹，當有依據。究與《左傳》《毛序》孰是孰非？其詳考而縷陳之

（興鹽憲課正取三名）

袁嘉毅

異乎哉，衛宣姜、息嬀，竟厠《列女》之林也！信其然也，則《左氏傳》可火也。何也？宣姜本衛急子妻，而淫於宣公昭伯；息嬀本息侯妻，楚文虜之而生子，而且蔡哀弗賓，子元見蠱，其人之穢，昭於《左氏》。如曰"烈女"，則將如明熹宗后人誣以辱於闖賊，識者雪之見朱竹垞《静志居詩話》，安在《左氏》之誣不可雪乎？特無如《左》雖

失誣，而於宣姜、息嬀事無誣可疑。不可疑而疑，不過曰據《列女傳》，衛宣夫人作《柏舟》、息君夫人作《大車》，實貞烈耳。夫二詩也，果出是二人哉？

愚習《毛詩》，繹《詩序》，《邶風·柏舟》言仁而不遇也，《王風·大車》刺周大夫也。《序》本不知何者作，然鄭君謂毛公分置《詩》首，則《序》礭先於毛公，如夏鼎，如殷盤，寶之久矣。方《毛詩》出時，《左傳》未出。而釋《碩人》，清人"黃鳥皇矣"與《左傳》合，此四語出鄭漁仲。漁仲首惡詆《序》，而不能盡背公論若此。知《左傳》《詩序》堪相表裏。縱衛宏益《序》《隋·經籍志》謂宏有坿益，《後漢書》直謂宏作《序》，非也，啟朱子疑，而疑《大車》，《序》仍謂爲周人之詩，《集傳》：周大夫能以刑政治私邑，故淫奔者畏而歌之如此。《柏舟》雖引《列女傳》而仍不謂宣姜作。《集傳》：《列女傳》以此爲婦人詩。今考其辭氣卑順，與下篇類，豈亦莊姜詩歟？是朱子不信《列女傳》，特借以駁《序》爾。詳陳長發《稽古篇》、胡墨莊《毛詩後箋》。夫旋引之，旋棄之，則《列女傳》可知也。王伯厚以朱子言《柏舟》，則取劉向失之也。

然則《列女傳》非耶？曰：唯唯，否否。《列女傳》乃劉向著，傳其祖交《魯詩》學，豈容輕議？特居漢而說春秋事，傳聞或異。所言楚納息君之夫人，使息君守門，夫人出見之，曰："妾無須臾而忘君，終不以身更貳醮。"乃作"穀則同室"之詩而自殺。烈哉夫人！第衡之《左傳》則乖矣，豈《左》之息嬀號"文夫人"，不聞號"息夫人"？向曰息君之夫人，殆別一人耶？然觀楚破息而納之之文，則又一也。豈誤傳息嬀不言，及"未亡人"之稱，謬爲美談，遂僞爲未事楚文耶？考向著《新序》，誤《王風·黍離》爲壽閔其兄作見《節士篇》。今誤《王風·大車》爲婦人作，毋亦類是？顧經師重家法，向必本《魯詩》舊說。《毛詩》出而三家微，殆亦以此類詩說，《魯》實不如《毛》耶？愚不能爲向飾非，亦何敢因此薄向也？

《邶風·柏舟》，向原不謂宣姜作。《太平御覽》引《列女傳》曰：

20

"衛寡夫人作。"見《御覽·人事部·貞女下》。是北宋前之《列女傳》本不作"宣",自王伯厚引作"宣"《詩考》,誤其字,遂誤其人。夫"寡"一作"寫",易與"宣"混,《急就章》後,草字大興焉,爲"烏""燕""灬"皆作"一",此亦相類。故《易·説卦》之"宣髮"混爲"寡",詳見陸元朗《釋文》、李鼎祚《集解》、洪容齋《隨筆》、惠定宇《九經古義》、臧五林《經義雜記》、王伯申《經義述聞》。《戰國·趙策》之"寡君"混爲"宣"。詳見吳師道注及臧氏庸《韓詩訂説考》。今不訂古書之真,反疑向之誤稱宣姜,嘻,慎矣!

且不讀終《列女傳》乎?衛寡見《貞順篇》,而篇中載陳寡,載魯陶寡嬰,載梁寡高行,皎然同例。然則持衛君喪之"衛寡",必非《左傳》淫亂之宣姜;作"我心匪石"之詩,必不得奪《詩序》"仁人"之説也。王伯厚《詩考》引李迂仲説,以《韓詩》云宣姜自傷所作。胡墨莊考李氏《集解》並無此説。臧氏庸、顧氏廣圻皆闢之,故不辨。又案:向《列女傳》言"衛寡"作"我心匪石"四句,而向之《説苑·立節篇》《新序·節士篇》皆引此四句,以指比干、原憲之流。陳碩甫《毛氏傳疏》云二書皆言不遇時,與毛合。是向亦未必專《魯詩》也。知《詩序》不可背,《列女傳》可盡從乎?

董子曰:"正朝夕者,視北辰;正嫌疑者,視聖人。"正《列女傳》,請再釋經。經録《新臺》《牆有茨》《君子偕老》,藉宣姜垂戒,豈誣宣姜?然猶曰"諸詩惟《序》指宣姜",詩中未明指也。若"鶉之賁賁,曰君曰兄",詩言明甚,況鄭伯有賦之?晉趙孟譏之,先我夫子而以爲狀第之淫詩,則《序》説指宣姜之淫亂者,南山不可移矣,胡爲乎而信宣姜作《柏舟》乎?

《詩》十五國風,鄶亡魏弱,有詩皆録;《大車》果息夫人作,表表如是。夫子何不録爲息國之《風》,而乃録於《王風》耶?《王風》十篇,自屬衰周之人作,於息若風馬牛,胡爲乎而信息嬀作《大車》乎?是故信今之《列女傳》,不如信北宋前之《列女傳》;余見《太平御覽》,乃鮑氏崇城刻本,"衛寡"亦作"衛宣"。案:臧氏庸《韓詩訂説考》、馬竹吾輯《魯詩故》所據本皆作"寡",今從之。又《御覽》作"衛寡夫人",中無"姜"字。今本《列女傳》作

"衛宣姜夫人"，非惟"宣"字誤，即"姜"字亦衍文也。信漢之《列女傳》，不如信周之《左傳》《詩序》.大毛乃荀卿弟子，《詩序》又在其前，或誤周之大毛爲漢之小毛，非也。而況乎經？

問：李鼎祚《周易集解》一書，唐以前解經諸説賴此篇猶傳於世。惟與孔穎達《正義》多有不同。其中異字異義，能詳引而縷陳其得失歟？

（松府憲課正取二名）

袁嘉穀

恒謂漢儒得簡難，非口傳，非家法，經且不傳，遑言通經。至後世印書易得，重通經而已爾，猶姝姝守一家之言，惡乎通？善夫李資州《周易集解》，例雖沿何解《論語》、范解《穀梁》，而採博取精，不爭門户，實突過乎何、范，立千古通經之則，誠先得我心者也。

夫以十八卷而集三十五家之説，視孔仲達疏、王輔嗣注，宏狹頓殊。顧疏以輔嗣爲祧，則尺寸不失，自是宗子之義。故資州《集解》本欲刊輔嗣而補康成見資州《自序》，而輔嗣有長，仲達有長，無不採者，公而不偏，卓然真儒。新、舊《唐書》不傳之，豈資州不仲達若哉？

考資州之書，《四庫》收毛汲古閣本，與仲達本同。惟仲達從韓康伯仍以《序卦傳》爲一篇，資州則散列六十二卦之首《乾》《坤》卦無序，故自《屯卦》始。夫《序卦》乃十翼之一，資州散之，似不若仲達矜慎，古經次第豈容輕移？若託詞錯簡，肆意更張，此淺人邇古就己

22

之術，不足取也。顧愚所見資州書，乃盧雅雨堂本，《序卦》雖散見卦首，而《説卦》《雜卦》之間，仍存《序卦》全篇。《四庫提要》云："卦序散綴，蓋用《毛詩》分冠《小序》之例。"豈毛本異盧本竟無此篇，而資州遂負改經之議耶？

夫《易》之原書，惟朱子本合於古。漢費直以《象》《繫辭》《文言》解説上下經見《漢書·儒林傳》。《易》早失舊，康成別《文言》而仍爲一篇，《魏志》博士俊曰："鄭合《彖》《象》於經，不言《文言》。"又《崇文總目》謂鄭注存者，爲《文言》《説卦》《序卦》《雜卦》四篇，則鄭本以《文言》爲一篇，可知也。而輔嗣復分之《乾》《坤》卦内。朱子未出以前，《易》之竄亂甚矣。資州散《序卦傳》，而《序卦傳》卒未之删，重複則有之，竄亂則未也。《易》之爲書也，有天道，有地道，有人道，有聖人之道四：尚其辭，尚其變，尚其占，尚其象。仲達衍輔嗣微言，王伯厚所謂理義之學，以其辭見王輯鄭注《自序》亦資州所謂全釋人事者見資州《自序》。其通乎人道，而不悖天地之道；通乎變《象》《占》，而不悖理義之辭，殆不屬仲達而屬資州乎？矧漢經師之餘説，久爲輔嗣所掩，商彝夏鼎，若存若亡，使無資州書，則欲窺康成之堂，以上溯京、焦，下稽干、虞，猶望三神山而無路。是資州傳經，厥功獨偉，況義通天人，駕仲達上而何媿哉！

至於經文異字，非《急就章》所得詳。要其崖略，可得而言。一曰經承之異，如"甲坼洗心暴客，綑緼寡髮"，《集解》作"甲宅先心疏客，壹壹宣髮"是。一曰增減句字之異，如"不易乎世，不成乎名"，《集解》無兩"乎"字；"天下之理得，而成位乎其中矣"，《集解》"成位"上多"易"字是。一曰古字假借之異，如"引而伸之，刳木剡木擊柝"，《集解》作"引而信之，挎木掞木擊榛"是。一曰增偏旁而不害假借之異，如"自天佑之，屢遷懲忿，以佃以漁"，《集解》作"自天右之，婁遷徵忿，以田以魚"是。舉斯爲例，《集解》得而疏本失，斷乎無疑。即曰《説文》之"萑乎不拔，童牛之告"，鄭注之"徵忿償欲，匪寇昏冓"，《集解》沿輔嗣作"確"作"牿"作"窒"作"婚媾"，未必無失。

　　然《集解》失之者，仲達亦豈得之哉？愚故於資州一書，信其甚於注疏，可以貫漢學，可以融門户，可以通功於羣經。

　　　問：《桑中》詩自《小序》及朱子皆引
　　　《樂記》"濮上""桑間"之音之義
　　　定爲淫詞，謂"桑間"即"桑中"也。
　　　然前人有辨《桑間》紂樂，非指
　　　《桑中》詩者。近人有謂《桑中》
　　　爲戴嬀答莊姜《燕燕》之詩者。
　　　　　各出所見以對

　　　　　（松府憲課正取三名）

張儒瀾

　　《桑中》，刺淫之詩也，而非《樂記》所謂《桑間》。自《續詩序》誤引《樂記》"政散民流"之語，朱子遵之，遂混《桑間》《桑中》而爲一，且謂爲淫者自作。而近人之鑒其失者，又謂《桑中》非刺奔之詩，而以爲戴嬀答莊姜之辭。如前之説是謂誣古，如後之説是謂疑古，皆不足取信於後世也。

　　夫解《詩》誠莫精於《小序》。然惟其首句爲然，以下則前人謂爲漢儒所續。觀其《三百篇》中，與首句相矛盾者甚多，決非出一人手也。此詩《小序》首句不過曰"桑中，刺奔也"，而"衛之公族"下數語，皆漢儒所續，何足信乎！朱子不遵原《序》"刺奔"之説，而獨尊《續序》引《樂記》之語，庸知《樂記》之所謂《桑間》乃紂所作樂？鄭康成注已言之，烏得謂即《桑中》詩乎？

24

獨是"桑間""桑中",前人剖辨者眾且詳,兹不贅。而近人梁氏《兩般秋雨庵隨筆》載《桑中》爲戴嬀答《燕燕》之説,則又好逞新義,而實無確據也。竊嘗反覆思之,而知其不足信者六焉。《小序》首句之解,確不可易。兹謂爲戴嬀答莊姜之詩,則與《小序》首句"刺奔"不合,不足信者一也。漢儒既知莊姜送戴嬀詩,豈有獨不知戴嬀答莊姜詩,而誤爲淫詞之理?不足信者二也。十五國之詩皆有次序,此詩前爲《牆有茨》《君子偕老》,後爲《鶉之奔奔》,皆宣姜時詩,不當以戴嬀詩插入,不足信者三也。觀莊姜送戴嬀之詩,何等哀感;則戴嬀答莊姜之詩,豈能獨無哀感意乎?況戴嬀之子爲人所弑,以至己垂老而大歸,其哀感當有更甚於莊姜者,豈能爲此毫無悲傷之詩乎?不足信者四也。淇水在衛之北,陳在衛之南,莊姜送戴嬀歸陳,安得過淇之上?不足信者五也。其説以孟姜爲指莊姜,則孟庸、孟弋又何所指?如謂庸、弋爲齊同姓國,則究何所據而知之乎?且庸、弋國之女可謂之孟庸、孟弋,然則莊姜亦可謂之"孟齊"耶?《詩》又何以不言"孟齊"而言"孟姜"乎?不足信者六也。

若夫《桑中》之爲刺淫,則不獨《小序》及漢宋諸儒言之,前人引《左氏》"申叔跪"諸語,又經傳之可證者也。特不可謂即《樂記》之《桑間》,亦不可謂爲淫者自作耳。故曰《續序》、朱子之説是謂誣古,梁氏之説是謂疑古,皆不足取信於後世也。

"肆不殄厥愠,亦不隕厥問"解

(堂課一名)

袁嘉毅

周大毛、漢後鄭、唐孔仲達説"肆不殄厥愠,亦不隕厥問"爲文王,而國朝經學家如陳氏啟源、胡氏承珙、陳氏奐從之,惟宋之朱子、元之蔣仁叔、明之朱備善謂爲太王。然朱《傳》有曰："德盛而混夷服,已爲文王之時。"又曰："八章言至文王而服混夷。"是亦不以主文王爲非也。東萊呂氏、公瑾劉氏則以一章之言,言太王,又言文王,何其紛耶!

欲解其紛,請先釋"肆"。蓋毛《傳》之"殄"訓"滅","愠"訓"恚","隕"訓"墜",本無可疑;即毛訓"未""問"而朱《傳》謂通於"聲聞",古籍昭然。《詩·車攻》"有聞無聲",《卷阿》"令聞令望",陸氏《釋文》本皆作"問"。《檀弓》"問喪",《釋文》本作"聞"。鄭云聘問非不可通,然以不隕義決之,則不貫可知,疑亦何有? 今惟釋"肆",本毛《傳》故今之訓,因得以斷從文王。《爾雅·釋詁》:"治、肆、古,故也。肆,故今也。"按:古今義相反,古本可訓"故",特連下文"今也",言疑非古字,當涉故字偏旁而衍。《釋言篇》:"潛,深也。潛,深測也。"可證"肆""故"之間不當有古字竹注。毛蓋本之"故肆戎疾不殄",《傳》亦云"故今"。鄭《箋》:"肆,伐大商之肆。""肆,皇天弗尚之肆。"無不云然。然則以故承上,以今啟下,一"肆"字而兼兩義,雖朱《傳》,豈有異哉! 夫"肆"訓"故今","今"必指文王。若太王,則謂之古公亶父也,奚爲"今"? 按:公亶父,猶言"公劉"。古公亶父,猶言"昔君文王",非"古公"爲號。崔東壁説,今從之。

難者曰:本詩末章,始明言文王,文王之事不當早突言之? 應之曰:"故今"之詞,本非突言;若謂下章始言文,則"虞芮質厥成"乃真突耳。二《雅》詠文王,有終篇不見文王者,奚獨此章爲疑耶?

難者曰:《皇矣》言"柞棫斯拔,松柏斯兌。帝作邦作對,自太伯王季",與"殄愠"二句之下文同。彼言太伯王季,則此必屬之太王。應之曰:《皇矣》前三章,至宋始以爲文王前事。若毛、鄭傳《詩》,則"松柏柞棫"以上皆指文王;"作邦作對",謂天興周而生明君,自太伯王季而已。然何得誤解《皇矣》,反謂彼非文王,此亦非文王耶?

難者曰:孟子言"殄愠"二句,文王也。與"憂心悄悄,愠於群小",孔子也,對言。"憂心"二句,詩不指孔子,豈"殄愠"二句,詩獨爲指文王乎？應之曰：孟子說《詩》，固多斷章取義。然"麗億"之商孫，"素餐"之君子，《小弁》《凱風》諸篇，亦多就詩義言。若引"王赫斯怒"，而斷曰此文王之勇，安知不與此類耶？夫執孔子句以例文王，固屬有理；然執一以概盡孟子之說《詩》，斯亦泥矣。且不聞孟子曰：文王事昆夷乎？果使太王時昆夷已駁，文王尚何事之？與湯事葛同。湯事葛而後征之，文事昆夷而後去之，詩言得孟子而明，"珍恓"二句，亦可因"昆夷"句而明也。《皇矣》二章云："串夷載路，天立厥配。"毛、鄭說"配"指太姒，不指文王之妃；"串夷"即昆夷，是亦文王去之之事也，何得曰彼此皆言太王乎？孟子言"太王避狄"，"狄"非昆夷，然且避之，故知其不能去昆夷也。

朱子雖主太王，而"昆夷之駁"仍以爲文王時，且於《思齊》詩傳云："肆戎疾不殄，烈假不瑕。"此兩句與"珍厥恓，不隕厥問"相表裏。夫《思齊》既云文王，則《綿》亦云文王，信乎無疑。朱子之說，須觀會通，愈以知毛、鄭舊說不可徑削。若東萊、公瑾一說，毋乃太易乎？

"達四聰"解

（堂課一名）

袁嘉穀

《尚書》，史祖也，尊之爲經；而史乃推《史記》祖。然《記》之《五帝三代紀》多本諸《書》，字句之殊，不啻《書》注。周氏聯奎曰："古文未列博士，人所罕見。史公既傳，自安國欲便覽者，往往以訓詁字改經文，增省通假，要無大異。今文是即真古文也。"見嚴氏杰《經義叢鈔》。《書·堯典》："詢于四岳，闢四門，明四目，達四聰。"今在《舜典》，非也。詳王西莊《尚書後案·書〈序〉案》。《記》則曰："謀于四嶽，辟四門，明通四方耳目。""詢""謀"，義一；《爾雅·釋詁》："詢，謀也。""岳""嶽"，"闢""辟"，字一。《史記》引

《書》“太岳”“岳陽”，皆作“嶽”。《荀子·議兵》注：“辟，與闢同。”“明四目”直用經文，顯然無異；然以“達四聰”爲“通四方之耳”，豈不亦顯然無異哉！

《禹貢》：“達于河。”“達于淮泗。”《記》俱作“通”。“達”與“通”本互訓也。《説文》：“通，達也。”《廣雅》：“達，通也。”“四”訓“四方”，承上“四岳”“四門”。言“四岳”者，四人主方岳之事。本《詩·崧高》疏所引，鄭注、《史記集解》作“主四岳”之事，與陶靖節《群輔録》所引，皆作“四人”。若蔡《傳》以爲“一人”，則《堯典·僉曰》不可通也。“四門”者，四方之門本《史記集解》所引馬注。若《詩·緇衣》疏引鄭注，言“四門”爲卿士私門。江艮庭《集注音疏》非之。故“四目”之四，與“四聰”之四，無不可以賅四方。《左》昭二十年《傳》注：“四物，四方之物。”《後漢·馬融傳》注：“四野，四方之野。”文法同此。

《説文》：“聰，從耳，悤聲。”《洪範》曰：“聽，曰聰。”《論語》曰：“聽思聰。”聰屬乎耳，耳貴乎聰，故耳徹爲聰，見《莊子》。聞審謂聰，見《管子》。聰者，聞事審義，見董子。“聰”之古訓，難能如此。“舜達四聰”，蓋取人爲善之意胡廬山説。以天下之耳爲耳，猶之《吕覽》云：“諸侯四面以達。”《莊子》注云：“達者，無滯於一方也。”《尚書序》：“堯聞舜聰明。”“聰明”即本此經文。經文不言“達四耳”，而以“達四聰”對“明四目”，猶之“明四目”之對“闢四門”也。矧古經不尚工對，曰“聰”，曰“耳”，字殊而解通，信夫！

《史記》可作《書》注也。或曰：《史記》之説，不幾鄰僞孔《傳》，廣聽四方之説乎？曰：然。然此自僞孔本《史記》以爲傳，焦里堂、陳蘭甫之節取僞孔，此類是也，恒論古書簡至少。授經非專則不傳，故兩漢經師，家法綦重，後世書大備，正宜博文折衷，轉不重乎守家法。僞孔無家法，只斥其戾經者耳，並有本者斥之，豈通論乎？

倘必於僞孔求異焉，則將如段懋堂説而後可。段據《左》文十八年《傳》杜注，引“達四聰”作“達四窗”，竟解作“四旁之窗”詳《尚書撰異》。不知"窗"與"聰"古字通用。劉熙《釋名》:"窗,聰也。"《釋宮室篇》杜即引作"窗",亦不當作"窗牖"解。故《左傳》孔疏不釋"窗牖",而仍引孔《傳》以申杜。況乎陸元朗《釋文》杜注:"'窗',本亦作'聰'。"張守節《史記正義》轉引杜注:"正作'達四聰'。"《五帝紀》"賓於四門"句下。是知杜注本作"窗"者。不過後來之誤本,安在"窗"之果爲杜注耳?乃近人《群經平議》復陰襲夫段説,以杜引作"窗",古説之幸存者。觀其言"闢四門",所以"明四目",則經二句而併爲一言;"達四窗",所以"達四聰",則經一句而拆爲二,增減無當,是皆求異僞孔之過也。

夫僞孔可異,異僞孔並異《史記》則不可,何也?《史記》自成一家言,而嘗從孔安國問故。《漢書·儒林傳》:"遷書載《堯典》《禹貢》《洪範》《微子》《金縢》諸篇,多古文説。""達四聰"爲"通四方之耳",殆即古文説歟?顧愚考之古文家説,惟《史記》首;今文家説,惟《大傳》宗。《大傳》曰:"闢四門,來仁賢。"《文選·劍閣銘》李注引。"來仁賢"之意,亦"明達以廣耳目"之意。今古文説一也,豈今古文外尚有"窗牖"一説之理乎?

至於《風俗通》用"闢門開窗",正同杜注之"聰""窗"通用。《小爾雅廣詁》:"開,達也。"《後漢·郅壽傳》引經亦作"開四聰"。凡不異《史記》之文,並堪臚爲《尚書》解。

"達四聰"解

(堂課三名)

張鴻範

自孔《傳》亡,而後儒解《尚書》者多臆説。其尤謬者,段氏玉裁《古文尚書撰異》、俞氏樾《群經平議》,解《堯典》"達四聰"爲"達四窗",意在駁梅《傳》"廣視聽於四方,使天下無雍塞"之僞。不知梅《傳》固僞,豈遷史《五帝紀》所載《堯典》之文亦僞乎? 遷從安國問故,其曰:"明通四方耳目。"殆即本孔《傳》之舊,以解"明四目,達四聰"。不然,何以遷載舜"至于文祖,謀于四岳,辟四門",皆與《尚書》"舜格于文祖,詢于四岳,闢四門"同,而"通明四方耳目"獨與"明四目,達四聰"異耶? 是遷史本孔《傳》之言無疑矣。

然則"明四目"者,明四方之視;"達四聰"者,通四方之聽也。夫明通四方之視聽,則視聽廣;視聽廣,則天下無雍塞。梅《傳》所云與遷史合,或亦本孔《傳》之舊也。《尚書大傳》,伏生手訂以釋《尚書》者也。有曰:"晨興闢四門,來仁賢。"梅《傳》于"闢四門"下亦曰:"廣致眾賢。"與伏《傳》合。班史《梅福傳》上書曰:"博覽兼聽,謀及微賤。所令深者不隱,遠者不塞。"所謂"辟四門,明四目"也,而梅《傳》"廣視聽、無雍塞"與之合。然則梅氏此傳,古訓也,非僞傳也,其亦本孔《傳》之言無疑矣。

自應氏劭《風俗通》有曰:"人君闢門開窗。"杜氏預注《左氏》文十八年《傳》引曰"闢四門,達四聰"釋。陸氏德明《釋文》:"聰,本一作窗。"段氏、俞氏遂据爲"達四窗",安知應氏之言非指《堯典》,杜氏之書傳寫或誤耶? 即實指不誤,則据應、杜作"四窗",曷若据遷史作"通四方之耳"義較長乎?

且以字義論,則解字莫精于許書。其曰:"聰,察也。從耳,悤聲。""窗,通孔也。從穴,悤聲。"聲雖同而義迥別,安得易"聰"爲"窗"也? 即朱氏駿聲《説文通訓定聲》亦祇謂"窗"可訓"聰","聰"不可訓"窗",亦可知易"聰"爲"窗"之誤。但朱氏于六書外,增引申一類,非許書舊例,故不引。尤可怪者,陳氏喬樅《古今文尚書經説考》既据《尚書釋文》知《古文尚書》作"聰",据遷史《五帝紀》知歐陽《尚書》亦作"聰"是也。何以猶泥段作"窗",謂是大小夏侯《尚書》之文乎? 不知歐陽、大小夏侯皆傳伏生今文。漢儒守師説,斷無異義,則大小夏侯作"窗"之説不足信。繼恐人指其失，又据范史《郅壽傳》，何敞以"闢四門，開四聰"彙舉，《班昭傳》昭上疏曰："闢四門而開四聰。"謂亦讀"聰"爲"窻"之證。果爾則其誤已先于應、杜，且又安知非范史本應、杜之言而改"達"爲"開"耶？是尤不可信者也。

然自陳氏作"窻"之説行，而俞氏復据鄭注"文祖猶周之明堂"，遂謂："四門、四窻，明堂之制。四窻，四旁之窻也。四門在前，故以喻目；四窻在旁，故以喻耳。"然不特俞氏之説，即博通今古文之孫氏星衍已有曰："遷史以'四'爲'四方'，亦謂明堂之四門，闢之所以明通視聽。"不知"闢四門"以上賓于四門異，上"四門"即明堂之"四門"。此"四門"，鄭注明言："亦因卿士之私朝在國門，則闢國之四門，非闢明堂之四門也。"國門，城門也，闢四城之門以廣致賢人，故伏《傳》曰"來仁賢"也。賢人，四方之耳目，眾賢致則四方之視無不明，聽無不通。故遷史曰"明通四方耳目"，即"明四目，達四聰"之確解。

而"四聰"斷非明堂之"四窻"。即以明堂論，《大戴記》曰："明堂自古有之，凡有九室，室有四户八牖，又曰四旁兩來窻。"鄭注："窻，助户爲明，每室四户八牖。"後之釋明堂皆本之，從無有"四窻"之説。俞言"四窗"，殆亦本應、杜之言而傅會之也。且以"四門"喻目，又以應、杜"門""窻"對言爲是，而疑"明四目"句爲本無，_{疑"明四目"，見孫氏星衍《今古文尚書注疏》。}穿鑿不尤甚乎？是欲駁梅《傳》之僞，而反不如梅《傳》之有本也。

然則"達四聰"之旨，當以遷史"通四方之耳"、梅《傳》"廣四方之聽"爲碻。其碻也，皆本孔《傳》之舊也。孔《傳》何嘗盡亡哉？特考据不精者，概以爲僞耳。

"達四聰"解

（堂課四名）

孫文達

異哉！段氏玉裁、孫氏星衍、惠氏棟、俞氏樾，據《左傳》"達四窗"杜注之解，遂謂"聰"即"窗"之原字。又引明堂制兩夾有窗以實其說，何其泥也！

夫"達四聰"一語，解之者不下數十家，然莫允於蔡沈《集傳》。竊謂申蔡《傳》之說，而羣喙或幾乎息。蔡《傳》曰："舜既告廟即位，乃謀治於四岳之官，開四方之門，以來天下之賢俊，廣四方之視聽，以決天下之壅塞。"據此，則"明目""達聰"兩語，凡以達民隱也。曰"達"者，下情上達之謂"達"，遠事近聞之謂"達"。且四岳之官，百揆之下，州牧侯伯之上，內外關通。能通上下之情，故亦謂之"達"也。曰"四聰"者，四岳關通內外，四方情僞罔不周知，知即入告我後，使四方無壅蔽之虞。如海曰"四海"，隅曰"四隅"，照曰"四照"之類。綜大旨而言，非真有"四聰"可稽也。

況"聰"之字，《說文》："察也。"《廣韻》："聽也，聞也。""察""聽""聞"皆主人身而言，是"聰"之屬於君身，而不必泥爲"窗"者，亦明明可見。且歷考諸書，如《洪範》："聽曰聰。"《史記》反"聽"謂"聰"。《管子》聞審謂聰。聰亦主人之聽。聞者居多，從未有"聰"可作"窗"之義。必泥《左傳》"達四窗"，遂謂"聰"可作"窗"，安知《左傳》之"窗"不出於亥豕魯魚之誤乎？即不誤，義亦舛矣。況明堂本周制，尤不可取以證有虞之事也。而段氏諸人遽欲創一解以新其說，豈可舍平易而行嶮巇者哉！吁，泥之甚，去蔡《傳》遠矣！

要之，"達四聰"一語，總以達民隱之義爲當。堯置諫鼓，立謗木；

禹以五聲聽治，即舜"達聰"之謂也。推而言之，合其道，則光武之置周黨，文皇之屈魏徵；反其道，則厲王監謗，煬帝不聞四方告變。其廣言路、置諍臣諸務，皆可以達聰例之，是其義之極顯明極正大者。誠以蔡《傳》爲最，不蔡《傳》從而誰從耶？至若段氏諸人之解，是必務求其說以爲證據也。噫，此考據家之大病，蒙誠不敢從其說。

讀《明堂位》

（堂課一名）

秦光玉

爲千古世道人心之害者，莫甚於《明堂位》一篇，尤莫甚於"周公踐天子之位"之一語。

蓋嘗反覆推求，而恍然於戰國好事者之所爲也。桐城靈皋方氏指爲劉歆所作，豈篤論哉！夫司馬子長先歆而生者也，其魯燕《世家》，悉曰"周公踐阼"；荀卿又先子長而生者也，其《儒效篇》則曰"周公負扆而坐"，皆"踐阼"之說也。靈皋謂歆既僞作《明堂記》，即能增竄太史公、荀子之文。信如此言，則凡後世儒者，讀書不得所解，概謂之劉歆增竄可耳，此豈堪爲考古者矜式哉！

且夫古書之言周公者夥矣，其在《周書·洛誥》，不過曰"朕復子明辟"而已，"誕保文武受命"而已。《蔡仲之命》，不過曰"位冢宰"而已。《左氏傳》載祝鮀之言，不過曰"相王室，尹天下"而已。即孔子所作《書序》、後儒所集《家語》，亦曰"相成王，抱之以負斧依，南面以朝諸侯"而已。博稽載籍，未聞有"踐位"之說也。類"踐位"之說者，乃見於荀子。荀子，戰國人也。戰國之時，處士橫議，好爲詭誕不經之詞以誣聖賢，以求逞其心之所欲爲。故百里奚，霸佐也，誣以自鬻於秦；伊尹，王臣也，誣以割烹要湯；虞舜、孔子，大聖人也，誣以受朝於堯與瞽瞍，主癰疽與侍人瘠環，大都顛倒是非，變亂黑白。"踐位"之説，蓋即好事者之故智也。

然則《明堂位》一篇爲戰國人所爲也，決矣。《戴記》一書，録戰國時所作者，不止一篇，即如《中庸》出於子思，《緇衣》出於公孫尼子，《月令》出於吕不韋，皆是。荀子習聞其言，遂採之爲説。史公不察其實，遂筆之於書。嗟嗟，世道人心之害，奚有窮也！

然使不纂入《戴記》，猶可説也。堂堂《禮經》，爲千古人倫之標準者，戴次君不删去謬説，至與《内則》《玉藻》《大傳》《少儀》諸篇，後先雜出，魚目混珠，莫甚於此；遂使西漢末造王莽、劉歆之徒，得以藉其姦言，以文飾其篡弑之迹。推其故，皆《明堂位》有以致之，而實即"踐位"一語之所流毒也。蒙故揭之，而太息痛恨於戰國之好事者。篇中"地方七百里"及"祀周公以天子之禮樂"，及"君臣未嘗相弑"數語，前人辨之詳矣，故不贅。

讀《明堂位》

（堂課二名）

袁嘉穀

舊讀《三國志》，怪注中許芝、劉若往往引周公反政，孔子非之，以爲周公不聖。嗟嗟，周公安得此大亂之事，孔子安得此大亂之言乎？斯不過圖富貴者流，誣古聖以飾己過耳！乃不讀六經已誣之，於許芝輩何尤？

《禮記·明堂位》曰："成王幼弱，周公踐天子之位。六年，朝諸侯於明堂。七年，致政於成王。"王莽耶？蕭鸞耶？吾不得而知也，而要之亂臣而已，烏乎其爲周公？

夫事非出周公，焉足辨？特無如其言之出《禮記》也。訂《禮》者

誰？曰孔子。記《禮》者誰？曰七十子後學者。七十子後學者非聖必
賢，非賢必不亂。《明堂位》之言亂，是猶得爲孔氏書哉？考《隋書·
經籍志》，河間獻王得仲尼弟子及後學者所記一百三十一篇；劉向校
經籍，又得《明堂陰陽記》等篇，合三百十四篇。《明堂位》一篇，當即
向所得以合於《禮記》者。鄭康成《明堂位》目錄云："此於《別錄》屬
《明堂陰陽記》。"是其碻證。二戴刪《禮》，而《明堂位》獨未之刪，豈以
"踐位"之説自戰國來久傳之，遂亦惑之而不肯棄之耶？

　　周之衰也，處士橫議，謂周公假爲天子，七年反政，尸佼、韓非，
莫不云然。然尸、韓異教耳，任其狂吠，豈能傷人？至《明堂位》出，
則人人以《禮經》之言非異教比。於是乎周公之罪，若真類王莽、蕭鸞
而不可解，不其痛耶！善夫葉石林、陳止齋諸君子，力闢成王賜魯以
天子禮樂之誣。許白雲、楊用修又暢其旨，均不愧《禮記》功臣。吾獨
悲夫周公之聖，遭誣不可一二計。當其生也，管、蔡毁，成王疑；及死，
而猶誣其踐天子位。夫天子位既可踐，則祭以天子禮樂無足怪也。
兹雪其"踐位"之誣，則天子禮樂之誣不尤昭昭以明乎？

　　于夏曰："魚失水則死，水失魚猶爲水。"《禮記》無《明堂位》，雖不
曉四代之禮樂，於《禮記》何損？若其"踐位""致政"諸論，使不附諸
《禮記》中，雖至愚知唾之矣。吾感子夏言，恨《明堂位》不爲失水
之魚。

讀《明堂位》

（堂課三名）

張鴻範

《明堂位》非出孔門，亦非漢儒所能作。觀其言周公朝諸侯於
明堂之位，天子負斧依南鄉而立；又言武王崩，成王幼弱，周公踐天

子之位,與《荀子·儒效篇》之説略同。《儒效篇》曰:"武王崩,成王幼,周公屏成王而及武王,履天下之籍,負扆而坐。"又曰:"天子也者,不可假攝也。故以枝代主而非越也。"以是觀之,則《明堂位》一篇必出荀子之手。或以"天子不可假攝"意晦,故直曰:"踐天子位也。"豈知周公但攝政,而非踐天子位也。

子張以高宗諒陰,三年不言問孔子。孔子曰:"何必高宗?古之人皆然。君薨,百官總己以聽於冢宰三年。"然則周公攝政,即在成王諒陰之時,古禮也。朝諸侯於明堂,大事也,果有其事,何以今古文《尚書》不載?即定四年《左傳》祝鮀亦但言:"周公相王室,以尹天下。"何嘗有朝諸侯之事哉?若云六年朝諸侯,則成王已免喪,周公豈猶攝政而有代之之事耶?且《金縢》載武王既喪,管叔及其群弟流言於國。是攝政尚不免流言,若果朝諸侯,負斧依,則群弟必不止流言矣,此可知必無之事也。

自荀子有"負扆枝代"之説,或親見古明堂位制,遂竊之。故與《逸周書》"三公中階"之前至"明諸侯之尊卑"同,且益以成王賜周公禮樂,魯兼用四代服器,以成此不經之書,其誣周公實甚也。至"君臣未嘗相弑",亦與君臣易位,而非不順同以爲弑者逆也。即不順也,非不順即未嘗相弑也。此亦欲明周公之德,而非指魯之弑君也。若指弑君,何云相弑?此言固無可疑;疑之者,鄭注誤之也。

雖然,荀子之誣周公,是欲尊而反失之也。荀子之書,大恉在勸學,而勸學本於修禮。惟其修禮,故大小戴多采之。大戴《勸學》即《荀子》首篇,尤顯見者,他可知矣。小戴《三年問》全出《禮論》;《樂記》《鄉飲》《酒義》則出《樂論》,《聘義》又出之《德行篇》。胡致堂謂《三年問》荀子所著,則《明堂》亦荀子所作,斷斷無疑。惟是書出於荀子,故史遷《魯世家》有曰"周公代成王,南面倍依,以朝諸侯",《燕世家》亦有"周公踐祚"之文。非以荀子大儒,言必有据,而本之耶?

然自《史記》載之，而後儒遂有謂《史記》本之《明堂位》，《明堂位》實爲先代之書，而不知實出之荀子也。方望溪謂"周公朝諸侯"數語爲劉歆增竄，近世解者多從之。蒙考陸元朗《釋文》，謂劉向《别録》四十九篇目次與今《禮記》同，則是□在劉向前已有之。其所云既同《荀子》，必非劉歆增竄也。故蒙臆斷爲小戴采《荀子》而作。

"王者孰謂？謂文王也"説

（堂課二名）

袁嘉穀

知孔子者誰？曰惟孟子。孟子曰："《春秋》，天子之事也。奚以見之？於經首書'王'見之。史則魯，意則尊周，故曰王，故曰天子之事。"據經説傳，傳亦宜然。乃《公羊傳》曰："王者孰謂？謂文王也。"夫文王去春秋遥矣，雖曰聖王，子何必於百世下之書，斤斤於遥遥之文王？文王，侯也；其王也，武王追之。即曰言必稱先王，當稱"武"，不當稱"文"。蓋"武"固生而王，且周之始有天下者也。《公羊》以王爲文王，其果孔門口説耶？殊不敢決，以管窺之。

經首書"王"，當指平王，以正名分而言。平王雖弱，固列國之天子，列國之史，安得不書？以尊正朔而言，王之下接以正月。孔仲達所謂以"王"冠之，言是今王之正月也。用今王歷，安得不書？平王之與文王，皆周天子，尊今之平王，即謂之尊周先王可，特不當直謂文王爾。況隱元年七月，書"天王"；三年三月，書"天王"。凡書"天王"，皆元年首書之王。如謂後書者平王，先乃文王，則古今無此瞀亂之史法，矧聖人之筆乎？桓之元年，平王已崩，所書王當指桓王。莊之元年，桓王已崩，所書王當指莊王。史法昭昭，義當如此，但"天王"之稱創自孔子。經首書"王"而不"天"，故《公羊》不能無説。

考成八年《公羊傳注》，或言"王"，或言"天王"，皆相通矣。兹之僅書"王"者，或即相通之義耶？乃《公羊》皆通之説，獨見於彼而不見於此，則又何也？豈"文"之與"天"古訓實通？《虞書》之文祖，馬注云："天爲文。"《白虎通》亦云："文法天。"《公羊》所謂之"文王"，殆即指"天王"言耶？即不然，"天"之與"文"形近易訛。《易》之參天，天訛夫，遂成天地之文；文訛爻，"文也，天也"與"爻也，夫也"之形近而訛，正同一例。

或《公羊》本作"王者孰謂？謂天王也"，未可知也。獨是説經之習，往往遷古以就己。其尤難遷就者，不以爲秦火之燒殘，即以爲永嘉之淪喪；不以爲口傳之奪誤，即以爲竹簡之錯失；不以爲劉歆之贋作，即以爲王肅之妄竄，理非全無，而習已陋甚。故"文王"之爲"天王"，雖亦近之，特不敢決其必然，當終關疑耳。倘不知關疑之義，如公羊家説，"王"謂"文王"，文王曾改制受命，孔子假以自況，證以"素王"之號，輔以"文王既没，文不在兹"之文《公羊》疏有爲漢之説，尤謬不足辨。孟子曰"孔子作《春秋》，而亂臣賊子懼"，子一魯司寇，經首乃以"王"自況，如之何能使亂臣賊子懼也？

"王者孰謂？謂文王也"説

（堂課四名）

張鴻範

謬哉！公羊子於《春秋》隱元年春王正月，有曰"王者孰謂？謂文王也"，此不但誣《春秋》，且誣文王。

孔子曰："三分天下有其二，以服事殷。"公羊子豈不聞之？是文王斷無受命稱王事。無稱王事，則安得改正朔？不改正朔，則安得以"春王"之"王"爲文王？夫文王受命稱王，惟見《史記·周本紀》。然史公於文王崩，猶稱"西伯"，則無受命稱王之事可知也。至云《詩》，人道西伯受命之年稱王，蓋以虞芮質成，當時諸侯有曰"西伯蓋受命之君"，豈知諸侯或有是言，文王必無是事？何邵公竟据以注《公羊》，而曰文王爲"周始受命之王"，不尤謬哉！

且《文王有聲》詩曰："文王受命，有此武功。"蓋受命專征伐，非稱王也。然則《書·君奭》有曰"文王受命""集大命於厥躬""惟時受有殷命"等語，皆言受命，不言稱王。其義當與《詩》同也。乃何注又謂文王制正朔，不知其何所據也？孔顨軒謂周初頒正朔於文王之廟，故曰王正月也，文王之正月也。夫既曰頒正朔，可知爲武王時事，非文王即改正朔也。然又曰"文王之正月"，則仍曲從《公羊》，是不知《春秋》雖尊用周正，不得謂"正"即文王之正朔，即文王之朔也。

然則"王"果何謂也？《左氏傳》曰："春王周正月。"杜注指爲"時王"是也。王指"時王"，則《春秋》凡言"春王"皆指當時之王，而非專指一王也。隱元年春之王，斷指平王。

"王者孰謂？謂文王也"説

（堂課五名）

蔣　谷

古無追王之禮。追王之禮，實刱自武王周公。孔子曰："三分天下有其二。"《大雅》曰："文王受命。"蓋紀實焉。惟文王之德，受天之命，足以有天下。武王周公，從其後而加之王，故無害也。不然，則父反受命於子，尊其親乃以賤其親矣。然惟文王之德，受天之命，足以有天下。而文王則以服事殷，武王、周公乃從其後而加之王。後日加之王，而生前之服事益可見，故仍無害也。推武周之心，實以文之德足以有天下，而受天之命；而不敢謂武之德足以有天下，而受命於天耳。此追王之本意也。

　　周之改月與時，自武王有天下始。《春秋》隱公元年"春王正月"之王，《公羊傳》曰："王者孰謂？謂文王也。"説者多據受命之説以釋《公羊》，謂文王爲受命之祖；武王以降，皆繼文王之體者，遂直云"守文王之法度，行文王之正朔"。其實非也。夫命可曰"文王之命"，位可曰"文王之位"，獨正朔不得曰"文王之正朔"，何者？位也，命也，受於天者也；正朔，改於王者也。孔子曰："身不失天下之顯名。武之革命，改正朔，武之懸德也。"而謂孔子乃歸之文王乎？

　　夫以"受命"歸文王者，武周之意也。即曰"周初頒正朔於文王之廟"，要亦不忘所自之意，何得直云"文之正朔"乎？《公羊》之説，非不知改自武王，特欲推本追王之意，然而寖失之矣。

《春秋》"赦許止""誅趙盾"説

（堂課一名）

袁嘉穀

　　不知父天，不知君天，於是乎臣子逆。不知父天不可逆而逆，君天不可逆而逆，則弑之變出矣。

　　天下變多矣，莫甚於弑君父。夫父也，而弑之耶？君也，而弑之耶？弑父弑君，而忍書之耶？書之者誅之也，惡乎赦？赦則亂臣賊子接踵矣，何以爲《春秋》作而亂賊懼耶？宋之萬、楚之商臣，吾弗論已；論其罪顯而隱者，其許止、趙盾乎？盾弑其君夷皋，弑者趙穿；欲穿弑者盾；盾不誅穿，而反任之，盾之罪其定矣。然則許止何如？曰父之死也藥，而進藥不慎者止；止亦盾耳，盾不赦，止可赦乎？

然聖人之作《春秋》，書往事，戒後人耳，止心與盾異，故晉不書"葬靈公"，而許則書"葬悼公"。公羊子曰："葬許悼公，君子之赦止也。"夫弒而可赦耶？赦其心耳。趙苞母陷於鮮卑，鮮卑挾之，圖苞城。苞爲全城，破鮮卑，而母死。母之死，苞之罪也；然苞旋以嘔血卒，自責非孝。止之自責曰："我與夫弒君。"遂以哭死，其心與苞殆相類，盾則非其倫也。

經文簡，非傳難明；傳文明，則經益明。此趙盾之誅，古今所以無異説；而赦止之説，所以見稱於《欽定〈春秋〉傳説彙纂》也。然亦謂弒君之罪，止有不得而辭也。

《春秋》"赦許止""誅趙盾"説

（堂課二名）

秦光玉

《公羊傳》謂《春秋》書"葬許悼公"，爲君子之赦止。而楊士勛亦謂失嘗藥之罪輕，故書"葬"以赦止；不討賊之罪重，故不書"晉侯葬"，明盾罪不可原。此即"赦止""誅盾"之説也。

雖然，止之赦，何赦乎？赦之於其心而已。盾之誅，何誅乎？誅之於其心而已。間嘗綜核事實，而知其可赦者有三，可誅者亦有三。方悼公之患瘧，止之進藥，亦迫於療君父之病。其進藥而藥殺，誠意料之所不及，此其可赦一也。使悼公卒，止即繼立，安知非欲速得其位，如商臣、蔡般、楊廣、安慶緒、史朝義之所爲？陽以進藥爲名，而陰行其篡弒之術？乃止不嗣位，以與其弟虺，其心術尚堪共諒，此其可赦者二也。哀毀踰禮，不一年而死，以身殉父，此其

41

可赦者三也。

至若趙盾則不然。弒靈公者,趙穿也。穿者,盾之族子,亦盾之所信厚者也。盾方出奔,穿即弒靈;穿既弒靈,盾即反晉。其表裏爲姦,至今猶可想見,則可誅者此其一。盾若不與聞,必能討賊;乃甘受董狐之直筆,而不出一言以問穿,則可誅者此其二。既不討穿,且使之奉迎新君,則可誅者此其三。

綜而論之,止之弒君,無心也,觀於不即位、不惜死,可知也;盾之弒君,有心也,觀於不越境、不討賊,可知也。此二人之心之所以異者。此《春秋》之書"葬"不書"葬",所以一赦之、一誅之也。

《春秋》"赦許止""誅趙盾"説

(堂課三名)

丁庶凝

信傳不如信經也。經曰"許世子止弒其君買""晉趙盾弒其君夷皋",一辭也,而楊氏士勛以謂趙盾與許止加弒是同,而許君書"葬"、晉君不書"葬"者,許止不嘗藥之罪輕,故書"葬"以赦止;趙盾不討賊之罪重,故不書"葬",明盾罪無可原也。斯言也,是反信傳而不信經也?

案:"赦止"之説,出於《公羊》。《公羊傳》曰:"止進藥,而藥殺也。止進藥而藥殺,是以君子加弒焉耳。葬許悼公,是君子之赦止也。"殊不知此《公羊》謬説,《春秋》之義不然也。夫弒逆,大罪也;不嘗藥,小過也;以小過而加之弒逆大罪名,《春秋》爲萬世大法,當不若是之誣矣。孟子曰:"孔子作《春秋》,而亂臣賊子懼。"使《春秋》而誣人若是,尚何足懼亂臣之有耶? 善乎胡安國氏之言曰:"許君飲止之藥卒,是止以藥弒父也。父死,止奔晉,是避討也。止之爲弒，亦較然矣。"是可謂善讀書者矣。

然則不討賊而書"葬"，何也？曰，此亦《公羊》妄說也。夫子之作《春秋》也，實録其事而已矣。諸侯能以禮葬者則書，不能禮者則不書。蓋能禮葬，其國以册赴告於各國，不能者則無赴告，則各國因得各書之於史。不赴告者無，今書許悼公之葬，原《魯史》而已。子曰"述而不作"，《春秋》之通義然也。不然，謂必討賊始書"葬"，蔡景公之葬亦書，豈其已討賊者歟？抑景公見弒於蔡般，而般亦有可赦之道歟？是可以知《公羊》之説之妄矣。

夫三《傳》，前人之斥之者比比也。今試又以趙盾弒君之事論。《左氏》之言曰："孔子曰：'董狐，古之良史也，書法不隱。趙宣子，古之良大夫也，爲法受惡。惜也，踰境乃免。'"是謂《春秋》書趙盾弒君，特爲盾之亡不踰境耳。殊不知盾亡即踰境，而夫子之書亦必若是也。何也？崔杼弒齊襄，晏子未嘗出亡也。然而弒者自書，而不弒者自不能誣也，又何以知其然也？晉太史氏之責盾，盾固無詞可辨矣；迎黑臀于周，而盾又適使趙穿。夫穿，弒君之大罪人矣，乃盾不惟不討之，而又使有迎新君之功。由是觀之，穿之弒靈公，必出於趙盾指使，夫豈不斷然而無可疑乎？

竊嘗謂《春秋》，千古之實録也。許止以藥弒其君，故書。趙盾使人弒其君，亦書。書盾弒，實也；書止弒，亦實也。凡書弒者，皆實也；皆實，即皆無不誅者也，安得有獨赦許止之道耶？故曰信傳不如信經也。

卷二　史學

維州棄取牛李優劣論

（丁撫憲課正取一名）

李　坤

經方非不可治病，然不習五診，不知萬變以療人，則壽民爲殤子，而庸醫弗怪焉者。以所守實軒岐彭跗之方，其死也，命也，非藥也。經訓非不可爲邦，然不嫻國故，不曉敵情以謀國，則磐石爲纍卵，而世儒弗咎焉者。以所守實《詩》《書》《易》《禮》之訓，其誤也，天也，非人也。蒙獨不解唐棄維州，而有宋司馬氏猶優牛僧孺也。

今夫不僭不賊，《詩》教也；朕不食言，《書》教也；有孚攣如，《易》教也；謹信修睦，《禮》教也。僧孺謂中國禦戎，守信爲上。斯言也，微論司馬氏，即小夫豎子亦知其協六經要旨也。而自唐迄今，司馬氏外無有一優之者，豈不以國故之不嫻，敵情之不曉，徒博經訓以誤人國哉！

西平李忠，武王有言："戎狄無信。"蒙考《唐書》信然，而吐蕃尤甚焉。明皇之世，請尋盟，解琬涖之；未及盟，而圍臨洮，攻蘭、渭矣。代宗之世，數求和。元載、韋倫先後報之，皆未逾年而圍涇陽，寇靈武，攻西川矣。德宗之世，盟平涼，劫焉；已而陷連雲堡；明年，寇涇、邠、甯、鄜，又寇蜀；既又陷安西，寇鹽州。至憲宗立，始請和，未幾，復圍鹽州。憲宗即世，穆宗即位，聞與回鶻和親，寇青塞堡，旋潰去；使來尋盟，朝命宰相會之，終穆、敬之世不爲患。然在文宗嗣立之初，維州將降之際，猶圍魯州，吐蕃豈復有信哉！彼棄我守，雖曰中國不肯用夷之無信，然守區區小信，坐令祖宗之土地人民委諸殊方，淪爲異類，而他國之思內屬者，咸引悉怛謀爲戒，莫之敢至。裔不謀夏、夷不亂華之謂何？招攜以禮、懷遠以德之謂何？竊意通經訓、嫻國故者，必不出此。僧孺之謾文宗也，又謂虜"以萬騎綴回中，怒氣直辭，不三日至咸陽橋"。此實不曉敵情者。

考《唐書》太和五年秋九月，吐蕃將悉怛謀以維州來降。當時之贊普爲彝泰，一奄然垂斃之夫也。其國界回鶻、雲南、大食、天竺之間，其立當唐宗憲、穆、敬、文之代，回鶻與唐久已和親，雲南於唐早已奉表，大食、天竺代與吐蕃爲讎。兵禍結連，無時或釋，腹背受敵，南北交困，故彝泰立凡三十年，寇唐者三：一鹽州，一涇州，一青塞堡，而皆不得逞；以病不事事，而國步之蹙者久也，安所得"萬騎綴回中""不三日至咸陽橋"哉！僧孺亦太不知彼矣。

夫國故紛挐，敵情叵測。儒生未出，而圖吾君，專務窮經，或肄業不及此。然史稱僧孺能直言時事，嘗以元和三年夏四月應直言極諫科。逾月，沙陀酋長執宜叛吐蕃來歸，憲宗受之，命爲陰山兵馬使。未見吐蕃以一矢加唐也。其明年，即請和。此時事亦國故，他或不知。此不應無聞，豈憲宗可受沙陀之降，文宗獨不可受維州之降？范希韓可納朱邪、執宜，李文饒獨不可納悉怛謀耶？

究之，朝士分黨，凡不快吾意者，縱嫻國故，曉敵情，通時事，亦必曲爲一說焉。或傳經訓，或假利害，以聳人主之聽，而愚一時之大夫。士苟可以敗人謀，事傾軋也，雖誤人國不恤。噫！若而人者，是尚不得爲庸醫之比，優云乎哉？誠不敢祖司馬氏，進僧孺而退文饒也。

維州棄取牛李優劣論

（丁撫憲課正取二名）

袁嘉穀

上

今有盜黨，攘盜之物以賕我，我受之乎？曰不受。然使其所賕之物，本我有而盜竊之者，則其黨之賕，只以歸我之故物，我何爲不受？況乎賕我者，出於畏我，非出我誘。雖曰盜黨，不尤當許其自新耶？君子曰：悉怛謀以維州歸唐，何以異此？卓哉李德裕，受之是也。

夫以維州之冠山臨江，形勝爲吐蕃要道，河隴没時，獨巋然存。唐之君臣，宜何如保之固之，使不奪於吐蕃手。乃吐蕃卒奪其城，號曰無憂。吐蕃之無憂，唐之有憂可知矣。德裕鎮西蜀，即無悉怛謀之歸，猶將力復維州，堅唐門户，豈人代閉户，而我反執而罪之哉？牛僧孺不察，愼黑白於文宗，罪悉怛謀反之就誅於吐蕃。勿論代吐蕃執刑，國體可羞；第以疆土論，不啻敝屣祖宗之業，而甘爲潰敗之子也。文宗，庸主也，責何足深！僧孺頗以直言著，何至棄舊地不惜，祇以朋黨心私，不以國家事爲重？維州可不棄，爲德裕所取則必棄；悉怛謀雖可不殺，降於德裕則必殺。其言曰："修好罷兵，守信爲上。"佞人嚅人以口給，豈弗思戎狄虎狼，知畏威而不知感德？百年吐蕃之惡，豈一信所能感哉！且前年圍魯州者，獨非不信之吐蕃乎？

嗚乎！疆臣莫奇之功，相臣獨以爲否；維州永入吐蕃，而吐蕃之盜唐尚未已也，非僧孺罪，伊誰罪哉？

下

或問愚論而駁之曰：牛僧孺信，司馬文正嘗右之。子罪僧孺，不幾背《通鑒》旨乎？曰然。司馬通才，其《通鑒》諸論，有爲而發者幾半。宋至英、神之世，妄開邊事，招納降人之説興，王安石、李憲之徒動謂燕、雲可復。無德裕之才，而欲行德裕之行，司馬憂之，故兢兢以信襃僧孺，斥德裕以爲貪利。不然，胡寅史學不敢望司馬項背，彼猶知維州宜取，安在司馬不知乎？

且不聞《春秋》之筆乎？楚單浮餘圍蠻氏，蠻子奔晉，趙鞅、士蔑執以畀楚。經大書之曰："晉人執戎蠻子赤歸于楚。"其傷晉之爲楚役，可爲千古炯戒。《通鑒》繼《春秋》作，豈獨昧斯旨歟？抑司馬別有旨也？中國古盛時，德化極矣，而克鬼方，逐獫狁，制外夷，不廢乎兵。唐人兵制不修，以己之維州，不敢視如故物，勢不至吐蕃盡吞唐地不止。即令有千百德裕，足恃以盡復河隴，而唐亦甘廢之也。司馬曰"信"，信乎？否乎？人不務制夷之實，莫不以"信"爲藉口，非僅一僧孺欺人。而僧孺之襃維州，其尤甚者。雖後日德裕入相，贈悉怛謀官將軍，忠魂可慰，亡地顧可復耶？

抑又有説焉。隋文不納降，陳亦終滅。唐欲滅吐蕃，似不必納悉怛謀，是不思陳之地非隋之舊，昏亂之陳亦非凶悍之吐蕃。古今異宜，執一不可。矧隋即不納陳人，未嘗執陳人以就陳誅；唐即不取維州，何必死悉怛謀於吐蕃境上乎？語曰：開門揖盜。僧孺直助盜耳，豈徒揖之？愚故並正司馬氏説，爲後世之爲德裕者勸。

維州棄取牛李優劣論

（丁撫憲課正取十七名）

丁庶凝

　　李德裕鎮西川，吐蕃叛將悉怛謀以維州來降，牛僧孺議固持以爲不可受。君子曰：僧孺議是也。

　　爲天下必統籌全局。唐自安史之亂，國家之元氣已盡，加以穆、敬、文歷代之荒嬉，天下得無事，幸矣。吐蕃之強大，自李、郭諸名將，陸贄、李泌、裴度諸名相，已不能爲謀。德裕以英年盛氣，喜功而不暇審害，計一方而未籌全局，遂欲輕舉以失和。夫悉怛謀歸，吐蕃極刑立誅之境上，可見其心之重怒。如維州不返，彼必不能以甘休。當是時，雖不必如僧孺言番騎"三日果至咸陽橋"，而邊釁一開，兵連禍結，試問當之者誰耶？德裕既能保四川，而河西一帶誰守耶？謀臣何人，戰將何人可恃耶？天下之瘡痍未復，猶堪再行騷動耶？且有周宣始可伐玁狁，有漢武、宣始可圖匈奴。文宗何如主，而欲比迹周宣與漢武、宣耶？夫貞觀之朝，太宗親擁三十萬眾，不能得志於高麗；天寶中，楊國忠妄開邊釁，所以有安史之亂。今吐蕃強大，過高麗、南詔；而德裕謀勇，安敢望太宗？乃德裕之策曰："以生羌三千擣虜虛，可以得志。"嗚呼！此策行，吾恐徒爲國忠之開釁釀亂，而不止如太宗之貽後悔也！

　　竊嘗謂德裕此策，在英年如此；倘至爲相，多更事，則斷不出於此矣。會昌中，德裕秉政久，回鶻牙塞下而飢，退渾、黨項請系之。德裕曰："不可。彼未擾邊，遽伐之，非義。且沙陀退渾不可恃也。"憂點斯遣使來言，且攻取安西、北廷。武宗欲從之，而因求其地，德裕曰："不可。昔漢魏相請罷田車師，賈捐之請棄珠崖，近狄仁傑亦請棄四鎮及安東，皆不願貪外以耗内。持實費，市虛事，智者不爲也。安西、北廷中國得之無用也。"由是觀之，維州之事，倘在德裕入相後，彼豈猶出前策哉？

夫論古事當統觀全局，而平心和氣以出之。孔子曰："君子不以人廢言。"《禮》曰："愛而知其惡，憎而知其善。"牛僧孺黨邪？故維州之事，後世論者往往非牛而祖李。孟子曰"君子惡居下流"，太史公曰"下流多謗議"，悲夫，悲夫！

獨是維州之降誠不可受，而吐蕃之怨何可或忘？河湟千里，悉唐祖宗之舊業。古之人不肯輕與敵開釁，謂其將有以待也。而僧孺是後，不聞振拔，反誇外夷不擾，中國粗安，爲天下已治，俾文宗益即於怠安。此則僧孺之咎，而斷不能爲之諱者也。

汲黯論

（林藩憲課正取一名）

楊壽昌

孔子稱諫有五義，而獨從其諷諫。良以五諫之中，戇諫至難，而直批逆鱗，往往取禍，終不如諷諫之爲愈也。漢之汲黯，非孔子所謂戇諫者哉！

夫面折人過，人所難堪，而施之君上爲尤甚，故犯顏廷諍，人君之所惡也，况漢武雄猜之主乎？黯非以戇直沽名者，乃明知而故犯之，遂屢觸帝怒，至欲誅之以事。黯之終免刑戮，亦幸矣。蓋天性戇直，無所畏避，史稱其不能容人過，且慕袁盎，善灌夫，可想見其爲人也。

雖然，人臣之事君，屢諫不行則當退。黯生平戇諫，不可枚舉，其最著者，如諫用張湯、公孫弘，諫擊匈奴，諫殺賈人，諫殺士大夫，皆有果毅之氣，明哲之識。而帝皆不納，言官不得其言而不去，戀戀亦何爲哉？聞或引疾而退，而起爲郡守。黯復力辭，仍求補過拾遺之職。推黯之用心，以爲吾之志在補闕，幸逢明聖朝廷；縱難見補闕之效，詎可無補闕之臣？但知無不言，無負吾心，斯可矣。且帝雖不納黯言，而所敬憚者惟黯；故既稱其戇，又許爲社稷臣，至不冠可見丞相，而特不可見黯。黯性倨少禮，帝獨不敢以無禮加於黯。由此觀之，則縱欲敗度之事，必更有畏黯而不敢逞者，則明雖拒黯而陰受黯之匡救者，亦不少矣。

特是黯之剛氣卓識，言責有餘而吏才則不足。觀其尚黃老而毀儒生，專以清淨無爲爲治，豈真明於治體哉！當此之時，天下困於張湯輩文網之密，故黯得以簡易見長耳。許爲社稷臣，過矣。宋、明兩朝言官如黯之戇者不少，而恒罹重譴，惟唐魏徵以善諫名，然委婉進諷，未嘗以片語犯顏，蓋有合於諷諫之義也。

甚矣！汲黯之戇，美也，而未善也。

徐階論

（林藩憲課正取一名）

楊壽昌

明世宗嗣統以來，小人道長，日見傾危。洎乎嚴嵩得政，太阿倒持，朝事愈壞，幸徐階當國後起衰救弊，重奠國基，厥功甚偉。嘗讀《明史》，迹其立功之由，而知其智、量、節三者皆大過人也，何也？

嚴嵩父子盜命竊權，流毒天下，雖後以寵衰削籍，而世蕃遣戍逃歸，氣焰不減。世宗庸暗不明，勢將復用。劾之者復引殺楊、沈故事爲其罪狀，是彰帝過而爲嵩解免。階駁言如此，諸君且得罪，嚴公子將騎馭段出都門。遂手削其橐，而惟勒其以禁地治第，制擬王者，結宗人，伺宮中非常，養亡命，通倭虜，諸事卒斃世蕃。此功之以智成者，一也。

自嵩父子柄政，內則卿貳，外而督撫總兵，皆其私人，顛倒朝綱，決裂疆事，以致北虜東倭，荼毒邊圉。階得政後，盡黜嚴氏之黨，內引高拱、張居正先後入閣參贊樞密，外任戚、譚、俞、劉、方、王、凌、殷輩文武大僚界以專閫，大伸撻伐，二寇遂絕迹，不敢入犯。此功之以智成者，二也。

雖然，相才固重，相度尤難，相節則尤難。蓋矜一己之才者，每難容眾人之才，如劉基謂楊憲有相才而無相度，故太祖終不相憲；又如拱與居正才同階埒，而互相傾軋，拱復傾階，此皆無度之明證。至於有度者，又往往和光同塵，畏首畏尾，如三楊皆有度，而甘附王振，不敢少忤，其不可奪之節安在？階則任拱反戈相刺，直不與校，且汲引賢才如恐不及，謂非休休有容者乎？況復正色立朝，嶷然有難奪之節。當璁、萼柄政時，黨同伐異，黜陟自由，才如楊文襄尚為其朝引暮逐，至悔為孺子所賣。惟階絕不依附，反與璁、萼抵牾；且也因奏裁宮禁事十之八九，致中官側目。較之居正之媚李太后、結馮保者，其邪正為何如哉？此又其度節之大過人，而始成定傾扶危之功也。

惜夫為群小所排，竟不終其位而去，與拱先後解組。惟居正當國最久，而黨同伐異甚於璁、萼，以致神宗初政得失參半。脫令階長柄國政，其設施必遠勝居正，蓋其心術純正故也。噫，賢相如階，而功業復如是彪柄，尚至不竟其用，志同道合難矣哉！

熊廷弼論

（林藩憲課正取一名）

楊壽昌

甚哉，毀譽之無憑！雖蓋棺論定，猶有未足信者，況生前謬悠之口也。

明熊廷弼者，瑕瑜參半之人也。乃身前則萬口毀之，身後則萬口譽之，究以何者爲直道之公哉？由今觀之，身前非無可毀也，然必謂其大言欺世，不逮王化貞，則毀者皆失真矣；身後亦非無可譽也，然必謂其才爲世出，可復遼瀋，而倚爲萬里長城，似譽者又皆失真矣。然則其人究何如？

廷弼信有邊才，特剛愎自用，負氣凌人，具此褊心，即令才如周公，未有能濟者。況其才僅中人以上也，何以知其然也？廷弼獨當大敵，堅主守議，可謂知彼知己。且設登、萊巡撫，合天津、廣甯爲三方佈置策，又謂開原爲河東根本，守遼左必先守河東，守河東必先守開原。又聯朝鮮爲登、萊犄角，皆中兵家窾要，以及料虎墩免兵不足恃，輕王化貞不可用，俱有卓見，此其可譽者也。使明專任之，雖不可制大敵，未始不可支一隅。乃兵部張鶴鳴獨信化貞，朝臣亦多疑廷弼，竟令化貞勿受其節制，致化貞反其所爲以取敗，惜哉！

雖然，化貞所爲，亦不盡非也。如設重兵於河上，扼險以守，宜也。廷弼乃謂其無益，盡撤入城，是棄藩籬而守庭戶也。又毛文龍有鎮江之捷，廷弼謂先與朝鮮期約，胡爲發之太早，失信朝鮮，名爲奇功，乃奇禍耳。吁，此何言耶！夫兵事朝夕萬變，但有機可乘，權宜行之可也，何必守尾生之信而坐失事機哉？蓋天性剛愎自遂，故是己非人，而動作違心之舉，其取疑朝臣，未必不因此也。此又其可毀者也。

夫人既瑕瑜互見，可毀亦可譽也，可怪者，毀、譽俱不得其真。論廷弼之守遼，雖未見功，實爲無罪，何乃身前眾口一辭，詆之不遺餘力，致令經撫不和，敗壞疆事？復令先喪師棄地之化貞而伏刑誅，且遭傳首九邊之慘；身後則又群焉譽之，若謂斯人已沒，國事尤不可爲也者，何其謬也！

嗚呼！鶴鳴輩庸闇誤國固不待言；特怪東林諸賢亦無知人之明，遂坐視不救，使斃於滔天巨奄之手，而轉以受賄坐諸賢罪也。明世公論之無憑如此，余於眾所毀譽者，未敢輕疑，亦未敢輕信。

熊廷弼論 並序

（林藩憲課正取四名）

梅　森

高宗純皇帝曰："明之曉暢軍事者，當以熊廷弼爲第一。首被刑典，彼自壞其長城。"於戲，大哉王言！千古之論定於斯矣。及今披勝國之舊史，讀襄愍之遺書，未嘗不欷息痛恨於天啟也。謹遵御制，試申論之。

粵以宋壞長城，先刑道濟；漢遭禍水，首錮黨人。奸佞之臣，嫉忠誤國；昏庸之主，揖盜開門。始則逸志偷安，繼乃喪身不顧。前不監于有夏，後不監于有殷，然未有如天啟之駿童，屠忠必盡；忠賢之狠毒，害正無存者也。熊襄愍一代勞臣，三軍司命，才兼文武，志矢忠貞。及第丁年，得將早期於奇宇；經略甲帳，爲郎見拔於神宗。橫海之將重生，撼山之軍再見。沐英不憚夫勁敵，湯和迭出夫奇功。料事如神，知人善任。出師未捷，回籍聽勘。及其起復也，盡

萃則美繼武侯,上書陛辭於闕北;老成則智同充國,屯田請置於遼
東。方欲掃天上之欃槍,換奎躔於武曲;無如内庭酣宴,醉酒不醒;
三路喪師,疲兵莫振。劉國縉掣肘於外,姚文宗騰謗於朝。右屯五
千人,廣甯十三萬。趙括輕戰,師多反潰於秦;汝霖知兵,力衰莫捄
於宋。因撫臣之敗績,致經略之遭刑。秦檜專權,三字之冤莫訴;
唐昭鄙暗,一時之士胥投。鳥未盡而藏弓,兔方張而烹狗;趙將亡
而捕李牧,吳欲滅而刑伍員。坐賄賕以殺身,皆封疆之礙口。臣死
何惜,楊、左同賦歸哉;國賊不誅,祖宗大業去矣。未灑滿腔熱血,
空留七慟詩辭。可憐萬姓失依,怕聽一聲齊哭。

　　嗚呼!苞苴盈路,荆棘生庭。公有大名,民無寸土。顯純玉璽
安在?文矛同寅並傳。縱教百代猶生,只爲七尺無負。今日遼陽
舊境,艷稱性氣先生;昔年江夏良朋,遺恨何知哀祭!數歷代防邊
之將,輯明家忠義之臣。公其冠冕,群英弁髦,斯士也哉!

賈誼董仲舒合論

（林藩憲課正取二名）

袁嘉毅

　　上下漢四百年間,得卓卓之儒三人,曰賈生,曰董生,曰諸葛
子。諸葛子中行也,可弗論;論賈生、董生,其一狂一簡乎?

　　夫以二十餘歲之洛陽少年,疏上闕廷,言政事,策治安,舉封
建、匈奴兩大危,而慨然改而謐之,擒而笞之。窺其立言,亦可謂
壯矣哉!顧吾謂賈生壯言,非僅言也,其才狂也。張四維,禁奢
僭,審取舍,輔導太子,優禮大臣,不知其幾經思治,而始得直以陳
之也。絳、灌之所不能言、不敢言者,賈生獨痛言之,自非狂者,烏
能有此?

董生《三策》則不類然，然亦視所遭之君何如耳。漢武雄才，所未足者內治。董生諄諄於天命之原，大道之行，獨尊六藝之科，立至治之本，綽有餘矣。文帝非武帝儔，不患強，患柔，不患放，患斂。賈生因時立言，心豈異於董生哉？獨是董生之狷，《三策》見之正誼、明道之言，千古人無不信者。生平出處，相江都，傅膠西，兩遇驕王，不能害無過之身；陷公孫弘之計，以狷者而自知裁之，其學殆勝賈生乎？不然，賈生立漢制，更秦法，其意美矣。而以文帝疏之之故，居長沙，哀鵩而哭；渡湘水，弔屈原而哭；傅梁王，因王墜馬而哭，哭而且死，雖曰死於事事，毋亦無董生學養之所致耶！

蘇東坡謂賈生狷介，一不見用，則憂傷病沮。愚謂狷者董生，賈生非狷。賈生死於狂，非死於狷。假令賈生能如狷者之有所不為，則驕王無害，亦一董生也。孔子曰：“不得中行而與之，必也狂狷乎？”賈狂董狷，惜未遇孔子裁之爾。然董生不遇裁之者，而自知其所以裁；賈生其終有媿歟！

顧吾思兩漢之世，舉世多庸俗子，講內治，叔孫通、曹參之流擅其長；講治外，婁敬、季布之朋滴其用。董生不可再矣，賈生亦豈有二？天下至大，人才如此其難，悲夫！

賈誼董仲舒合論

（林藩憲課正取四名）

梅　森

賈誼、董仲舒，皆一代大儒，而世之狂者每右賈而左董，簡者每右董而左賈，是皆執偏之見，而未得乎中者也。

誼長於才，仲舒優於學，使二子得親受業於聖人之門，焉知非顏、曾流亞與？顏子聞一知十，曾子魯，顏豈賢於曾？顏子短命而死,未傳聖人之道,曾子得一貫之傳,曾又豈賢於顔? 誼一遷大夫,即請改正朔,易服色,定官名與禮樂,此正聖人告顔子問爲邦之事。仲舒《天人三策》中言:"堯舜行德則民仁壽,桀紂行暴則民鄙夭。"又曰:"養士莫大乎《大學》,一切黜霸崇王之語,多本於曾子之《大學》。"是二人者,固儼然以顔、曾自命,而同爲聖人之徒也。

蘇文忠謂非漢文不用賈生,賈生不能用漢文。愚竟以爲不然,蓋嘗論之。雖布衣之相契,亦必所論者合,所謀者同,心心相印,然後始終無閒也,況君臣乎? 宋神宗欲觀兵於四夷,以邊事問富弼。弼對曰:"當布德惠,願二十年口不言兵。"於是神宗疏富弼,爲所論不合故也。一見王安石,雖諸君子紛紛言不可,神宗卒用之,爲所論相合故也。賈誼、董仲舒皆不世之賢,而所遇均非相合之主,不能大用於時,展布其所長,一則哭泣而蚤死,一則垂老而投閒,三代禮樂制度之不可復,後人惜之到今,蓋有天焉。假令當日者,以漢文而策董子,以漢武而得賈生,君臣相合,舉而措之,豈不曰三王可四,五帝可六? 蓋漢文優柔仁慈,賈生之言大而誇,故視爲高遠而謙讓不遑;漢武雄才大略,董子言近而庸,故視爲迂闊而不肯俯從。上下交而其志同,卦之所以爲泰也。大丈夫建功立業,故賴時逢其會哉! 不然,孔子至聖,道何不行於東周也?

或曰:賈生一不見用,憂傷致死;董子不用,退而講學,是賈生之器小。梁王墜馬,誼自傷爲傅無狀,亦死;仲舒兩事驕王,去位而隱,是仲舒之養較深。二子所行不同,皆一代大儒何哉! 然二子所行雖異,而用心之仁一也。孟子曰:"君子一仁而已矣,何必同?"

雲臺二十八將贊

（鄒臬憲課正取一名）

李 塾

《後漢書》列傳第二十"論"曰："二十八將，前世以爲上應二十八宿，未之詳也。然咸能感會風雲，奮其智勇，稱爲佐命，亦各志能之士也。"又曰："永平中，顯宗追感前世功臣，乃圖繪二十八將於南宮雲臺。其外又有王常、李通、竇融、卓茂，合三十二人。依其本第，係之篇末。"

首太傅高密侯鄧禹，次中山太守全椒侯馬成、大司馬廣平侯吳漢、河南尹阜成侯王梁、左將軍膠東侯賈復、琅琊太守祝阿侯陳俊、建威大將軍好畤侯耿弇、驃騎大將軍參蓬侯杜茂、執金吾雍奴侯寇恂、積弩將軍昆陽侯傅俊、征南大將軍舞陽侯《列傳》作"陰"岑彭、左曹合肥侯堅鐔、征西大將軍陽夏侯馮異、上谷太守淮陽侯王霸、建義大將軍鬲侯朱祐、信都太守阿陵侯任光、征虜將軍潁陽侯祭遵、豫章太守中水侯李忠、驃騎大將軍櫟陽侯景丹、右將軍槐里侯萬脩、虎牙大將軍安平侯蓋延、太常靈壽侯邳彤、衛尉安成侯銚期、驍騎將軍昌成侯劉植、東郡太守東光侯耿純、橫野大將軍山桑侯王常、城門校尉朗陵侯臧宮、大司空固始侯李通、捕虜將軍揚虛侯馬武、大司空安豐侯竇融、驃騎將軍慎侯劉隆、大傅宣《列傳》作"襄"德侯卓茂。

説者謂槐里昌城，功名未顯；偉卿君叔，圖畫竟遺。文淵既避於椒房，次元曾居夫甥館。若斯論列，未盡周詳。不知固守信都，心同中水；結歡真定，比烈東光；彼皆表章，此可湮没？若夫馬援，逮事原陵。然新郪不預元勛，陰識許辭加爵。先朝外戚，損抑曾加;嗣主私親,嫌疑應避。惟征羌之抽刃隴右,不亞舞陰;房子之隨鑣婦家,詎殊固始? 功能一致,顯晦大分。每讀陳編,不無遺議。

嗟嗟! 西京十八位,不及子房;凌煙廿四人,尚參君集。量功之當,知人之明,從古爲難,談之豈易? 夫逐鹿之侶,宣帝弗衰;從龍之英,顯宗是念。主恩臣績,均有嘉焉。爰依范《傳》事實,師袁宏爲三國名臣,楊戲爲季漢輔臣例,各爲一贊,以寄仰高行景之思云。

漢德未厭,景運天開。真人既出,群后斯來。婉孌龍姿,元侯其首。杖策鄴中,搴旗山右。虓倪爭拜,園廟重輝。雲陽就食,枸邑損威。榮悴交乘,身名終泰。君聖臣良,光於前代。

——贊鄧高密元侯

君遷善守,定志城堅。圍舒期月,備邊十年。趙國李齊,雲中魏尚。邈矣真風,微斯孰抗?

——贊馬太守

我武維揚,吳公仡仡。勇贊儷頗,厚重如勃。張皇六師,簫勺群慝。巴梁再清,隱若敵國。

——贊吳大司馬廣平忠侯

君嚴司水,名應圖讖。典軍稱賢,穿渠遺憾。惟執謙退,終譽無忝。

——贊王君嚴

剛侯方直,將相之器。被羽先登,億人辟易。功成不居,投戈講藝。宏我漢京,曹參之嗣。

——贊賈膠東剛侯

子昭善戰,實維鷹揚。下馬短兵,萬夫莫當。河內敵愾,山東奮武。青徐震驚,昌國之伍。

——贊陳太守

天錫智勇,實維愍侯。糾彼燕眾,翼此炎劉。定策溫明,方猷

58

歷下。殺降敵勍，斯尤難者。三世爲將，見忌道家。勝殘去殺，乃襲休嘉。

——贊耿好畤愍侯

諸公附翼，五校斯平。既定東方，乃備北庭。忽隳晚節，廩緜忍斷。猶侯參邅，皇心終眷。

——贊杜諸公

文武兼資，喜怒以類。穆穆威侯，積雄蘊粹。臣節屈賈，敵膽刿大。養氣以義，用智如神。三單徹糧，八政首食。誰饟高光？蕭公子翼。

——贊寇雍奴威侯

襄城三傑，偏裨奮身。破豐擊戎，拒奉當訢。茹蔬冒矢，子伋尤艱。

——贊傅子衞、堅子伋

馮岑雄毅，方面專征。驅率羆虎，屠殄鱷鯨。南踰方城，西越函谷。勞著不施，義高自服。天神大樹，山兆彭亡。隕身匡國，彌悼武陽。

——贊岑舞陰壯侯、馮陽夏節侯

元伯侃侃，增輝靰軐。風疾草勁，流澌冰合。不戰勝人，枯朽摧拉。

——贊王太守

仲先質直，亦嚴亦庇。殺敵致果，節制之師。

——贊朱仲先

信都和成，東周晉鄭。二守知幾，群賢響應。忘私急義，奉兵佐威。忠純典郡，令譽載歸。

——贊任伯卿、邳偉君、李仲都、萬君游、劉伯先、耿伯山

征虜彬彬，公忠篤雅。廉約束躬，威嚴御下。漁陽以北，隴蜀以西。軍旅恒過，吏人不知。好禮悅樂，守死善道。鄧子之風，尼

父之教。

———贊祭穎陽成侯

驃騎奮起，首拒邯鄲。馳譽北川，劉敵南蠻。苞蘗再除，皇威遠曷。臥鎮弘農，其猷克壯。

———贊景驃騎大將軍櫟陽侯

虎牙烈烈，負氣自矜。獲雋睢陽，稽討蘭陵。神武善將，竹帛有稱。

———贊蓋巨卿

衛尉桓桓，威望素孚。啟門趨道，炎景力扶。裹創攝幘，陳兵敗水。羣盜如毛，王師來燬。信以服郡，寬以卹民。憂國愛主，帝有諍臣。

———贊銚衛尉安成忠侯

顏卿知命，次元信讖。愁眾歸誠，危親索驗。匹夫倡義，下江一賢。通寶恭儉，帶礪克延。

———贊王顏卿、李次元

宮武休休，龍驤虎怒。樸直著聞，闊達表度。共賈餘壯，冀紓遠慮。白登可鑒，黃石匪誤。

———贊臧君翁、馬子張

戴侯款款，識卓懷虛。尊漢奉表，責隗移書。委棄南面，協運北樞。經猷或遜，禮義無疏。

———贊竇大司空安豐戴侯

靖侯宗英，世篤忠義。晚捷禁溪，前衍克蓋。

———贊劉慎靖侯

襃德仁恕，博學多才。化行百里，聲流九垓。提龔攜鮑，擬容陋隗。蛻迹汙朝，乃畫雲臺。

———贊卓太傅

衛青霍光論

（鄒梟憲課正取八名）

張　坤

衛青、霍光，皆漢功臣也。以愚論之，漢可以無衛青，而斷不可無霍光，何也？青之功在征伐，而光之功在社稷；青之功在一時，而光之功在後世。功在征伐者，不若功在社稷之大；功在一時者，不若功在後世之久。其大較然也。

且武帝以好大喜功之主，事外夷，疲中國，論者多咎其用兵之失。青實爲之，將以七擊匈奴，是益武帝之過也。此即不論，而論其功。青之功不過善戰耳。當時若無青，而李廣、霍去病亦皆勇略過人，邊疆之責，二子任之，奚不可者？至若臨大事，當大任，受襁褓之託，任社稷之重，非霍光莫與屬也。雖武帝所託者不僅霍光，然孝昭始立，而金日磾没矣；燕王逆謀，而上官桀誅矣。當此主少國疑，求其盡心王室，匡輔國家，凜凜然屹如山嶽，不至喪厥所守者，孰有如霍光也哉！

所最不可解者，衛青以一武夫，能不斬蘇建以明威，又能辭三子封侯，以推功於諸校尉，殆深知持滿之道者。光之賢，其智豈在青下？而既行廢立，反貪惜禄位，致君上猜疑者，何也？日中則移，月滿則虧，此自然之道也。吾意霍光當中宗既立，社稷有主，即當奉身引退，歸守博陸，以自杜其寵利，庶子孫宗族可保無虞。不此之務，乃沈溺盈溢，致啟顛覆，身死未及三年，而子孫誅滅無噍類。君子推原其考，何嘗不歎光之自啟耶？嗚呼，霍光忠厚有餘而智慮不足，此其所以來不學無術之誚也。然而光之忠不可没也。世之論光者但當觀其大節，先取其長而後議其蔽，庶知功之在社稷、在後世，與功之在征伐、在一時者之不可同日語矣。吾故曰：漢可以無衛青，而斷不可無霍光也。

雖然，以武帝時論之，青之功誠不及光。若後世中國積弱莫能自振，不惟不敢征伐夷狄，且受制於夷狄，爲四方所觀笑，則如衛青之功者，又烏可少乎哉？

衛青霍光論

（鄒臬憲課正取十四名）

褚煥章

衛青、霍光，皆以外戚受知漢武。其始出寒微同，其出入宮禁同，其爲大將軍亦同。然青數將兵，立功匈奴，而未嘗柄國；光則受遺命，輔少主，兼將相軍國之重。迨廢昌邑，立宣帝，功在社稷，後世至與伊尹並稱，勳業之隆，有非青所敢望者。究之，青有將才而不可爲相，光可爲重臣而不可爲純臣，皆吾所不取也。

夫青自奴隸之中，因外戚致上將，屢伐匈奴，竟能犂王庭，走單于，使漢威震於天驕，易代之後且爲漢臣僕，質子入廟，邊患永息，其將略不可謂不偉。然不能用李廣之才，卒致之死，豈休休有容者乎？生平未薦一賢士大夫，即不斬蘇建，無非以和柔媚上，爲固寵計；使其爲相，與孔光、張禹輩居心何異？亦嫉賢貪位之流耳。吾故曰：不可爲相也。

光輔昭帝，立宣帝，不負武帝之知，相業隆矣。宣帝既立，不能早固請歸，又不能防閑妻顯，致弒許后；復不能罪顯，而徇其意以立霍后；子婿並握兵權，黨羽布滿朝廷，終召覆族之禍。漢固寡恩，光實有自取之道焉。使光於宣帝即位後，力請歸政遂初，則許后無由被弒，霍后無由得立，子婿無由握兵，功蓋天下而身不與，何致禍萌驂乘，而君臣之誼不終也？吾故曰：不可爲純臣也。

然武帝於青雖尊寵，而踞廁以視，則仍蓄以奴隸矣；於光則繪周公負扆圖以賜，而期以周公之事。帝固有知人之明，而光之才之品，實非青所可同年而語。嗚呼！三代下少完人，於將相中求純臣，豈易得哉！豈易得哉！

趙普姚廣孝合論

（鄒臬憲課正取五名）

張儒源

趙普教太宗負太祖，姚廣孝教成祖叛建文，論者謂二子萬世之賊臣，而太宗、成祖之忠臣。愚則謂二子之於太宗、成祖亦賊臣云爾，尚何忠之有哉！

君子之愛人也，以德不以位也。匡義、棣何人，而欲據宋明之天下乎？普、廣孝方當諫爭之不暇，顧反成其謀耶？蓋嘗各就其事論之，而知二子用心，固爲一己計，而非爲太宗、成祖計也。

杜后臨終之言，千古之亂命也。以普之學於古訓，詎不知太宗宜爲周公，而不宜爲楚靈哉？乃絕不諫止，反贊成之，豈非見太祖有順親之心、太宗有覬覦之志，而故阿諛以求容歟？觀其於太宗則成之，於元美則敗之，夫豈前後之見異哉？蓋亦揣太祖、太宗之心而投之耳。若夫廣孝，其初固以陰陽術數擅長者也，以建文之重儒，值天下之無事，何由起異僧而展其才能哉？燕王雖志大才高，當其初，豈敢存非分之想？乃自廣孝教以陰謀，而逆志萌，告以天道。且進相者袁珙，卜者金忠，而逆謀決；趣其出師，教以趨金陵，而逆事成。是燕王之反，皆廣孝實爲之，不較普之阿附太宗者爲尤可誅哉！卒皆致君於操、莽之列，而躋己於良、何之班，則夫二子者，固明明太宗、成祖之賊臣矣，而尚何忠之有哉？

至核其平生事蹟，普貪而廣孝廉，普奢而廣孝儉，普忌克而廣孝能薦賢，則又二子優劣所分矣。

趙普姚廣孝合論

（鄒臬憲課正取七名）

袁嘉端

爲身謀，爲人謀，爲國謀，一言可以盡之乎？曰人事。人事盡，可言天也。

姚廣孝之促燕王叛也，悍然謂：“臣知天道，安問人心？”置人事於不言，故民之不從燕者戮，臣之不然燕者族，視人如草菅，大功雖成，君子謂之賊而已。論者曰：“廣孝助燕，以叔滅姪，罪同於宋之趙普。”愚曰：“然。”普即不勸太宗，太宗豈忘情於德昭者？

若明惠帝之死，實死於廣孝之謀，觀燕王人心向彼之懼，非廣孝決之，燕王亂，豈如是之遽乎？然愚之所以論普與廣孝者，不以此定。方普與藝祖比肩事周，寮也，朋也，顯非君臣，乃藝祖傳香孩兒之瑞，普若知其爲天命之天子者，相結遂深，陳橋兵譁，普挾太宗，扶藝祖，竟忘己之舊有天子行之險機之幸。人事略焉，然未若廣孝忘太祖而奉燕王之甚也。迹廣孝一生，不外“知天道”一語。彼所謂“天道”，即燕王“龍行虎步，日角插天”諸說。東昌之敗，廣孝猶覥顏曰：“臣言師行必克，但費兩日。”兩日，“昌”字也，自此全勝矣。噫，小人好亂乃至此哉！

夫藝祖素有大志，事或不盡諉天命；燕王《遺梅殷書》曰：“天命有歸，非人力所能沮。”是燕王言天，本不待廣孝之助，特廣孝助虐有甚於普萬萬者；非有寬於普，特普猶善於廣孝爾。偉哉睢陽！尹子奇以天命招之，睢陽曰："君未識人事，焉知天道？"天道自在人事中，人事盡，言天可也。悠悠千載人，吾將以睢陽之説衡之。

婁敬勸高帝都關中論

（英糧憲課正取二名）

袁嘉毅

都秦遂可不亡乎？何以解於降漢之子嬰？不都遂不可興乎？何以解於興漢之光武？迂矣哉，婁敬説漢高都關中也！幸高帝聽之，據秦之固，果二百年而後失；不幸高帝聽之，而天助陳豨，國歸吳濞，則"據固"之説，亦丸泥封谷、長江天塹之先聲耳。而世顧豔之，以爲漢高無敬不都關中；不都關中，不據形勝。嘻駭矣，國之興亡，僅在都形勝乎哉？

夫形勝之都，不過興國之一事。然爲形勝而定都，亦僅曰定於開國之初，不當遷於世守之日。即曰遷矣，亦僅曰遷於太平之日，不當遷於有事之日。漢高從敬説，留侯因而贊成之，正以其定於開國無事日耳。不然，晉元金陵、宋高杭州，彼何嘗不自詡遷形勝耶，而何爲退尺失尺也？

自古世守之遷都，惟明成遷燕爲第一，北魏孝文已令人惜，宋明末世之閩、廣，更奚足責？其不足責者，非盡由失形勝也；内政之不興，國勢遂羸。我能往，人亦能往，遂極之一舟一椽且非己有，尚何論形勢否耶？乃自項以不都關中亡，漢以都關中而愈興。田肯佞人，又復諛高帝曰："河山之險，秦得百二。"後世多駭之，遂競拾"河山百二"之説，無論當世守之日、有事之日，皆主謀遷都關中，國家之安土棄之不計，戎狄之躪後避之不計，豈非欲法婁敬，且失敬之本意耶？

愚不敢以婁敬之説爲本計，亦不敢謂婁敬之失策。不謂婁敬之失策，亦不謂後世之可法婁敬。

婁敬説高帝都關中論

（英糧憲課正取六名）

孫文達

地猶水也，人則行水之舟；地猶路也，人則行路之車。舟車良不良置弗論，譊譊論水與路，此之所謂大愚。由是觀之，有天下之道，在人不在形勝。當億世無以異，而婁敬以搤亢拊背之説導高帝，勸帝西都關中，是舍人而論形勝也。嗚呼，豈篤論哉！

關中爲周人王業所基，爲秦人混一之資，金城天府，誠有如張良言；高屋建瓴，誠有如田肯賀言；據崤函，擁雍州，固守以窺周室，誠有如賈誼言。敬先諸子言，言四塞爲固，勝洛陽之四面受敵；言被山帶河，勝洛陽之小不過數百里；言萬里立興，勝洛陽之不能用武；言入關案秦之故，勝洛陽之有德易王，無德易亡。嗚呼，於形勝，亦詳盡矣哉！

雖然，謂關中果可控制天下，胡二世亦擁關中之固，而關東兵入，子嬰卒素車白馬以迎沛公者，何耶？且後世都關中者亦眾矣，漢獻帝遷長安，晉愍帝亦遷長安，六朝之西魏、後周亦遷長安，而亂愈興祚愈短者，則何也？且隋、唐之始亦常都長安，而代王不能禦李淵，明皇不能禦安史者，又何也？即以洛陽論，固敬所謂形勢弱者；然東漢光武、三國曹氏、晉之武帝、北魏之孝文帝，此數君者，亦果以洛陽而弱者耶？嗚呼，弱者自弱，非形勢能弱；強者自強，非形勢能強。敬之所論，不窮其強弱之所以爲強弱，輒概形勢爲強弱，此誠有未盡者矣。孟子曰："地利不如人和。"地固弗先於人也，敬之言得毋悖甚？

　　或者曰："子所云將概不言形勝，可乎？"曰："又不然。得人而後言地則可，不得人而專言地則不可。"敬謂洛陽有德易王，無德易亡，意殆謂關中形勝，有德易王，無德亦王也。夫無德果可王乎？不必鑒於他，鑒亡秦可也。敬以是説語高帝，其流弊甚矣，謂非篤論，夫何疑？

　　韓子《守戒》曰："在得人。"又《易》曰："王公設險以守其國。"竊意有國家者，二説均不可廢也。然果先得人，而設險之謀無乎不舉矣。《大學》不云乎："有人此有土。"吁，可味哉！

婁敬説高帝都關中論

（英糧憲課正取十八名）

張儒瀾

　　美哉關中，千古之名都也！非大無道主居之，必不能亡其國。矧有道之主哉，婁敬説高帝都關中，非獨爲漢室計，萬古不易之策也。

　　三代而上，尚德之世無論已；秦以後，帝王之所都曰洛、曰汴、曰金陵、曰燕，愚以爲皆不若關中。何以言之？洛與汴雖居天下之中，而無險可恃，一旦有變，則虜騎可長驅直入；至於金陵與燕，僻處海隅，又居天下之下流，愚尤不解其何所取也。且夫千古定都之要有三：一曰宅中，二曰據險，三曰居上流。彼燕與金陵宅中耶？據險耶？居上流耶？明太祖、成祖，不過安土重遷，而究之太祖都金陵，一傳至建文而即亡於燕。成祖都燕時，有北方之警，向非賢君代出，明祚安能如是之長哉？至於汴與洛，雖曰居中，而既非上流，又非據險，所謂得其一而失其二，豈若關中之既據險又居上流，得其二而僅失其一哉？所以周末不聞無道之君，而洛卒亡於秦；北宋亦少桀紂之亂，而汴卒亡於金，豈非敬所謂形勢弱之故耶？

若夫千古一統帝王都關中者，秦、西漢、隋、唐是也。秦與隋之暴虐，其亡不可以形勢救也；若西漢與唐之亡，實亡於簒與遷。千古幾見君非桀紂而不能守秦關百二之險者乎？故都關中而利國家，又何必博宅中之虛名也？且關中亦未嘗不居中也。在婁敬之時，誠較汴、洛爲偏，而豈所論於後世耶？後世之關中，東有燕、齊、晉、豫，南有楚、吳、蜀、滇，西有隴上、新疆，北有内、外蒙古，亦何嘗不居天下之中哉？故愚謂敬議都關中，誠後世不易之策，非僅善爲漢謀也。

或曰："敬不勸高帝修德，而勸高帝都關中，是未知在德不在險之故也。"嗚呼，三代而下，德亦烏可專恃乎哉！

武侯"五月渡瀘"在今何處考

（英糧憲課正取一名）

李 堅

《説文》無"瀘"字。徐氏《補篆解》云："水名。"《佩文齋韻府》虞部、先部兩引《説文》云："蜀江之水。"非一而泯、瀘、雒、巴爲四大川，四川之名昉此。據此，則瀘係蜀水，非滇水。

舊多以滇水當之。裴松之《三國志注》引《漢書·地理志》，謂源出牂牁、句町。酈道元《水經注》謂流逕不韋縣北。按：句町、通海、不韋、保山，皆滇水也。武侯南征，或不渡此。樂史《太平寰宇記》謂在巂州會川縣。齊召南《水道提綱》謂即鴉龍江。黄林材《西徼水道》謂武侯南征，先逾大渡河，後渡金沙江，不必經由鴉龍。蒙以爲皆是也，特無徵不信耳。

漢桑欽《水經》云："若水出蜀郡旄牛徼外，東南至故關，爲若水也。南過越巂、邛都縣西，直南至會無縣。淹水東南流注之。又東北至犍爲、朱提縣西，爲瀘江水。又東北至棘道，入於江。"按：旄牛徼爲今打箭鑪，鴉龍江源，出匝巴顏喀喇山，實在其外，則鴉龍江爲若水無疑。邛都爲今寕遠府西昌縣。會無爲今會理州。朱提在今東川府境。棘道爲今宜賓縣。鴉龍、西昌，流逕會鹽源界，與金沙江合。東北過東川，至宜賓入于江。則《寰宇記》謂在會川，《水道提綱》謂即鴉龍江，《西徼水道》謂即金沙江，皆與《水經》合。且皆蜀水，與《說文》合。武侯由巂入益，必此渡矣。

酈氏《水經》若水句下云："若水，又經越巂大莋縣，而入繩。"按：繩即金沙。大莋鹽源，金沙合鴉龍實在鹽源，此最可信。惟《注》瀘江水下句云："蘭倉水納類水、禁水，與瀘津水合流，逕不韋縣北。"按：蘭倉即今瀾滄江，乃由緬甸入南海者，於若水、繩水遠不相涉，武侯南征，或亦渡此。然謂之爲"瀘"，誠未敢作。

武侯"五月渡瀘"在今何處考

（英糧憲課正取二名）

袁嘉毅

《三國志》獨簡於蜀，而武侯征南一大舉，僅僅曰："三年春，率眾南征。其秋，悉平。"侯之功不可考也，遑問所經之地哉！然後之《出師表》曰："五月渡瀘，深入不毛。"張儼《默記·後出師表》，亦有"渡瀘"語。以侯本集所無，故不引。侯傳所略，幸侯先自述之，則又烏可不考也？

考《李恢傳》，有"丞相南征，先由越巂"之言，語焉未詳，奚以徵信？徵信之書，其惟晉常璩《南中志》乎？其詞曰："建興三年春，亮南征。自安上由水路入越嶲。別遣馬忠伐牂柯,李恢向益州。高定元自旄牛、定筰、卑水多爲壘守。亮欲俟定元軍眾集,合并討之,軍卑水。定元部曲殺雍闓,孟獲代闓爲主。亮既斬定元,而馬忠破牂柯,李恢敗於南中。夏五月,亮渡瀘,進征益州,生虜孟獲,七虜七赦。

　夫地名古今多變,而山川未必大更。越嶲今屬蜀,治在京西經二十五度十分,京南緯二十二度二十分。據內府藏本《一統輿圖》,故不以赤道計緯度。下同。古則隸滇之永北。京西二十分度四十分,南二十八度四十七分。侯先至越嶲,破定元,其地在今永北鹽源之界;鹽源古定筰也,京西二十七度四十一分,南二十五度十一分。定元守此,必非今越嶲廳治,蓋相去六百餘里。疾由越嶲而始渡瀘。則瀘即永北界之金沙江無疑。《楊升庵集》據沈黎《古志》,謂今之金沙江在滇蜀之交,一在武定元江驛,一在姚安之左郂,沈黎《志》孔明所渡,當是今之左郂。沈黎《志》詳言南征之路,載《升庵集》。但與《南中志》言水路異,不引。

　按:姚安與永北夾江相對,言地異,言渡同也。師氏《滇繫》謂會理州西南兩岸峻極,江流如在井底,即渡瀘處。《四川總志》陳奇典《瀘水考》引以爲會川之金沙江,會川,今會理,治在京西二十六度十一分,南二十六度三十分,其南界金沙江,其西界永北。蓋指會川西界言,與永北之說亦合。顧祖禹《方輿紀要》引楊氏曰:"侯率步騎渡瀘,入越嶲。"注:"今四川建昌,入姚州境是也。"按:顧所指"建昌境"亦即指會川西界,故入姚州。蓋會川屬甯遠府,即古建昌。地廣三度有奇,必分言西境。乃明若楊先言渡瀘,後入越嶲,尤誤。《十道志》云:"瀘水出番州。"《一統志》云:"瀘水源出吐番。"《太平寰宇記》云:"馬湖江從戎州來,'武侯渡瀘'即此水之上流。"雖泛言爲金沙江,不碻指爲何處,然固不悖于永北之說也。

　揆理而決之,由越嶲至益州,必經永北金沙江。江廣而鬱,侯所渡水惟此顯,故《出師表》惟以此爲言,揆勢而決之。元世祖從中道入滇,革囊,濟金沙,顧祖禹所謂"從越嶲渡江",未嘗不師武侯之成法。見《方輿紀要》。用兵審地勢,後先一也。揆時而決之,蜀都至永北，地望準直，約二千里；永北至益州，治約千里。漢益州治即今昆明。侯未至越巂，所行皆内地，故春出師而五月渡瀘，至越巂。後戰事稽遲，故雖千里不及二千里之遙。而五月渡瀘；秋，乃悉平益州。

愚徵信於《南中志》，亦信其與《三國志》相發明耳。乃後人不善考古，臆説滋興。一爲瀘州之説，本於《古志林》，《元史》主之。《地理志略》云：“瀘州即諸葛擒孟獲地。”不知“瀘州”之名，乃元治元九年改州，在蜀都南，與黔之遵義鄰遵義即漢牂柯。侯別遣馬忠伐牂柯，當經此路。否則，蜀都近瀘州，都至京南十八度二十一分，瀘至京南二十二度一分。豈春出師，而五月始至此耶？一爲永昌之説，益州記《水經》主之《水道提綱》引，不知侯自越巂入益州，其路當由東南行。乃謂其西南至永昌渡瀘，又復東至益州，豈人情耶？永昌京西三二度，京南三十一度三十分，去永北三度有[奇]，去昆陽七度有奇。一爲武定之説，《輿地圖》主之《佩文韻府》引，《升庵集》亦列此言。不知由武定至益州，其行甚直，侯別遣李恢向益州，恢傳所謂“道向建甯，當經此路”。夫恢與忠皆曰“別遣”，則侯不經此，可知。考武定北即界江，江之北乃會川之東境，不得混於會川西，境界永北之説。至於李景山駁金沙江之説，而謂瀘水源在瀘川驛《水道提綱》引，《建昌衛志》同之陳奇典引。然其言恍恍，並不指“瀘”爲何水，第曰“有孔明渡、孟獲城、瀘沽河”。顧炎武《利病全書》言瀘沽入金沙，在過武定後。

噫，滇、蜀傳侯蹟萬萬，豈皆真耶？今汝偶存真，凡土人之口傳，後世之俗書，悉本《南中志》以揮之。蓋《三國志》外，實無如《南中志》之可信者。如猶疑永北金沙江非蜀入滇之直徑，何不考高定元反越巂，侯不得不自將征之、曲徑征之乎？《南中志》云：“高殺越巂郡將軍焦璜。侯遣越巂太守龔禄住安上縣，遙領郡事。三年，自安上入越巂。”高手定笮爲鹽源，甚近永北。如猶疑永北金沙江舊不聞名“瀘水”，何不思地名無定，不能泥今？如曰泥今，則今之名“瀘”者，皆侯所渡乎？

夫臆説固可恥也，獨怪夫嗜古之士恨《三國志》之略，即裴注引

《漢晉春秋》亦不言渡瀘處。雖有《南中志》，曾不一問；以可信之書而不問，毋亦又恥其陋歟！

武侯"五月渡瀘"在今何處考

（英糧憲課正取十八名）

張儒瀾

武侯所渡瀘，滇之金沙江，非蜀之瀘水也。

考茲水者，其說甚夥。然如瀾、潞諸說，前人皆駁其謬，不必辨也。惟建昌衛瀘水與金沙江，前人兩存其說，至今莫定。

蓋主建昌衛瀘水者，云《元史・地理志》瀘州在建昌路西，昔名沙城縣，即諸葛武侯擒孟獲之地，有瀘水，深廣而多瘴，鮮有行者。故齊次風《水道提綱》引之，謂即武侯渡處。且《建昌衛志》載其地有"瀘川驛"，又有"孟獲城""孔明渡"，則爲武侯當日渡處無疑矣。此主建昌衛瀘水之說也。

主金沙江之說者，曰楊升庵引沈黎《古志》，載孔明南征由今黎州路。黎州西百餘里至雨林蠻；自雨林南琵琶部，三程至巂州，十程至瀘水，瀘水四程至弄棟。而謂"弄棟"，即今姚州。今之金沙江，在滇蜀之交，一在武定府元江驛，一在姚安之苴郤。孔明所渡，當是今之左郤也。又師荔扉《滇繫》亦謂金沙江東達四川會理州，西南而合瀘水，於是金沙江亦兼瀘水之名。由會理州西南，即"五月渡瀘"處，兩岸峻極，俯視江流，如在井底，煙瘴拍天，冬月行人過此，亦皆流汗，惟雨中過乃無誤。是升庵、荔扉皆明明據金沙爲武侯渡處，安在其不足信也？此主金沙江之說也。

愚嘗徵之《古史》，驗之地形，而知金沙江之說爲確也。《晉書・王遜傳》："遜爲甯州刺史。蜀李驤渡瀘水，寇甯州。遜使將軍姚崇、爨琛大敗之堂狼。崇追至瀘水乃還。"夫由蜀至晉甯,必過金沙江,而與建昌衛瀘水無涉。此徵之古史,而知其爲金沙江也。建昌衛之瀘水,雖亦深廣多瘴,然非入滇必由之路也。既瘴毒難行,武侯何不可由他道入,而必蹈此險途耶?若金沙江,則盡包滇之北境,由蜀入滇,舍此必無他道,故不得不蹈其險者,勢使然也。此驗之地形而知其爲金沙江也。

而難者謂金沙江今無"瀘水"之名,而建昌衛瀘水則名至今未改。其閒又明明有"孟獲城""孔明渡"。且《元史》煌煌國史,其説必不誣,安見此是而彼非也?

曰:武侯之所渡,當在今元謀、會理之閒,今名"金沙江渡口"者。荔扉謂其《方輿》瀘水會,故兼"瀘水"之名,其説誠足信也。且安知非武侯上表不宜用當日之夷名,故因其上流本與瀘水會,遂亦以"瀘"名之耶?況天下山川城邑古今異名者,不可枚舉,若必按今名而定之,然則臨安之瀘江,亦可以當之乎?孟獲及諸葛遺蹟,滇中無處無之,然則有孟獲、諸葛遺蹟處,皆可謂其水爲當日之"瀘"乎?至《元史》,雖煌煌國史,而《晉書》獨非歟?《晉書》古而《元史》新,舍古而從新,可乎哉?吾故據《古史》度地形,而斷武侯所渡瀘爲滇之金沙江,非蜀之瀘水也。

問:三代而下,兵制之善,史稱唐之府兵,今可仿行否? 試詳言之

（英糧憲課正取一名）

李 堅

有唐府兵之制,無時不可仿行。第腹地祇能師其意,邊地乃可盡行耳。又必擇善而從,擇不善而改,庶幾久行而勿壞。

　　按唐制：人授田百畝，歲免租稅二石。調絹二疋，綿三兩，庸絹一疋有半。民二十爲兵，六十而免。此制之最善者也，宜擇而從之。又士以三百爲團，團有校尉；五十人爲隊，隊有正十人；爲火，火有長。火備六馱馬。凡火，具烏布幕，鐵馬盂，布槽鍤钁，鑿、碪、筐、斧、鋸皆一，甲牀二，鎌二，隊具火鑽一，胃馬繩一，首羈、足絆皆三。人具弓一，矢三十，胡禄橫刀，礪石、大觽、氈帽、氈裝、行縢皆一。麥飯九斗，米二斗。此亦制之最善者也。今用火器，則甲牀弓矢及介冑可易以槍礮，帕首襤襠，餘皆可從。第唐制係令民自備，非所以恤民也，是宜改。又今番上府衛地皆遼遠，或數千里，或數百里，市物褫屬於道，遞子相望於途，已不堪矣。復令服役公家，終歲不息，亦非所以恤民也，亦宜考。

　　夫考其不善者，從其善者，似無地不可行矣，而腹地猶祇能師其意者，則以腹地之田皆民所自有，上不能奪而均之也。即使能奪，人多田少，不能徧給，故行之腹地者亦祇能於練鄉團時，編伍如其法，製器如其數，概用庫儲，毋令自備，不輕役，不番上，租賦縱不能蠲，亦量予減損。師其意不盡沿其制，如是焉已耳。

　　若夫邊地可盡行矣，然行之不善，則慮其事生。何以故？窮荒瘴癘之區，少能自給者，孰甘輕去其鄉，涉茲惡土？則應斯募者，非散卒即遊民也。授此輩以田器軍械，微論不克終畝也，究令克終，歲豐則相習以怠，已墾者旋荒矣，歲凶則相率爲亂。前之所授者，乃藉寇兵而齎盜糧也。

　　方今防軍必不能去。鄙意欲令防軍歸屯，編團授地，一如府兵制。而募散卒遊民爲防軍，訓之三年，視荒地猶有未墾者，又歸屯募軍如前法，使居塞下者，皆曾經節制之師，不敢以耕鑿而爲苦。散卒遊民，得軍律之約束，漸化其桀驁不馴之氣，而勉爲善良。《傳》曰：“人勞則思，思則善心生。”二事皆令其以漸而勞，即以漸而生其善心。制久不壞，或以此乎？

雖然，以李鄴侯才智之優，得君之專，似復府兵易如反掌，而貞元中一再議之，卒不能還太宗之舊，況今日乎？亦姑快紙上一談耳。

問：三代而下，兵制之善，史稱唐之府兵。其制今可仿行否？試詳言之

（英糧憲課正取二名）

袁嘉毅

精談古兵書者曰趙括，而括則敗矣。顧必謂古兵法遂無可法耶？曰：有之，三代寓兵於農，周宇文效之，定府兵法。唐文皇又增改之，府兵之名於以盛。

以余考之，天下十道，置府六百二十四，而畿內二百六十有一，則尾大之害除。有事始命將出師，事解即罷，則跋扈之害除。民年二十爲兵，終歲力農，季冬則折衝率五校兵馬之在府者教戰，則長戍之害除。調兵少則別將行，次則果毅行，全府發則折衝卜皆行，則傾國動眾之害除。四害除則四美具，唐終守之可也。顧未百年而彍騎即變之，何耶？千古無百年不敝之法，兵尤其最。然綜論要旨，蔽以一言曰："國出其帑以養兵，兵出其力以衛國。"蓋天下之理，斷無不施而責報者。三代上兵農可合，以農所食田皆上予之，直不啻後世之餉爾。井田法亡，人各謀私，不有公餉，誰趨公役？唐府兵有三代之意，無三代之實，久之而衛士匱，久之而宿衛空，勢也，情也，於彍騎之變何尤？

今五洲五十餘國，國無不兵，兵餉無不厚，挾中國疲散頑瘠之眾，欲與爭雄，其勢則難。加以餉絀，刮之無已，有兵如無兵，而復唐府兵之議起。夫府兵非可復也，而其法亦未可盡非，如駁將之二美，今似可刪。至於兵分三等，以次調用，非調用時，必兼習農；等

次之間，餉亦隨之。餉可以節，兵可以用，庶幾不泥於唐法，而差得兵農合一之實？昌黎《守戒》曰："在得人。"斯尤實矣。然李鄴侯議復府兵而未行，今豈有駕鄴侯而上之者哉？

問：三代而下，兵制之善，史稱唐之府兵。其制今可倣行否？試詳言之

（英糧憲課正取六名）

孫文達

唐府兵之制，肇於西魏後周，備於隋，大備於唐。考唐之制，綜天下之兵，皆謂之天子禁兵，即遠而諸郡之府兵，近而五府之衛兵，又近而兩官營之親兵，皆屬於十六衛將軍。每月番上以備宿衛，三時務農，一時講武，無坐食也；籍藏將府，伍散田畝，無列屯也；事至則府將將之而起，事已則府將將之而歸，無久戍也。

又《廣治平略》曰："府兵之制，有所征行，則視其人而出給之。民年二十爲兵，六十而免。無事耕於野，番上宿衛而已；有事則命將以出，事解輒罷，兵散於府，將歸於朝。故士不失業，而將帥無握兵之重。"據此，則唐之府兵，其亦古伍兩卒旅寓兵於農之遺法歟？嗚呼，無足異也！

然異之者曰："兵制之善，莫府兵若。今中國弱極矣，疲極矣，亦兵制之壞有以致之矣。苟欲救時，其府兵乎？"曰："府兵固善。今固不能行也，何也？時勢異而流弊無窮也。唐之初年，外夷不甚強，且用兵多在中國，以文皇之雄才，率百戰之卒搗中國烏合之盜，逸待勞，強摧弱，誠易易也。今也不然，外夷強，中國弱，將來用武不慮於內，實虛於外。苟用武外夷，兵不精不可。今欲學唐之有事爲兵，無事爲農，其歸農之時操練必怠，操練怠而兵可精，異日可語

門者，能乎？否乎？且近今國不富，民亦甚窮，固大遠於唐之開創，不予以餉，呼朝夕謀生之眾，而習戰鬥之事，食不能籌之於國，貲不能備之於己，費時失業，亦斷斷乎不能行也。唐以義兵定天下，其宿衛之兵，皆以民之棄田分給之，蓋惟民有田，故征調不怨。此亦古由井田定軍賦之制，府兵所由成，宜哉！今則田有徵矣，且無田者又比比矣，欲仿府兵，能乎？否乎？故曰：時勢異也。”

孔子曰：“民可使由之，不可使知之。”愚頑之民，孰知兵農合一之利？用之無上賞，罷之無恒業，初雖勉致，久之而無益於己，必鳥獸散矣。離心之眾，有名無實，一旦有警，保無因此而僨厥大事乎？且驟行古法，非大刑賞不爲功，法益峻，民益怨，激成之變，殆有不可勝言者。外患不來，內憂已見，可勿懼哉！

觀高宗、武後時，天下久不用兵，番役更代，多不以時。衛士亡匿，宿衛至於無人，府兵至於無兵。府兵之不可恃，已大可見矣。所謂流弊無窮者，此耳。權此二者以觀之，府兵之難行，豈待智者決哉？然則府兵既不行，抑有法乎？曰：有。現奉懿旨，直省舉辦民團，此又府兵之遺意也。然以團練始，不必以團練終。師府兵之法，出乎府兵之外，其庶幾可以團練而成中興者，曾文正其人也。文正初起於團，後變爲勇，故克奏厥功者。團無餉而征調訓練難，勇有餉而操縱自如也。今之法其變通團練乎？雖然，治兵一道，在整頓不整頓，又不必拘拘於法也。我朝以八貝勒定燕京，於行省要隘設將軍，駐旗兵，其立法未始不善。今固不整頓耳，果整頓焉，安在非昔之精銳乎？

今之議兵事者又曰：“是宜學外國重武也，是宜仿東西洋各國常備豫備後備諸兵制而行之於中國也。”吁，豈其然哉？古之孫、吳、韓、岳、戚，近今之江、塔、羅、李、多，其兵制未必一轍也。若必譊譊言兵制，祖制具在，何論府兵？府兵無益，何論外夷。蒙以爲不繫乎此也，在整頓也。今有能整頓者耶？蒙當爲之進說曰：“師夷不如師古，師古不如法祖，法祖又不如變通民團之爲愈。”

春秋晉楚弭兵盟論

（興鹽憲課正取一名）

張儒源

天下之患，有務虛名而貽實禍者，莫甚於弭兵之議也。此議得於宋向戌，而成於晉趙武。論者執兵凶戰危之説，遂謂武仁人也；戌雖好名，亦不失爲賢人也。庸知欲息兵而凶愈甚，欲罷戰而危愈亟哉？

《左傳》趙武執政之年，齊崔慶亦初得政。武言自今以後，兵可以弭。後儒謂仁人之言，其利已溥，迄宋之盟，遂武初心。説者益謂武慈惠温文，讓而不爭，從此中原息兵者數十載，皆武之力也。詎知甫盟而衷甲爭長，楚何嘗有弭兵之心？轉藉此爲養鋭之計，不數年而楚圍欲以兵襲鄭，虢之會，而又復凌晉爭長，旋且滅陳、蔡，窺周鼎，中原兵禍，自此而極，所謂息兵數十年者安在？夫向戌，陰險小人，不足論也；趙武則藹然長者也，乃以悾怯過甚，致隳屈建術中，欲博弭兵之虛名，反貽召兵之實禍。後儒謬加襃美，不又隳武術中耶？

雖然，兵未嘗不可暫弭也，必也無强敵之逼，無國讎之恥，則可弭。羽毛未豐，雌伏待舉，則可弭。所謂弭者，外示安閑，内申戒備，非真銷鋒鑄鏃也。而當春秋之時則不然。春秋之元惡，莫甚於楚。楚也者，首僭王號，荐食諸姬，問鼎之心包藏數十世，蓋周室之逆臣，而爲天下所同仇也。齊桓、晉文雖挫其凶鋒，惜未能制其死命。趙武之世，晉、楚力皆不競，而諸侯多向晉。且晉卿不如楚，惟就武與子木言之。其他列卿中，若荀、吳、魏、舒之善兵，大夫中若伯華、叔向之善謀，楚均無其匹也。況吳患滋長，楚疲奔命，已有外强中乾之勢。方當力乘其敝，何苦爲弭兵之謀哉？使武當日者，合諸臣之材力，率長轂四千之衆，兼齊、魯、鄭、衛、宋、曹之師，分道趨方城、漢水，解楚肢體，而約吳以舟師潛襲荆郢，搗楚腹心，楚分應不暇，亡可立待。滅楚後，再以天下全力，問吳僭號之罪，上尊天子，下撫諸侯，功業當遠出桓文上。乃計不逮此，輒欲苟安旦夕，俾楚得養鋭以待，暴虐繼起，遂大城陳、蔡不羹，更爲得天下之卜。向非乾谿遇禍，則投罦詬天之餘，安知不長驅河洛、遷九鼎於郢都也？是知弭兵之舉，晉、楚用意各殊。武則偷安養寇，亡幕燕之危；建則申儆飭備，爲伏狙之計。齊、秦俱無遠志，不過聽命晉、楚，其餘則等之鄶以下矣。

然則弭兵之説，必如越句踐之嘗膽卧薪，秦孝公之閉關蓄鋭，斯可矣。蓋名弭而實不弭也。否則，名爲休兵息民，實則廢備縱敵，欲國不危，得乎？孟子曰："出無敵國外患者，國恒亡。""生於憂患，而死於安樂。"可爲弭兵之藥石也。

觀夫東晉拒石勒和議，迭抗五胡以弱支强，終延百年之祚。齊王建靦顔事秦，數十年民不知兵，卒爲秦滅。千古弭兵之禍，不可枚舉。《易》曰："除戎器，戒不虞。"孔子亦云："足食足兵。"何嘗有弭兵之説哉？苟欲弭兵，亦當法屈建之深謀，慎勿效趙武之懦氣也。

陳琳諫召外兵論

（興鹽憲課正取三名）

袁嘉穀

越石枕戈，睢陽登陴，人見其血熱氣雄，出智勇於戈府戟林，驚而美之曰"名將"也，而不知固書生已爾。書生果足用乎？馬謖、李景隆胡爲乎？以讀書敗乎？書生果無用乎？又胡爲越石、睢陽，凜凜乎至今猶有生氣也。

然而千古有幾越石，千古有幾睢陽哉？降格而求之，謝安、謝玄，雖功成天幸，而用人乘機，何可訑也？又其次也，則有如能言而未行者。曹植、陳琳，工文且工於論武。觀植《自試表》，懦夫立矣；琳《諫何進召外兵除閹宦》，欲謂之不知兵事，可乎哉？

夫何進以赫赫外戚，握大將軍柄，不欲除閹宦斯已耳；欲除閹宦，功在掌握，乃已有干戈，召外兵而授之柄，琳雖極諫，彼以為此文士謀，弗入也。庸謬之夫，遭噬何惜！惜閹宦一厄，外兵再厄，卓、操迭出，漢無救矣。"亂階"一言，琳其不幸而中歟！

縱觀二十四史中，善制宦官，推令狐綯。顧綯亦徒能言耳。若見之行事，楊一清為最，迹其借永削瑾，功成則國福，不成亦不為國禍，深謀捷識，琳則未能。呂端鎮繼恩，韓琦逐守忠，皆不愧大臣才。若位非大臣，而能言大臣之言，楊漣之劾魏忠賢，陳東之請誅童貫，皎然挺然，琳也似亦愧之。顧琳雖不如諸賢，而洞知外兵不可除內患，當日同見及此者，獨一曹操。彼哉何進，一崔允耳，視琳言若冰炭，宜哉！宜哉！

是故古之君子，必有先天下之識，而後敢居天下之高位；必有斷，其乃有功；必有德，其言乃重。漢末人鮮足語此，如琳者，取之可也。人恃外兵，而琳欲阻外兵；人欲除閹宦，而琳不欲除閹宦。以外兵謂之何哉？謂之書生有用者。

陳琳諫召外兵論

（興鹽憲課正取十一名）

秦光玉

有以母后稱制而來外兵者，李敬業、魏思溫之討武氏是也；有以外戚竊位而來外兵者，劉崇、翟義之討新莽是也；有以巨奸擅權而來外兵者，毌丘儉、文欽、諸葛誕之討司馬氏是也。至若藩鎮猖獮而召外兵者，則有如唐玄宗之時，段秀實、李栖筠赴行在是；外夷侵逼而召外兵者，則有如宋恭宗之時，文天祥、張世傑、李芾提兵入援是。此皆賊勢方張，軍力不足，不得不借資於外兵者。奈之何何進欲除宦官，亦復紛紛召外兵哉？宜陳琳有以諫之也。獨惜其僅言不可召外兵之意，而未言所以制宦官之術耳。

且夫宦官者，其密邇於帝后也，甚於諸臣。諸臣之所以奏告於帝后者，彼不得而見之。即得而聞之，帝后之所以召諸臣者，彼不得而與之。即得而矯之，此豈可躁妄以將事哉？故莫如慎密啟奏，使太后曉然於彼之惡，當機立斷，正之典刑，如楊文襄之誅劉瑾可也。即不然，先事圖維，預印空札，須臾喚出，謫之遠方，如韓魏公之竄任守忠亦可也。又不然，有罪不赦，有缺不補，從容行去，久當自少，如令狐綯之策唐末宦官亦無不可也。要之，宦官之中，不盡屬良人，亦不盡屬不良之人，惟擇其不良之尤者誅之竄之，其良者則慰之勉之。殲渠魁，安反側，此固不獨制宦官之術，即制宦官亦不外此也，惜琳不以之告進也。

雖然，進，人將軍也。其召外兵以制宦官，一若禦藩鎮、禦外夷也者，一若討母后、討外戚、討巨奸，非外兵無以為用者。而琳以區區文士能諫及之，嗚呼，琳亦何可厚非哉！

宣和會金攻燕、端平會蒙古入蔡論

（興鹽憲課正取一名）

張儒源

嗚呼，夷狄之禍，無世無之，而開門揖盜，往往自速其禍。迨禍發而不可撲滅，噬臍之悔已無及已。讀史至宋會金攻燕，會蒙古入蔡，未嘗不歡徽宗、理宗之庸闇，而專用小人以取敗也。

考《宋史》：(重)［宣］和元年，使馬政約金攻燕；宣和二年議成，童貫、王黼實主此議。適當金勢方張，遼軍屢敗之時也。紹定五年，與蒙古約攻金；端和元年，遂會金兵入蔡，史嵩之實主此議。又當蒙古滅國四十，金祚垂亡之時也。爲宋計者，慮唇亡齒寒之患，於遼則協助之，思國破君虜之讐；於金則獨攻之，揆情度勢，似爲兩得。乃夢夢焉，藉兵強敵，以逞志一時，致燕、易旋得旋失，而召金兵之入汴；唐、蔡亦旋得旋失，而召蒙古之入杭。謀之不臧，覆轍相尋，非自貽伊戚乎？

夫論金之強莫與京，遼人百戰百敗，宋助之亦亡，不助亦亡。宋既不能獨力復燕、易，則約金取之，不失爲全勝之策，非若殘金之僅踞蔡州，獨力可滅者比也。似會金得，而會蒙古失。又論遼、宋約爲兄弟，和好已近八十年，宋不宜幸災而樂禍。金則滅宋社稷，虜宋徽、欽，奪宋土地，有不共戴天之讐。及其將亡也，獨力原可入蔡，然與強敵爭利以啟釁，不如以強敵合謀以示好，似會金失，而會蒙古又得。殊不知二者皆失也。

蓋遼當日兵雖屢敗，而地尚未殘，廣漠萬里，猶可爲宋屏藩。與其僅得燕、易蹙遼亡而獨支大敵，孰若以中原之力助全遼之力以抗金乎？即令不助遼而俟遼之瀕亡，獨力收燕，雖迫遼於險，尚不至爲金所輕也。若夫金固深讐，既無可助之義，且以渺小彈丸之蔡，烏能抗混一函夏之元？又無可助之勢，宋當此時，宜乘蒙古未動，用李愬雪夜之兵，銜枚遠襲，取蔡直若反掌，又奚必借資強敵哉？蓋會金攻燕者，貪其土也；會蒙古入蔡者，既貪其土，復憂獨力之難成，非真爲復讐計也。果有復讐之志，則伐金不待今日也。

尤可笑者，童貫輩攻燕敗歸，其得燕已明受金惠，復納金叛人張殼，是背盟而召入汴之禍也。孟珙之入蔡，實藉元兵；史嵩之復遣兵爭洛，是背盟而召圍樊之禍也。既不慎始而輕與約會，又不善終而貽彼口實，雖狡焉思啟之性，終難遏止。然自生厲階，以激邊釁，宋烏能辭其咎耶？然則在宋宜何如？必也修政愛民，舉賢任能，選將練兵，設險增戍，斯不難發奮爲雄，制人而不制於人也。何必引虎狼爲助，失國體而速禍機哉？

嗚呼，僨事誤國，固小人之常，童貫、史嵩之輩何足置議？特怪徽、理二君之偏信耳。馴至二蔡、朱梁同惡相濟，而北宋淪；賈、閻、丁、馬群姦接踵，而南宋亦覆。金元雖夷狄，而其時君臣同德，將帥得人，其勃然而興，宜也。得人者昌，失人者亡，吾於此而益信。

宣和會金入燕、端平會蒙古入蔡論

（興鹽憲課正取三名）

袁嘉毅

嗟夫，宋之南也，徽宗征遼導之矣！理宗躡其事，妄思滅金，不百年間亡矣。顧吾思徽宗、理宗，事同實異，兩而衡之，徽罪尤甚。

遼先宋建國，事宋爲兄。太祖、太宗不能定，何物徽宗乃欲侈心定遼耶？夫宋助金以攻遼，金滅遼，且圖及宋，虜徽而欽隨之。是懷、愍之辱，而非等齊紀之仇也。齊襄且能復九世之仇，而宋自高、孝、光、寧，悉於金稱臣稱姪，誰無人心，乃甘斯恥？幸而得孟珙、畢再遇諸臣，則滅金以吐百年之氣，亦正未可厚非爾。人特患奄奄氣死耳，果有生氣，內之自治，外之治人，愚公移山，豈必聚億萬烏獲而爲力哉？向使理宗入蔡之日，乘其一鼓之氣，修自治、治人之方，東隅得金，桑榆詎失於蒙古？而無如理宗之懦也。懦夫不立，豈足語此？然較之徽之入燕，會金滅無仇之遼，豈無尺寸異哉？

天之生斯民也，不能不宋智而遼、金獨愚。虎豹麕集於山林，欲其百年無一爭，必非至理；爭而欲其無勝負，必非至理。宋即忘遼、金，遼、金終未必忘宋。徽圖遼，理圖金，不敢盡斥其非策；顧圖敵必先自固,乃不因人而成功。宋計之至謬,不在圖遼圖金,而在因金與蒙古以爲圖,國又自顇其亡也,其宜也?

嗚呼,入燕入蔡,宋方冀以爲美談,孰知功非己出,害則己自受之哉?獨是君父之仇,弗共戴天,理宗之害則害矣,而猶得雪徽宗辱。且以爲千古之受辱而不思報者警,若徽宗者則徒爲千古殷鑒而已。唐太宗滅隋,突厥有力。然太宗滅突厥之心,早定於用之之日。朔漠蕩平,頡利擒歸,彼獨天人矣乎?

問:自史遷立《儒林傳》,後代史家因之。獨《宋史》別立《道學傳》,以尊二程、張、邵、朱、周六子。呂東萊、陸子靜、張南軒皆朱子友也,東萊、子靜不入,而南軒則與焉;朱子門人蔡元定父子不入,而黃幹等六人則與焉。去取之旨是否持平?況"儒林"之名,歷代所同,周、程、張、朱爲有宋真儒,可矣。馬樞《道學傳》二十卷係道家書,何必以正史而襲此名?能衡其得失而暢言之否?

（興鹽憲課正取一名）

秦光玉

甚矣,托克托之不識字也!何以不識字?不識儒字也。何以不識儒字？外《儒林》而別立《道學傳》也。

今夫古之所謂儒者，《周禮》曰："儒以道得民。"其疏曰："儒，有道德之稱。"《禮記》目錄"儒行"疏云："儒者，濡也，以先王之道濡其身。"《漢書·藝文志》云："儒家者流，師仲尼以重其言，於道最爲高。"《淮南·俶真篇》注云："儒，孔子道也。"由是言之，惟有道乃可以爲儒，舍儒又何以言道學哉？托克托歧而二之，吁，何謬也！

論者不察，但責其襲道家書名以入正史，又責其棄呂東萊、陸子靜、蔡元定父子爲去取之不當，然此猶失之小者也。獨怪其於《儒林》外別立一《道學傳》，以尊二程、張、邵、周、朱六子。不知"儒林"之名創自史遷，歷代所同，其入《儒林傳》者，亦多窮經見道之人，而二程、張、邵、周、朱六子，其研求道學亦以盡乎儒之實，而非於《儒林》之外別有所謂"道學"者。況程子之《易傳》，朱子之《易本義》《詩集傳》《四書集注》等書，與兩漢之《儒林》，何以少異？而必鑿鑿分之，以啟後世門戶之見？抑獨何哉？

近世漢學、宋學屹然分兩門戶。其專主考據者，不飭躬行，詆宋學爲空疏；而專主性理者，又譏漢學爲破碎經史子集，束高閣而不讀。推其故，皆《儒林》《道學》分傳有以致之，而實即托克托不識儒字有以誤之也。此黃梨洲、朱竹垞、紀曉嵐、錢竹汀所以非之也。欽惟我朝纂修《明史》，傳《儒林》不傳《道學》；《四庫全書總目》又採濂、洛、關、閩之書入之儒家，得儒家之義而泯門戶之見，懿矣夫！

班范書優劣論

（松府憲課正取二名）

袁嘉穀

由班孟堅來，誰敢自擬班書，且曰"天下奇作"？非但不媿平顧，觀范蔚宗《後漢書》，其自詡出班書上。夫出班書上，獨《史記》耳，蔚宗何言之誕哉？

雖然，上者《史記》，其次班書，而范書亦不多讓。將以史例論之耶？《地理》《藝文》，班志闕宗；《文苑》《列女》，范傳特刱；班之《佞幸》，范之《宦者》，一也，則班、范無優劣者一。將以史文論耶？東京樸茂，班固專長；范采九家之精華，克鑄偉詞。《東觀記》一家，半爲班作，而范録之者。《班固傳》明帝詔固等；成、世祖二紀，固又撰《功臣》等；《載記》二十八篇，即范所采《東觀記》。針芥遥合，則班、范無優劣者二。史家重志、表，范實闕所不當闕，然據《南齊・百官志序》，范別自作選簿，以述百官梗概。彼豈不能作志者？且范令謝儼撰志，安知不令人撰表？使范不速死，志稿不蠟以覆車，表亦必不終於闕，況有司馬志補之。固志然稱完書也，如謂書成眾手，獨不思班之八表、《天文志》，亦曹大家所撰乎？班不因此而不優，范詎因此而見劣也？

然則班、范果無優劣乎？曰：然。惟熟思而有未安，其范之《黨錮傳》乎？風俗之隆，古稱兩漢。自黨錮起，士遂視氣節爲輕，范"論""贊"悲憤激昂，讀之使懦夫立志，凜乎壯哉！然竊謂群而不黨，孔子教之，士君子擇友而已，黨奚爲者？昔恭、顯誣周堪、劉更生、蕭望之爲黨，班書不别爲一傳，具有深心。范以宦官誣名，標諸君之傳，使後世有黨錮亡漢之責，未必非范之標異所致也。夫陳、范、李、杜之倫，豈不足當范贊哉？特忠國有心，而好名已甚。"三君""八俊"諸稱，天下模楷諸頌，謂非標榜，誰其信諸？范知褒其長而不爲之摘其誤，雖曰特識，毋乃偏乎？向使於顯位歸列傳；未顯者分傳於《文苑》獨行，則黨名誤於一時，消於後世，追蹤班書，斯無媿色？乃襲袁彦伯《後漢紀》"論"，又矯其貶而爲褒，袁則失矣，而范亦詎爲得也？

嗟夫，史兼三長，本非易易，班書無異論，論范則不無可訾。然綜核十本紀，八十列傳，體大思精，究爲班書之副。陳志書法，且未范若詳趙甌北《劄記》，矧晉宋後諸史耶？愚終審而斷之曰：班范無優劣。

申包胥伍員合論

（松府憲課正取三名）

張儒瀾

古之論申包胥、伍員者，或謂包胥忠而員孝，或謂包胥宜興楚，而員不宜覆楚，是皆僅論其初節，而未論其晚節也。

夫君子論人，晚節爲重。吾嘗合二子晚節觀之，未嘗不咎包胥之不忠於楚，而嘉員之忠於吳也。難者謂：“子言員忠於吳是也。然包胥入秦乞師之舉，豈員所能爲哉？而猶謂其不忠，毋乃傎乎？”曰：“子所言者，包胥之初節，而非晚節也；吾言包胥不忠而員忠者，謂包胥去楚，而員不去吳耳。”

難者又曰：“包胥之去楚，正明哲保身之道，非若員之戀位□□，終致受戮也。”曰：“惡，是何言也！臣之於君，猶子之於父也。父有難而去之，天下豈有如是之孝子哉？夫包胥之興楚也，楚實未嘗大興也。國雖復，讎未報，主憂臣辱，主辱臣死。使員也處此，方當臥薪嘗膽，爲强楚覆吳之計；何至謂君既定矣，又何求？而遂飄然逃賞乎？幸也包胥雖逃，而子西、子期未嘗逃也。設二子亦效包胥而逃之，楚國不將再覆乎？且子西、子期之才，自守則有餘，而制吳則不足。當日所恃以制吳者，惟包胥。包胥即不欲報吳，獨不懼吳之復報楚，而忍去之乎？則以視員之終以諫死，而不忍去夫差者，其忠不忠，何如也？”

難者又曰：“包胥雖去楚，而猶教越人以兵法。是包胥固未嘗忘吳讐，特假手於越以報之也。"豈知不自强而借助於人，千古之大惑也。越滅吳，非楚之利也。向使句踐子孫能象賢，吾安知不舉吳、越二强國之眾以滅楚哉？且楚昭之賢，賢於句踐，包胥果有爲楚報吳之志，何不以教越人兵法歸教楚人乎？故包胥之晚節，誠不得謂其忠於楚也。

若夫員之報楚，吾未嘗不謂其已甚。然此亦其初節，而非晚節也。至晚節之事夫差，非所謂苟利社稷，死生以之者乎？而議者反責其不能似包胥之保身。夫安知人臣事君，固有致身之道，而無保身之説哉？夫當日員之不去，誠無救於吳亡。然員之心，以爲吾在一日，萬一吾君或聽吾之言而翻然悔悟焉？亦未可知也。或越人畏吾猶在，而不敢加兵焉？亦未可知也。吾苟學包胥之遠引，何以對先君於地下乎？此其所以甘受屬鏤之賜而不忍去也。然使夫差終不戮員，又安見越遂能沼吳哉？故員之晚節，又不得謂非忠吳也。

至若陳陟謂二子互成其志，此大謬之論，其誣二子實甚也。包胥蓋不料員之竟能覆楚，員亦不料包胥之復能興楚也。不然，包胥雖至不情，何忍以破壞國家、塗炭生靈者，博友朋之一快？員雖至好名，安肯以已成勳業，甘爲讓友朋而自壞之哉？

申包胥伍員合論

（松府憲課正取七名）

孫文連

二子亦志士哉！以齊桓、晉文所不能淪墟之楚，苟欲興之，竟興之矣；苟欲覆之，竟覆之矣。人生貴立志耳，有志竟成，吾於二子深然之。

雖然，志者，氣之充也，氣而帥之以義，斯善矣；氣而不帥之以義，力拔山，氣蓋世，亦血氣使然，烏足爲後世法哉？申包胥軌於義也，伍員則不軌於義也，吾嘗就其志而一爲之斷。

二子皆楚人也，皆世受楚恩者也。即不受恩，而食毛踐土已久矣。今有人唾罵桑梓，姍笑人物，生是邦者，必將忿忿之不暇，焉有操人之戈入人之室而自相魚肉者耶？包胥興楚，其亦自顧爲楚人歟？員之覆楚，其亦自忘爲楚人歟？知有楚者義歟？不知有楚者義歟？吁，包胥義，員則不義，有包胥而員之惡益彰彰矣。二子固各成厥志哉？而義不義之間，信二子之鐵案？

或者曰："包胥忠也，員孝也。各行其是，烏可軒輕？"曰："謂包胥忠可，謂員孝則不可。"包胥閔邦家之亡，乞師秦庭，恢復舊郢。方其忠，前則少康之有臣靡，後則句踐之有種、蠡。使君皆有臣如此，何患國恥不雪，國勢不振乎？謂爲忠臣，信忠臣矣。獨謂員爲孝子，是大不然。楚平以無極之讚殺伍奢，君即不君，臣不可以不臣。故伍奢不逃不匿，引領就戮者，是不欲報復也。凡以盡爲臣之道也，自伍員視之，平王固乃父之君也，臣之於君，不得謂仇也。員以仇視乃父之君，獻策於吳，舉吳入郢，至於處宮鞭屍，以洩其忿。揆諸乃父不逃不匿，引領就戮之初志，豈忍出此？其父善於先，其子不善於後，奢將不瞑目地下矣，員又安得爲孝耶？且君親一也，父殺其子，爲之孫者，哀痛哭泣而已。如必執乃祖而制之死命，語人曰是報父仇，世詎有是事耶？員之所爲，悖戾極矣。蒙得而審之曰："論包胥，則楚昭可謂有臣；論員，則伍奢可謂無子。"

繇二子觀之，人即有志，義固不可不辨哉？使員果持之以義，當平王殺奢時，窮究而逃之，如木金父之家魯可也；不窮究而思功業以雪父憾，如神禹之治水可也。苟如是，無覆楚，安有興楚，申包胥之志，又何自而見耶？

信哉，無伍員，不足以見申包胥也；申包胥之志，殆因員之志有以成之歟！然包胥固衷諸義之志也，員則不衷諸義之志也。蒙觀二子，蒙益信人之有志，必衷義而後可。

張九齡論

（松府憲課正取二名）

袁嘉穀

問開元藎臣，吾必曰宋璟；問開元直臣，吾必曰張九齡。九齡相三年，讀其《傳》，無赫赫功，愚獨深佩其敢言。言守令，言巧吏，言一詩一判之取士。將顯仕時，封泰山，爵胥史，則言；張守珪卜相，則言；牛仙客之授尚書，賜實封，則言；武惠妃謀陷太子，則又言。甚者言祿山後患，爭以必殺，直哉史魚！斯其匹矣。

今夫九齡之言之關唐廢興，豈止此哉？祿山雖猾，淺人耳，李林甫且為所懼，不敢速亂。向非明皇用林甫，林甫又養成其奸，祿山亦何能禍唐？況祿山即殺，史思明等固在也。思明勝祿山遠甚。唐不自振，彼豈能帖耳而安？開元世久昇平，所患者，明皇佚耳。佚而事事委林甫，唐之亂，職此之由。九齡詞人，早能以千秋金鑑格君心非，斯為奇矣。而又言宰相繫天下安危，陛下相林甫，恐異日為廟社憂。嗚呼，古大臣哉！

聖君賢相之業往往不終，縱觀千秋，失皆在於不知人。知人其難，雖光武雄，諸葛英，猶失之龐萌、馬謖。林甫柔媚之骨，天寶之際，人且罕彈言其奸，況開元初相，知之者誰？九齡獨侃侃而言，令明皇納之。朝綱無目而壞，朝無壞則民無亂。雖祿山狼子，敢噬強力烏獲哉？乃九齡言林甫之功，明皇反因之為罪，林甫相，九齡罷矣，罷而且貶荊州，而唐之亂決矣。

然愚讀《曲江詩集》"感遇"諸篇，蓋作於貶所，忠受悱惻，諷諭君主，猶在朝直言之義。宋璟《梅花賦》，其不孤乎？

司馬光論

（松府憲課正取二名）

袁嘉毅

有才不如富、韓，見不如呂獻可，度不如文潞國，而可推之富、韓、文、呂之上者，曰司馬文正公。公事仁、英、神三朝，正議良猷，史不勝書。入相哲宗，尤卓卓柱石臣。幼嘗讀公《傳》，至民遮道觀曰："公無歸洛，留相天子……活百姓。"登州民語蘇文忠曰："寄語相公，厚自愛以活我。"公死而民罷市，如陝送葬。四方畫像以祀，雖石工無不知公，如聞其聲，如見其情，未嘗不垂淚太息。嗚呼，斯民直道，觀民可以知公也！

或者曰："公固無可議，然助役保甲諸新法，今世行之而稱善，公不別而悉罷之，可乎？"曰："是公愛民之盛心，不暇詳審而失者，不必病公，亦不必爲公諱。"當罷助役時，蘇文忠爭之於前，范忠宣爭之於後，二君子皆安石仇，獨能虛心以采安石之法，天下大事豈限門戶？公必令五日罷之，遂沮蘇、范之苦心，而悦蔡京之迎合，斯其蔽也。呂氏中辨助役之可行，並論及保甲之法，何妨因其已行，教閱以省兵費，殆公論乎？且安石託《周禮》《孟子》之學，安石可非？不可因安石而非《周禮》《孟子》，程子贊《周禮》不易，而公與安石作難，撰《疑孟》十餘篇，斯又蔽也《四庫提要》戲言之。智者千慮，必有一失，向非朱子出定孟子於孔、曾、子思之閒，公論不又晦乎？

嗚呼，孝友忠信，恭儉正直，居處有法，動作有禮，躬行君子，超然粹然，修身齊家，允矣斯人！世人多談公相業，孰知北宋名臣咸本躬行，公其表表，豈幸成相業乎哉？愚將舉公以律古今爲相者。

續蘇明允論六國

（李縣尊課正取二名）

袁嘉穀

"以天下之大，下而從六國破亡之故事"，痛乎明允之言也！非痛六國，痛宋也；然亦豈徒痛宋哉？

嗟呼，吾揆乎宋之敵遼，地等宋，力等宋，勢不足有加宋上；夏更遼之不若，僅恃暴霄禍宋耳。暴霄且倏鷙倏餒，較秦君孝、惠、昭、襄，遜之不可尺寸計，而宋也幣之和之，守不堅而戰尤懦，向使燕昭、趙武靈居宋帝位，充其招賢窺咸陽之心，必不甘坐困遼、夏，負中原正統名也。韓、范、狄、富之才，頡頏頗、牧；頗、牧疊破秦軍，而韓、范未聞破夏；狄功僅在廣南，富則令之加幣於遼而已爾。

人君之所以治天下，治與國者，用人也。不用頗、牧而秦橫，用韓、范、狄、富而遼、夏仍橫，抑何故也？務和而不專戰守，宋帝之本心，六國庸君之心也。夫天下豈有不戰不守而和者哉？豈有忽戰忽守忽和而不誤天下事者哉？明允痛宋如六國，藉六國而論，以影之千古大鑒，何以過此？

侯朝宗有言："兩人行，遇虎。其一惶恐拜跪而乞哀，以死；其一大呼奮臂，鬭不勝，而亦死。"人將取乞哀者耶？抑取大呼奮臂者也？矧大呼奮臂，虎威亦當爲少鄐，又安見其必不勝而死耶？惜六國鮮知斯鬭，盡入虎口，而宋人亦知若不知也。

雖然，制虎之術多矣，由弩而刃而陷穽，人必防之豫虎，斯無憂。若恃一勇力，求儌幸以勝虎，其失險。人君自治其國，果無可蹈之微隙，戰勝朝廷？六國時且有效矣。強敵，虎耳，安敢奔突於煙火密密之地哉？是故《中庸》："戒險行，重強哉矯！"

續蘇子由《唐論》

（李縣尊課正取七名）

張鴻範

唐失天下，大弊有三：亂宮闈，借外兵，信宦官。而方鎮之強，其末焉者，何也？方鎮之強，固外重內輕，而非盡由府兵之壞，必先有大傷元氣者。

夫女色之禍烈矣！三代致治，深仁厚澤，其亂亡也，皆由女禍。列國若晉獻，若陳靈，若齊莊，若楚平，若吳夫差，亦莫不然。呂氏亂漢，羊氏亂晉，其尤也。嗟呼，女禍可不戒哉？然未若唐之甚者。太宗以神武定天下，貞觀之治比隆三代，宜以女禍爲戒矣。不惟太宗戒之，即其子孫亦當戒之。乃太宗納元吉妃，實啟宮闈之亂。子孫尤而效之，遂使武氏殺唐宗室，淫虐甚於呂。韋氏弒君殺儲，淫亂甚於羊。積而至於明皇，嬖太真而祿山強且反，蜀道踉蹌，兩京殘破。嗚呼！元氣之傷此其一。

肅宗即位靈武，銳意恢復，然郭、李兩軍已足平安史之亂，乃肅宗徵兵回紇，以爲之助，豈回紇當太宗時曾有助唐之功耶？不知太宗之時，四夷賓服，回紇畏威，自願助唐；非若肅宗當賊勢方熾，求助於彼，約爲兄弟，而實長戎狄之貪也。且太宗用以外征薛延陀，是以夷攻夷也；肅宗用以內討安史，豈非開門揖盜哉？功雖幸立，然入東京而殺掠，附懷恩而入寇，內患方平，外患又至，厥後責唐償幣，而寇如故。夫豈不知戎狄貪惏甚於犬豕？其肯助我者，必不利於我也。白狄助周，羌胡助魏，可鑒矣，獨奈何肅宗不知也？嗚呼，元氣之傷又其一。

宦官之禍，自秦已然。其計足以害忠良，覆國家，而能使人主不知其姦。圖治之主，方將遠之不暇，乃肅宗令魚朝恩節制諸軍，是不惟近之信之，反假之權；且任張良娣、李輔國諸人，而朝綱壞。厥後代宗任程元載，敬宗用劉克明，至昭宗而宦官之弄權愈多，而唐遂亡矣。嗚呼，元氣之傷又其一。

夫國家之元氣不可傷，元氣傷則根本壞。此三弊者，皆大傷國家元氣。有一如此，未或不亡，況唐兼而有之？固不待方鎮強而亡機已兆矣。故曰：方鎮之強，其末也。

雖然，子由以唐之兵制論興亡，故歸弊於府兵之在外。然唐之弊，實不止此也，愚故舉此三端，以續子由之未備。

續袁子才《宋論》

（李縣尊課正取二名）

袁嘉穀

簡齋謂宋亡於君子之多且公，愚謂宋亡於小人之少且私。小人無不私，特宋之小人，人愈少，私愈熾，亡宋愈速。吁，怪也！怪君子千百不敵一二小人也。自丁謂、王欽若以來，二蔡、二惇，迄汪、黃、秦檜、韓侂冑、史彌遠、賈似道，接迹而興，莫不得君專，居位久。君子刻之排之，適以中其一網之術，北宋姦黨、南宋偽學，惡名一加，君子空矣。悲夫，悲夫！

宋三百年中，開、寶太平尚已。慶歷、元祐，皆君子道長之一時。顧慶歷君子，黨始萌芽，石介頌聖德，蔡襄歌“四賢”，君子已不免市名；元祐之洛蜀，更滋攻訐。夫以君子盛時，無小人開之，且損於國，則小人道長，尚安保其無損哉？簡齋曰：“朝爭洛、蜀，野爭

朱、陸，不亡不得。"考朱、陸之爭，未聞禍宋，蓋朱、陸皆下位，爭學
而未爭政；非比洛、蜀君子一言之隙，爭而彈，彈而罷，紛紛去職，職
盡入小人手，而小人遂無弗勝矣。二百五十五列傳，君子不可勝
數，小人不及百一，而無時無居上位者。天生鳳麟，群使之深藏山
林，生一狼而出市，鳳麟其如狼何？簡齋罪君子，非不合《春秋》責
賢之義，然匡君子之失可，並君子之名而非之，病其多，病其公，恐
人人以君子爲戒，而病國將較宋甚也。

君子而可少乎？君子而可私乎？

續袁子才《宋論》

（李縣尊課正取七名）

張鴻範

宋之病，固由於君子攻君子；而其亡也，實由於君子薦小人。

王安石、蔡京、秦檜三人者，亡國之大姦，而小人之尤者也；然
三人之得大用，則又非自結主知，而實有君子薦之者。誰薦之？歐
陽、司馬、趙鼎三君子也。夫三君子，宋臣中之最賢而且智，而身繫
天下安危者也。生平負知人之名，故賢者多出其門下，豈獨不知安
石、蔡京、秦檜之姦，而特薦之耶？或曰："此三君子調停之意也。"
不知三君子皆心君國、疾姦惡，豈明知其姦而調停以貽國家患？稍
辨賢姦者不爲，而謂三君子爲之乎？蓋知人之心術難，知大姦之心
術尤難。大姦者，心不可問，而才可用。三君子但知其才，而不知
其心，薦之之意，未始無薦賢利國之見，非調停也。"調停"之説，後
世論成敗而爲三君子諱也。

夫小臣不知人猶可也，大臣不知人不可也。大臣而爲天子信
任，不知人尤不可也。歐陽之於仁宗，司馬之於宣仁，趙鼎之於高

宗,皆信任最深,言無不從,故歐陽薦安石,司馬薦蔡京,趙鼎薦秦檜,而皆得大用。非三人之幸,而宋之不幸哉!殆新法行而天下亂,黨錮興而汴都失,和議成而偏安定,嗟呼,釀禍之烈,未有如此之甚者!而推其得用之由,皆三君子薦之之失。故曰宋之亡,實君子薦小人也。

雖然,前乎此者,寇萊公薦丁謂矣。然丁謂害國家猶小,不若安石、蔡京、秦檜之關係甚大也,故不及。

續袁子才《宋論》

(李縣尊課正取十一名)

李熙仁

袁子才曰:"宋之病,不病於小人,而病於君子;不病於君子之少,而病於君子之多。不病於君子之私,而病於君子之公。"嗚呼,何其謬也!夫宋之病,病在於用小人,而不用君子;尤在於用君子而不盡其才,用小人而必盡其毒。何以言之?

夫宋君子之多,不勝枚舉,然其最著者,如寇準、范仲淹、韓琦、歐陽修、司馬光、傅堯俞、李綱、趙鼎、岳飛、韓世忠,及周、程、朱、張、邵雍、陸九淵、真德秀、魏了翁。此諸君子者,使得大用,且用之而各盡其才,則宋之政治,可以追周之成、康,漢之文、景,唐之貞觀;何至中葉以後,偏安而不振哉?乃君子多而不見用。即用矣,又不得展其才而施其志,或置之閒散,或處之遠方,甚者加以誅戮。

夫有君子而不用,則其所用者無非小人而已。如趙普、高若訥、王安石、呂惠卿、蔡確、章(邢)[惇]、蔡京及哲宗之四凶、徽宗之六賊;南渡以來,潛善、伯彥、秦檜、湯思退、韓侂冑、賈似道,罪惡尤著。嗚呼,此諸奸者,得一且足以誤國,況其接跡秉政,排斥忠良,貽誤生民，必盡其毒而後已。

夫國之有君子，猶屋宇之有柱石也。今有主人之子不肖，毀壞柱石，而又縱盜賊入而搖動之，欲屋之不傾覆也，得乎？子才不追此議，而歸咎於君子之多。倘後之人主誤信子才之言，屏君子而不用，其流毒更不知何所底止也。子才生平素不喜宋人理學，故創爲此論，以痛詆程、朱諸人。此所謂欲加之罪，何患無辭也？

夫有君子而不用，是與無君子等也，安在"宋之病，病於君子之多"乎？故辨之以爲宋之病，不病於君子之多，而病於君子之多而不用。夫不用君子而用小人，自古及今，未有不亡者乎！

信陵君論

（李縣尊課正取二名）

袁嘉毅

救趙破秦，信陵之功。爲一姻戚而竊符，信陵之罪，唐荊州論允矣哉！雖然，項羽殺宋義而捷鉅鹿，陳湯矯漢命而定郅支，論者謂功可補罪。信陵何獨不然哉？

秦禍天下烈矣，苟能破秦，君子多之，況信陵由魏破秦而存趙，終且由趙破秦而存魏。彼竊符之罪，存趙即未足解，存魏猶未足解耶？人孰無過，過而改，斯無過矣。信陵歸救魏，見魏王而相與泣，亦可謂勇改過哉！

愚嘗衡孟嘗、平原諸公子，其賢皆不信陵若。信陵質美而氣粗，終成名公子。恃乎改過，不敢以富貴驕士。雖侯生夷門監、朱亥屠者、博徒毛公、賣漿薛公，禮之出至誠，質美良信，惜氣未純化。故救趙之舉，數請魏王，及賓客辯士說王萬端，王終不聽，遂激而約客死秦。死秦非易易，而侯生竊符之謀成矣。居趙有德色，聞魏圍

而禁魏使，雖曰禍福之念，毋亦戇歟！然毛、薛責之以救宗廟，信陵
色立變，車趣駕，改過之勇，宜破秦之無不勇也。他日再以毀廢飲
酒近婦女而死，斯則魏王逼之之過耳。魏王不逼，信陵不死；信陵
不死，魏必不亡；魏不亡，而五國亦不亡，秦何爲者？

　　嗚呼，信陵遠矣！

信陵君論

（李縣尊課正取五名）

錢良駿

　　信陵君，戰國之錚錚者也。觀其竊符救趙，存魏唇齒之依，挫
秦虎狼之勢，當時五公子，信陵其傑出者哉！而世之論者，或曰救
趙則是矣，竊兵符，殺晉鄙，而不使魏王知，是知有私親，而不知有
國憲，其悖理實甚。嗚呼，此未足以知信陵之心，而不諳時勢之
論也。

　　夫安釐王之忌信陵者深矣，忌其賢能，不敢任以國事，況敢任
以兵權乎？使信陵當日目覩邯鄲之危而不思行權以濟變，雖曰請
於魏王前，痛哭於魏王前，自刎於魏王前，亦將無益。何者？魏王
畏秦，亦畏公子。畏秦，故使晉鄙留軍壁鄴，不即救趙；畏公子，故
不使將兵。設不用侯生計，則秦必舉趙；趙舉，魏不能獨存。夫坐
守以待斃，與行權以紓難，孰得孰失？奚待知者而後決哉？乃不計
其功而苛責其罪，不亦過乎？

　　或曰侯生、如姬皆願爲公子死，知有公子而不知有王，其視王
不亦贅旒乎？是又不然。侯生、如姬願爲公子死，謂之一時權謀則
可，謂之不知有王則非也。夫事英主易，事庸主難。此古今來大較
也。安釐王庸主也，六國屏蔽，魏居其一，其不首受禍者，以國有信

陵君耳。秦圍邯鄲，欲舉趙以困魏，亦以安釐之忌信陵，因欲乘其隙而抵其瑕耳。信陵不忍坐視宗社之危，不得已而出於權謀，此豈其本心哉？蓋處不得已之時，值不得已之勢，故二人權謀之計，信陵亦遂用之而無疑彼其心，豈忍蔑視魏王哉？蓋王之猜忌已深，苟不如此，使秦人得大肆吞噬，其得罪於魏王小；失先人之土，墜先人之祀，大梁之社竟成邱墟，其得罪於先王者乃大也。救趙存魏，以折秦燄，即使有過，功亦足以相掩，況其所事乃安釐王庸主哉？君子覘於此，於是歎信陵之心爲彌苦，而其遇亦可哀也已。

嗟乎，以信陵之賢，而見忌於魏王，其不得已而出於權謀，又幾蒙不白之罪，然則世之建大功立大業者，其必英君哲辟，恩義結於平日，信任深於夙昔，而後方可以有爲乎？雖然，信陵君存一日，而魏亦存，六國亦存；信陵卒，魏祀遂不血食，五國亦西折入秦矣。信陵一身以關繫六國存亡，豈非戰國時所傑出者哉？

魯仲連論

（李縣尊課正取二名）

袁嘉穀

戰國一孟子，孟子後一魯仲連，吾豈河漢言乎哉！秦朝楚暮，風靡靡矣，連義不帝秦，挾秋霜，凌日月，節豈愧聖門之徒？趙勝壽千金，連郤之；田單之爵，連郤之，其足振好利之風，又何卓也！

夫天下古今所最重，名耳，利耳。己不必好名，君臣之名則必正。天下必以美利利己，好利則卑且污。茫茫通患，戰國其甚。向以爲惟孟子正之，乃今而知有連也。

連學不類孟子，而志節豈流俗同哉？然則連果無議乎？曰："學殊孟子，焉得無議？特論理主嚴，取人不妨寬耳。"吾有不能爲連解其遺燕將一書乎？燕將守聊城，連促其全車甲而報燕，可也；乃忽勸以捐燕游齊，富比陶衛。夫導人事二，可出諸高士口耶？矧以富誘之而不顧義也，豈東海死節，責己明而責人暗耶？郤金郤爵，又豈可處己廉而處人以貪耶？太史公曰："連意指多不合大義。"誠哉知言！觀連之自命，一則曰排難解紛，再則曰輕世肆志，於聖賢之道實異。故史公僅僅多其處布衣折卿相，豈肯稱連如孟子，述唐虞三代之德哉？

嗟呼，德之上矣，學之益矣。如魯連具不凡之志節，使得居萬章、公孫丑之列，吾知甘受和，白受采，厥學厥德，必不致遺燕將書之失，而名利益昭然毅然無可議矣。然自戰國以至今，如蠅營營，狡於求利；視己如芻狗，視君如奕棋，若而人者，何可勝道？吾將舉魯連正之，豈曰阿也？

魯仲連論

（李縣尊課正取五名）

錢良駿

仲連之不帝秦，豈非戰國之高士乎？然愚猶有恨者，仲連際可為之時，值可乘之勢，遇有為之人，而不能糾合六國，併力西向，以雪天下之憤；雖義不帝秦，秦亦終自帝之。豈果天命之眷秦乎？抑亦人謀之不臧已。

何以見時之可為也？秦，虎狼國，吞噬兼併，久為諸侯切齒。顯王時，蘇秦曾約六國以擯秦。然秦禄利徒，故從約易散。仲連，天下高士，使能悚以利害，六國必傾心合從；以之擯秦，雖不能貫矢函谷，亦足以挫其鋒而折其銳，六國何至遽滅哉？

或曰："秦據殽函之險，國富兵強，子言擯秦，得毋昧時勢乎？"

曰："不然。昔田文率韓、魏之師，敗秦函谷，秦即割三城以和。夫田文猶如此，況仲連之高義，六國景仰，安知不繼軌田文乎？"此時之可爲者也。

何以言勢之可乘也？秦莊襄王，未如始皇之殘虐也，且其時內有呂不韋之專，外無白起之將，秦雖強大，而魏有信陵，楚有春申，趙有廉頗、平原君之徒，皆足以當秦一面。使仲連於此，連合韓、魏、燕、趙、齊、楚之師，指戈咸陽，而身爲約從長，譬之驅獵人以禦猛虎，虎雖善噬，亦將懼人威，而畏其眾。人縱不能殲虎，亦將逐虎而遠去之，況乘其瑕而抵其隙，猶不僅逐之而已耶？此勢之可乘者也。

何以見遇有爲之人也？六國時兩破秦軍，名震諸侯者，信陵一人而已。侯生、朱亥輩，皆屈節禮之，況仲連乎？使仲連與信陵聯爲布衣交，坐參帷幄，當信陵敗秦軍時，勉以桓、文之事，乘秦之新敗，奮精銳之卒，以雪六國之恥，豈不功駕五霸，業媲管、晏哉？乃計皆不出此，雖曰義不帝秦，然始皇一出，竟混區夏於一宇，抑果何補耶？

嗚虖，如仲連者，蓋負高節而才不足濟變也。

《通鑑》帝魏《綱目》帝蜀論

（堂課一名）

袁嘉穀

恒怪歐陽《五代史》於天下分裂中別一爲統：梁，盜耳，列一代；晉，契奴耳，列一代；漢乘亂稱帝，四年亡，亦列一代。夫唐莊以"唐"賜姓之李氏，滅賊拓地，稱"唐"十一年，雖不得謂唐中興，梁、晉、漢豈其倫哉？然猶曰："梁、晉、漢時無正統，姑帝之以繫統爾。"

顧繼漢興者，宜取北漢，乃不取，而取篡漢之周，何也？友爲余解曰："子何不思司馬《通鑑》乎？《通鑑》帝魏，一《五代史》之帝周也。周篡漢，宋篡周，胥無異魏之篡漢。歐陽、司馬皆宋臣，知太祖、太宗朝，北漢延二十餘年。《五代史》若帝北漢，蔑周可也，如蔑宋何？《通鑑》不帝蜀，心亦猶是。"智遠氏劉而稱漢，上衡之劉淵稱漢，自表高光子孫者，同一符節。矧劉崇繼智遠祚時，跗於昭烈，實雖異而迹未異。觀司馬議昭烈，疑其族屬疏遠，意則謂昭烈且疏且遠，何論北漢？此豈非歐陽意，不敢取前代後裔之偏安者，致蹈滅宋之迹乎？"余乃喟然而歎曰："斯言固然。"

然必若所云，司馬毋乃太私乎？且吾聞朱紫陽亦宋之臣，《綱目》帝蜀不帝魏，又何解也？如云南宋爲蜀後之蜀，金往往詔諭加之，評以江南而不宋。紫陽生斯世，切正統夷滅之懼，不得不帝蜀以爲先聲，是千古大儒著書，無不藉古以媚君也。豈知紫陽之毅然帝蜀，天理正，人情正，王綱正，豈有私意於南宋哉？元明章句儒，無一疑南宋正統，固非《綱目》之功不及此。然紫陽初心，未必遂計及此也。儒者著書，必準乎神天理、人情、王綱而後傳。習彥威《漢晉春秋》嘗先《綱目》而帝蜀，彼雖附會炎興，學入讖緯，而以西晉承蜀，不聞以蜀例東晉，紫陽豈出其下乎？

嗟呼！《通鑑》一世，《綱目》一世，讀書論世乃足知人，然亦問其人究何人耳。人如紫陽，必不爲宋而祖蜀。即司馬爲宋祖魏之説，余亦焉信，非惟恐誣紫陽心，恐恕司馬之失，反益增司馬徇私之罪耳。上觀千載，下觀千載，爲今祖古，豈曰正道？

陳承祚仕繼魏之晉，《志》曰"三國"，未獨尊魏，世猶詬之，況去魏遼遠之司馬，祖魏何爲，不第此也？歐陽本薛居正梁、唐、晉、漢、周《書》而作《五代史》，非若薛修書曰北漢尚存。即不帝周，不帝梁、晉、漢，並不帝唐，而第"十六國《春秋》"，統不統，不別可也。

道明者力毅，識正者書傳。千載乎紫陽、歐陽輩比比愧之，獨一司馬也歟哉？薛史舊不名《五代史》，見趙甌北《廿二史劄記》。

《通鑑》帝魏《綱目》帝蜀論

（堂課二名）

蔣　谷

名義者，天下之大防。孔子作《春秋》，而亂臣賊子懼，懼名義耳。時可以乘，命可以擅，神器可以篡奪獲，唯名義必不可以攘竊得。若名義可得，則亂臣賊子將紛紛徧天下，而肆無顧忌矣。賊之於帝，懸絕奚翅霄壤？賊而予之以帝，吾不解溫公之失何爲而至於此也！

論者猶曰：“其爲晉故也。”溫公豈曹氏、司馬之臣乎？近世說者乃曰：“溫公蓋爲宋故也。”微獨溫公，歐陽子、蘇子論正統亦然，凡以爲宋故也。使數子者生於南宋之世，必不與魏退蜀矣。如所云然，則紫陽之與蜀退魏，乃以爲南宋乎哉？則是名義之大，適以濟其逢君諂上之私，其君而以篡竊得國，則凡篡竊者必與，其君而以偏安承業，則凡偏安者又必與。紫陽必不然也，溫公豈其然乎？《春秋》之義爲尊者諱。聞雖諱而亦不没其實，不聞因諱尊者弑逆，並列邦之弑逆者而亦諱之，既諱而又子之。嗚呼，以此解《通鑑》之失，是甚之也！

論者又曰：“《通鑑》因史筆紀述，《綱目》示萬世公論，義固並行而不悖。”此尤不通之論也。夫天下之相悖者，孰有如逆之與順乎？不辨逆順，與必辨逆順並行，此何義也？《通鑑》帝曹魏，無怪其帝朱梁也，無怪其進武曌而黜中宗也。此明明《通鑑》之失，吾不解溫公之意何謂也？《綱目》一一從而正之，固足維名義之大，立萬世之防，匡《通鑑》之失，明《春秋》之義也哉！

《通鑑》帝魏《綱目》帝蜀論

（堂課四名）

孫文達

孔歐孟曰："《通鑑》書法，仿《春秋》之書法也。"尹起莘曰："《綱目》取《春秋》之義也。"然則二書之作，並不同效《春秋》耶？《春秋》一字褒貶，嚴於斧鉞；而乃一帝魏，一帝蜀，焉有同效《春秋》？其刺謬至有如此之甚耶？且《春秋》一書，爲亂臣賊子而設耶？二書效《春秋》於亂賊之漸，當必防之嚴矣，合《春秋》乎？不合《春秋》乎？吁，是可即處置亂賊，以定二書之優劣。

曹氏父子爲漢臣，篡漢業，篡逆之尤，亂賊之冠。數操弒后之罪，浮於王莽之欺孺子；舉丕篡帝之惡，比於劉聰之弒平陽。然孺子廢，漢統絕矣；平陽弒，晉統絕矣。乃蕭王即位於鄗，晉王即位於江陵，而《通鑑》未有新紀年，猶曰《漢紀》，而以帝予蕭王；未以漢紀年，猶曰《晉紀》，而以帝予晉王。曹丕廢帝，昭烈即正位於蜀，是即西漢之蕭王，西晉之晉王也。帝蜀其正，烏可帝魏？乃帝魏而不帝蜀，揆諸蕭王、晉王之例，不已自相悖戾乎？

況曹丕以臣廢君，此正亂臣之大者。書法果仿《春秋》，於亂臣當嚴加屛斥，不稍假借，使天下後世之亂賊無從逞志於人間，乃可服天下，教後世。胡乃於亂賊則帝之，於帝室之胄反寇之？是非顛倒，公論漸滅，《春秋》之義果安在哉？且宋明之末，昰、昺流離，唐、桂轉徙，尚且存其號，紀其事；況昭烈偏安，非流離轉徙之君所可同日而語。而顧謂不足繼漢，不以正統予之，何其謬耶！觀此，則《通鑑》之不逮《綱目》，已較然矣。

或謂温公《通鑑》蓋踵陳壽《三國志》之舊，且嘗謂昭烈族屬疏遠，故不以帝予蜀；朱子《綱目》援《春秋》之例，立天下之公，以昭烈承獻帝，故改《通鑑》而帝蜀，二者並行而不相悖也。曰："是固然，然究以《綱目》爲正，烏得爲溫公諒。"何也？朱子《綱目》，杜亂賊之萌，伸帝室之胄，大公至正，誠千古史家之標準也。若溫公疑昭烈非漢裔，前人辨之詳，可無贅。即謂陳壽之舊，亦當改正而刪削之，不應沿其所失如是，又何得概咎諸壽？

甚矣，《通鑑》長亂賊者也，《綱目》黜亂賊者也。黜亂賊者，合《春秋》；長亂賊，則《春秋》安有此義？審乎此，二書之得失，庶幾乎定。

《通鑑》帝魏《綱目》帝蜀論

（堂課五名）

秦光玉

尹起莘謂《通鑑》因史筆以紀述，故以魏紀年；《綱目》取春秋之義，示萬世之公論，故以昭烈紹漢遺統，二者固並行而不相悖。蒙謂此調停中立之説，亦即混淆是非之論也。

今夫考史册於《三國》，孰不曰蜀之當帝，魏之不當帝哉？乃陳壽作《志》，於魏曰"武帝""文帝""明帝"，於蜀曰"先主""後主"，已乖天下後世之公議矣。司馬溫公作《通鑑》，不知其非，而蹚之以魏紀年；且於諸葛姜維之伐魏，則書之曰"入寇"；於魏之寇蜀，則書之曰"伐"，顛倒黑白，其害可勝言哉？

且夫魏，千古亂臣賊子之尤也。自古無以篡竊而得美名者，魏冒唐虞禪讓之局，以濟其篡竊之姦，遂使六朝五代相沿成習。魏非獨漢之罪人，抑千古之罪人也。而故以"帝"予之，不將長亂臣賊子之氣耶？至若蜀者，漢之宗室乎？昔昭烈謂孫權曰："備與璋託爲宗室。"張松謂劉璋亦曰："劉豫州使君之宗室。"諸葛隆中決策，亦曰：“將軍，帝室之胄。”説孫權，亦曰：“劉豫州，王室之胄。”勸昭烈即位，亦曰：“大王劉氏苗裔族。”此皆當時之人之言之可信者。而温公乃曰“族屬疏遠”，何耶？且即使族屬疏遠，而討賊之漢臣不較勝於篡漢之賊臣耶？此朱子修《綱目》所以改而帝蜀也。其於蜀曰“即皇帝位”，於魏曰“稱皇帝”，於蜀曰“皇后”“皇太子”，於魏曰“后”曰“太子”，於蜀之攻魏曰“伐”，魏攻蜀曰“寇”，正名而定分，實朱子之特筆也。

獨怪尹起莘作《發明》，乃以《通鑑》帝魏、《綱目》帝蜀爲並行而不悖，在尹氏自以爲《通鑑》《綱目》調人，而不知是迴護温公也，是失朱子改正之意也，是將長亂臣賊子之氣，而乖天下後世之公議也。蒙故辨之，以質諸世之讀《通鑑》讀《綱目》者。

《通鑑》帝魏《綱目》帝蜀論
（堂課八名）

吳 琨

嗚虖！司馬温公《通鑑》帝魏而不帝蜀，豈不長亂臣賊子之心哉！

夫昭烈，帝胄也，以帝胄而承帝位，名正言順，帝之可也；曹操，漢臣也，以漢臣篡漢位，雖書“漢賊”可也，以“帝”予之，甚不可也。此雖婦孺皆知之，而温公以一代史才，抑何是非顛倒若斯耶？朱子《綱目》所以大書特書“章武元年漢中王即皇帝位”，而於魏、吳則列國之，以示天下萬世之公論也。

或曰：“昭烈之於漢，雖云中山靖王後，族屬疏遠，是非難辨。温公故不敢以光武及晉元帝爲比。”曰：“魏之篡漢與王莽同，昭烈之承漢亦與光武等。魏可稱帝，則莽亦可稱帝也；蜀不可帝，則光武亦不可帝也。”何者？光武、昭烈同爲景帝后裔，《光武本紀》以及陳壽之《三國志》言之詳矣，而溫公何以"族屬疏遠"疑之歟？豈孔明稱昭烈爲帝室之胄，亦憑虛無據而云然哉？

或曰："昭烈雖爲帝胄，然蜀則偏安一隅。而魏有天下者六七矣，不以魏爲正統，而誰可稱正統者？"曰："昭烈偏安西蜀，遂不以'帝'書之。然則有宋南渡，河山半壁，亦可於金人書'帝'，而以'列國'目宋歟？況周自東遷，赧王獻地賂秦，國僅一綫之延，亦未聞帝秦而黜周也。爲帝蜀、帝魏，必以地之廣狹定之耶？將何以解乎周與宋也？"

或曰："魏篡漢，與晉之篡魏，事出一轍。豈晉可稱帝，而魏不可稱帝耶？"曰："司馬篡魏，自魏王出舍金墉，子孫遂無繼起者。晉一統也，帝晉之說，所以宜也。若夫曹氏篡漢，則有昭烈堂堂帝胄也，溫公不帝蜀而帝魏，毋亦故爲獎盜耶？使當日者諸葛師出祁山，遂定中原，《通鑑》又將何以書之歟？豈猶以昭烈譜系無稽，而循南唐烈祖之例歟？"

嗟乎！自陳壽《三國志》全以"天子"之制予魏，而以"列國"待蜀，於是《通鑑》因之，《春秋》大義幾幾乎絶，幸有《綱目》以正其失也。不然，溫公帝魏之說行後世，亂臣賊子紛紛以魏爲口實，將起而竊位以稱帝矣。世道人心之害匪淺鮮也！

我朝聖祖仁皇帝《御批通鑑輯》，覽所以從《綱目》而不從《通鑑》者，即爲此歟？

書《史記·伯夷列傳》後

（堂課一名）

秦光玉

司馬子長慨末世爭利，爰舉讓國餓死之伯夷弁列傳者，其垂教於天下後世，意良厚矣。獨惜其以彰名之説聳動人士，猶淺之乎論伯夷也。

今夫伯夷之讓國，非好名也，行乎心之所安耳；其恥食周粟，餓死首陽，非好名也，亦行乎心之所安耳。即《論語》所載孔子贊美之詞，亦以其"行乎心之所安者"，立天下後世之教，而非以彰名也。而子長乃曰："伯夷叔齊雖賢，得夫子而名益彰。"又曰："閭巷之人，欲砥行立名者，非附青雲之士，惡能施於後世？"又曰："疾没世而名不稱。"又曰："烈士徇名。"又"悲夫巖穴之士，名湮滅而不彰"。嗟乎！名之移人甚矣哉！雖高明者不免，況乎其不如子長者哉？

然蒙嘗縱觀今古而知名之受害甚大也，往往賢人傑士因好名之一念，遂矯激孤僻致悖於大中至正之行。故夫宋宣公之傳穆公，吳諸樊之傳餘祭，欲以讓位得名也；介之推不言禄，申包胥之逃賞，陳仲子之僻處於陵，欲以廉潔得名也。漢光武，令主也，嚴光以博高蹈名而避之；文彦博，名臣也，唐介以博直諫名而劾之；冰不可臥也，子不必棄也，王祥、鄧攸以博孝名義名而臥之棄之。凡若此類，不勝枚舉，皆好名之一心誤之耳。

故蒙謂以列傳首夷，足以愧天下後世之小人；以彰名論夷，適以誤天下後世之君子。何也？名，在外者也，務名則心馳於外；馳外則不得乎心之所安，夫不得心之所安即不仁也。蒙故闢彰名之説，而引孔子一語爲斷曰："求仁而得仁。"

書《史記·伯夷列傳》後 三則

（堂課二名）

袁嘉穀

孰開千古不事二之風乎？曰伯夷哉！伯夷哉！以武伐殷，拯天下民，仁天下也；而夷獨斥之曰"暴"，豈不知武王而輕於斥哉？孤臣憶舊君，不忍見彼新朝；新朝興，仁猶"暴"也，當叩馬諫後，夷之心於是焉死。心死，身何在哉？

緊唐虞以來，十二牧之賢，隨禪讓之局，而臣之不得以"貳臣"論。至於夏、殷之際，則征誅變矣。征誅者，以兵奪人之謂也，無論仁暴之如何。而以己之君爲人所奪，身非木石，能恝然乎？然而終古疵癘之流，且由夏奔商、由商奔周不之怪。

夫易姓之事，未仕者隱可也；仕者死，焉可奔？夷不惜此一身，以開不事二之風，此其功抑何壯也！自夷之後，王蠋不事燕，見重樂毅；叔孫通事十主，見誚魯生；成仁取義之大經，遂大定於天壤內。或恥而隱，或餓而死，蓋三千年來夷之教化成矣！史公列夷列傳首，我知其心以是哉！

或曰："史公稱夷，稱讓國也。"嗚乎，讓國固善，然季札、子臧，史公何不作列傳耶？且夷之讓國，愚少也嘗疑之，疑其兄弟偕逃，一重父命，一重天倫，而祖宗世傳之祚置之不顧，未免輕國。向非國人立仲子，則孤竹何賴乎？孟子曰"伯夷隘"，斯亦隘已。今也思之，宇宙苦爭，非讓不足以風世，況夷之本心，求仁而已。求仁而得仁，夫子稱之。此其讓尚何疑哉？夫子曰："禮，與其奢也，甯儉。"愚亦效一言曰："事與其爭也，甯讓。"

史公之論曰："伯夷、叔齊雖賢，得夫子而名益彰。"夫夷、齊之讓與死，豈爲名哉？不爲名而名，名斯貴也。

雖然，名不名何常？史公因夫子名夷，而致慨嚴穴名滅者，豈士必貴乎名哉？使名之與不名，如天與淵，如雲與泥，如舜與跖，則士誠宜務乎名。而不然也，名則傳，不名不傳，其權在人，已無與焉。名一已，不名亦一已，初無上下美惡之判，則士亦盡在己而已，名固聽之，否亦何恨？如其恨也，盜名者滋以起矣。陳塤云："三代下惟恐不好名。"吾乍聞而信焉；思之至三，知其謬已。天下事之游移粉飾以務名者,敗壞不知凡幾,誰謂恐不好名哉?乃自史公一慨,後世加甚,果有青雲之聖,吾知其必屏之也。

世之讀《伯夷傳》者,不思不事二之風,並不思讓國之節概。以史公此文只發其憤懣不平,爲世之滅名者慨,是何異視焦冥於藪澤耶?爰並書之《傳》末,且以爲鏡。

書《史記·伯夷列傳》後

(堂課六名)

李熙仁

《史記·伯夷列傳》云:"武王載木主,東伐紂。伯夷、叔齊扣馬而諫曰:'父死不葬,爰及干戈,可謂孝乎?以臣弒君,可謂仁乎?'"先儒多疑史遷之文。

案《秦誓》曰:"惟十有三年,大會於孟津。"是伐紂時去文王卒已十三年矣。夫古者諸侯五月而葬,豈以武王之聖而不知葬禮乎?即或有他故而不葬,亦不應遲延如此之久也。使果有不葬之事,武王之臣不乏賢者,何以無人諫之乎?且伯夷何以不諫之於廷,而諫之於路乎?此誠史遷之謬妄也,明矣。

王介甫引孔孟之言爲證,謂決無叩馬之事。袁了凡亦主其説。介甫之言曰:"天下之道二,仁與不仁也。伯夷固不事不仁之紂;武王之仁焉,又不事之,則伯夷何處乎?"了凡之言曰:"理無二是。武之伐暴爲順天,則非之者,非不知天命而何?"是二説者,知有權而不知有經,未深窺伯夷之心者也。

夫伯夷之所守者,經也;武王之所行者,通乎權以歸乎經者也。武王見紂惡之稔,不得已而伐紂,天下不敢以爲非,獨伯夷、叔齊非之。夫夷、齊亦明知武王以至仁伐至不仁,固天命人心之所歸,非可以口舌沮也；特其念慮深遠，殆逆知百世之下，必有如王莽、董卓、曹操、司馬師、桓溫之流，包藏禍心，窺竊神器，反借古人以自文其奸，詡詡然舌於人曰："吾湯武也。"故扣馬一諫，殆爲後世之藉口湯武者發也。其義正詞嚴，萬世之綱常卒賴以不墜，非其功歟？

韓退之云："微二子，亂臣賊子接迹於後世。"正謂此耳。究之，無湯武，則難爲民；無夷、齊，則難爲君，二者道並行而不相悖也。至《傳》末所云，遷益信天之報施無常，以自寫胸中之憤，無關於大義也，故不復論。

周亞夫論

（堂課一名）

袁嘉穀

漢之社稷臣曰周亞夫，尚已，而予謂亞夫非獨社稷臣，實亦周勃之孝子。乃竟以冤死，不獲如勃之倖免，何哉？

予嘗讀《絳侯世家》，悲勃之勸王諸呂，負高帝深；及亞夫諫侯王信，申高帝約不少屈，其功豈在王陵下？景帝不功之而罪之，甚哉！景帝之不孝也，違亞夫，實違高帝，況並違文帝遺命而死亞夫乎？

或有難予曰："亞夫之死，死於子之買官器，阻王信封。景帝固默然止也，惡乎罪？"予曰景帝之侯信，本心也。特亞夫言正，不遽背公徇私耳。窺其默然之心，其銜恨亞夫已甚。他日者，亞夫再諫降人之侯，帝遂曰："丞相言不可用，豈非謂諫侯王信之言，等此不可用乎？"胡不讀《世家》之末乎？條侯死，迺封王信爲蓋侯。太史公言亦顯矣，買器之誣，藉口耳，尋釁耳。不然，亞夫言不用，謝病已免，無端而召食，無端而缺箸，斯時猶未買官器，帝何爲摧辱之耶？顧帝封外戚，帝且自逆其宗祖，於一亞夫何惜？獨亞夫以忠國之言。

蓋前人勸王諸呂之愆，謂之非孝不可得也。抑亞夫之蓋愆，不一一止。勃坐責諸生，亞夫則下車而禮趙涉；勃未聞諫廢惠帝，亞夫則諫廢太子；三月平七國，較勃之破秦定燕，優絀判矣。矧勃媚呂后，不斬樊噲；亞夫委梁，若不知有竇太后者。人惟能孝其親，故忠可移於國。亞夫爲國，即以克家，蓋忠孝之一理如是。太史公曰："亞夫守節不遜，終以窮困。"即指諫侯王信言。後人誤會之，謂細柳拒文帝，乃亞夫窮困之由。夫細柳一軍，竟以令軍中者令天子，誠爲失倨；然予觀文帝知亞夫，出於尋常萬萬。當其始擇勃賢嗣，獨侯亞夫；及受亞夫令，直以爲"軍令宜然，真將軍"之褒，不俟後人之曉曉，而論早定矣。

嗚乎！孰知文以爲"真將軍"，景以爲"非少主臣"耶？蕭、曹、良、平諸世家，嗣非不延，亞夫嗣勃，諸人嗣皆瞠乎後；臣子如亞夫，雖冤死無憾矣！予故曰：亞夫社稷臣，實周勃之孝子。

周亞夫論

（堂課二名）

秦光銘

陳止齋謂亞夫守壘伺變，不肯奉尺一之詔，以救天子之母弟於垂亡之急，卒以破吳。景帝亦不之罪。蒙謂亞夫之死，即死於不奉詔也，景帝之所忌也。

今夫君人者，方以其權操縱天下，惟一人之所命。而爲臣者乃欲逆其命，以爲其心之所欲爲，彼君人者遂銜恨於中，不恤其功，不諒其心，而求所以殺之之術，此自古菹醢功臣者往往如是。即景帝之於亞夫，何獨不然？

　　然則亞夫既受詔，即當出師以救梁乎？曰：可救則救之；不可救則上一疏，歷陳不可救之情狀，以釋景帝之疑。既能釋其疑，則異日猜忌之禍可以免；乃當時不聞上疏，而僅僅以不奉詔聞，此景帝之所忌也，此亞夫之所以死也。顧或謂亞夫不救梁，孝王怨之，譖於竇太后，太后譖於景帝，故受禍。不知有梁王之譖，亞夫固不免於禍；即無梁王之譖，亞夫亦不免於禍，何也？亞夫不奉詔，乃景帝之所忌也。

　　或又謂亞夫之禍，在沮封后兄王信。不知沮封后兄，雖景帝之所私恨，不至於殺亞夫也。其所以殺亞夫者，景帝之所忌，忌其不奉詔也。觀於目送之曰：“鞅鞅非少主臣。”在景帝之意，以為景帝尚在，猶不奉詔如此；儻少主即位，亞夫亦不奉其詔，其患不可勝言。彼獄吏謀反之誣，即承景帝之意旨；而景帝之殺之，是即高帝菹醢信、越、英布之意也。

　　雖然，亞夫忠臣也，非信、越、英布比也，而景帝忌之若是。假使細柳勞軍，不在文帝之世，而在景帝之世，則凡軍中不聞天子詔，天子不得入，即入又不得馳，介冑之士又不拜，豈景帝所能容哉？甚矣，景帝之忌，不及文帝之寬也！

周亞夫論

（堂課三名）

錢良駿

　　嗚呼，絳侯可謂有子矣！絳侯將才，非相才，亞夫兼將、相之才而有之。使景帝能遵父志以容之，則帝可謂善體親心，亞夫亦可成幹蠱之美，豈不流譽史冊，馳聲後世哉！

　　觀文帝之勞軍細柳，其優禮非儕輩所可擬議；及事景帝，芟亡國難，皆文帝所留貽以奏反掌績者。雖在中主，亦不至遽爾相棄；何況以景帝承父遺命，而不能終始保全耶？

　　且亞夫之平七國，其有造於漢室，亦非淺鮮。當是時，吳楚皆反，七國兵連，景帝所恃以不恐者，一亞夫耳。使無亞夫，景帝其能芟夷之而誅鋤之，以守高皇帝業乎？亞夫一出，而七國敗不旋踵，其將才足以濟父志，以無負文帝寄託於地下，方之古人，未遑多讓焉。

　　其爲相也，侃侃有大臣立朝風，太子之廢，匈奴之封，亞夫爭之不已，猶其餘事。帝欲封王信，獨能以高皇帝約爭之。呂后時王諸呂，能舉高皇帝約爭者，王陵一人，絳侯則委婉曲從而已。亞夫知高皇帝約，爲祖宗成憲，不敢失墜，其深明大體，實突過於乃父。惜帝之猜忌已深，竟不能體承父志，而使亞夫有鳥盡弓藏之悲也，豈非天資刻薄有以致之哉？

　　雖然，亞夫縱不能容於景帝，而絳侯之愆，亞夫能蓋之；文帝之志，景竟不能承之。千載而下，人莫不知惜亞夫而短景帝，則亞夫不死矣，則絳侯有子矣。

周亞夫論

（堂課四名）

張儒瀾

　　亞夫以再造漢室之功，遭猜主而不得其死，千古傷之，愚何獨不然？顧惡之來也，必有所致。太史公謂亞夫不學致之，愚則謂亞夫惟深於學乃致之也。周勃之不死於呂后也，以阿諛全其身也；亞夫果不學，則將如乃父之委蛇朝堂，又何至有固爭易太子事耶？

夫固爭易太子，亞夫取禍之階也。阻王信之侯，諫匈奴徐盧等之封，亞夫亦嘗屢拂帝意，要非帝所深嫉亞夫者也。亞夫謝病，已及五年，帝雖猜忌，何至追念數年前之拂意而殺功臣乎？惟帝既決意易太子，而亞夫乃力爭之，此帝所以介介不忘於亞夫耳。觀其"鞅鞅非少主臣"一語，帝得毋慮徹非亞夫所欲立，恐己先亞夫死，而亞夫學洩職里克故事耶？故必致之於死，而以賜食挑之謀反誣之也。雖爭栗太子事者，亞夫之外猶有竇嬰，而嬰獲免於景帝朝者，則以竇太后猶存，帝不敢遽加誅；故夫獨及於難耳。是亞夫之死，實因爭栗太子事，而此事乃其學之爲者。故曰亞夫之死，惟深於學乃致之也。

或曰："如子之論，將無以學爲殺身之具乎？"曰："學固非殺身之具，而亦未嘗不可殺身也。"何也？深於學者必行直道。直道者，賢主之所以嘉，而猜主之所以忌也。亞夫所行，皆直道也。文帝賢主，故嘉之；景帝猜主，故忌之耳。然則亞夫以直道死，直道其不宜行乎？曰：否否。人臣之道，苟利社稷，死生以之，即不幸而如亞夫之直道死，亦終勝楊素、李勣輩之以枉道生矣，況有亞夫之學術而不遇景帝之猜者哉？

周亞夫論

（堂課五名）

席聘臣

漢興數十年，其大臣之守正不阿，因以見疏於人主者，王陵而外，厥惟亞夫。陵於王諸呂，則引高帝之盟以爭之；亞夫之侯王信，亦引高帝之盟以爭之。此一事也，有古大臣風矣。若細柳折萬乘之貴，堅壁破七國之兵，特其餘事耳。使人主尊寵而信任之，可以托孤，可以寄命，可以臨大節而不奪；乃計不出此，反因私忿置之於死，景帝真寡恩哉！

或有爲亞夫計者，謂宜於不用其議，輒封匈奴降王後，亟風御史，請侯王信，而躬復贊成之。此於朝廷無所損，即己身亦安矣。豈知人臣之立朝，惟知守正而已，利害則在所不顧。高帝無功不侯之盟，言猶在耳，使亞夫果贊成其事，是甘背祖訓而不辭也。景帝雖忍出，豈亞夫所忍出耶？後成帝以王氏專權問張禹，禹恐爲王氏所怨，反謂新學亂道誤人而賊莽篡漢之機，遂決於此。如以亞夫之諫爲非，必以張禹之對爲是也，我知其必不然矣。

或又謂亞夫於吳楚既平後，正宜引身告退，保全令名。乃知進昧退，以致殺身而亡宗，是功名富貴誤之也。豈知明哲保身之説，以之責小臣不預國政者則可，而以之責亞夫則不可。夫兩世事漢，其受恩不爲不深，而丞相之職又不爲不重。方其爲相之時，在亞夫固不料景帝之殘刻如是也。不用其議，即謝病而歸，亦非貪榮固寵者可比，欲加之罪，何患無辭？景帝負亞夫，非亞夫負景帝也。

且景帝“鞅鞅非少主臣”之説，尤出於一時私忿，而非亞夫定評也。何則？當景帝廢栗太子時，亞夫固出大力爭之者也。太子將廢而爭之，太子既立而背之，天下斷無是理。乃舍守正不阿之亞夫，而相庸懦無能之衛綰。景帝不知人之咎，固無可辭；而漢之相業，亦由是衰矣。

嗚呼！爲大臣者，唯諾柔媚，國家既無所得其力，而一二直諫敢爭守正不阿者，人主反尋釁以成其罪，一有急緩，朝廷將何所恃耶？史遷謂其足已不學，其論允矣。至謂其守節不遜，是仍泥於“鞅鞅”之説也。若亞夫者，吾未見其守節不遜也，吾但見其守正不阿云爾。

周亞夫論

（堂課六名）

路安衢

條侯周亞夫，漢之廉頗、李牧也。而文帝乃歎獨不得頗、牧爲將，此以知亞夫必見重於漢文之世爾。顧才同廉、李，而遇則異。事非昏庸之主，則不慮讒言；生非割據之時，則無憂反間，宜有頗、牧之功，而無頗、牧之憾焉。而顧不然，豈非以將門之將爲道家之所深忌也耶？

夫國有良將，每以功高權重爲人主疑忌之階，而伺吾隙者，陰以計中之，使之懷才而不能用，有勇而不能施，甚至自壞長城，以去敵人之毒而弗悟，古今來往往有之，未有如廉頗、李牧之甚者焉。而亞夫則無慮是。當是之時，天下無事，當備者匈奴而已。故細柳之屯，不過與霸上、棘門等爲列將爾。及至車駕勞軍，而軍中伹聞將軍之令。天子既至，又不迎謁。自稱爲介冑之士，持兵而揖，使非文帝善於將將，不宜疑爲跋扈不臣耶？乃成禮而去，稱之爲"真將軍"，斯豈頗、牧當日所能得之於趙哉？則亞夫之得主所爲與頗、牧異者，此其一。

迨七國之反，適在景帝之三年。亞夫受專閫之寄，會師滎陽。假君側有郭開，雖太尉之兵從天而下，如權臣在內何？乃以梁委之，堅壁以挫吳楚之鋒。景帝屢詔救梁，而亞夫皆不奉詔，卒之漢安而梁亦未至於危。以視頗、牧之決策未終，更代已至者，其遇不遇，爲何如哉？則亞夫之遭時所爲，與頗、牧異者，又其一。

至其秉性剛方，善持重以挫人師，非頗、牧所能遠過；而主非昏庸，時非割據，究不能免於頗、牧之遺恨者，其故何哉？蓋亞夫之爲

117

人，合於漢文之寬仁，而不合於漢景之英察。用之於事急之秋，斃之於事平之後。漢之鼎鑊，其亦可畏矣哉！

周亞夫論

（堂課七名）

趙永鑫

漢興四百餘年，良法美意，見諸史者固不勝書。而寵任宦官之外，開國秕政，屈計有三大端：一輕易太子也，一侯王外戚也，一優待外夷也。

易太子始於高帝，相沿至武帝、光武、章帝、安帝。輕搖國本，而莫之改。王外戚始於呂后，遂釀史高執政、王莽篡逆、竇梁亂政之階，而當日諸呂之變不論也。優待外夷，始於遣婁敬和親，雖其後武帝能奮雄威，埽穴犂庭，而公主下嫁之羞，不可掩也。此皆秕政之大者，此皆祖宗出治之不當者。

統計前後在廷臣工，見及此而進諫固不乏人，從無有明目張膽，守正不阿，舉三事而力爭，欲挽前弊而惠將來者，有之，自周亞夫始。史載亞夫自太尉入相，景帝甚任之。無何，帝踵高祖之失，欲易太子。亞夫以爲太子國家之本也，無失德，何可廢？於是起而爭之。未幾又踵呂后、王后之失，欲侯信，亞夫以爲高祖之約不可違也，信無功，何可侯？於是起而爭之。未幾又踵和親之失，侯匈奴降臣五人，亞夫以爲臣節不可不防也，侯降何以勸善？於是起而爭之。爭此三事之外，後即謝病免相，後即被冤抑而死。

嗟乎！觀人必觀於其大，得其大而小者可遺。亞夫以何武臣拜相數年，不事逢迎，不存顧慮，所諫皆古大臣匡君所必諫，所爭皆古大臣立朝所必爭，其忠正爲何如乎？況此三事者，又漢代累沿其失而不改者也。亞夫既鑒於高祖、吕后時之禍，又預知後世必有因易太子而悔，因侯外戚啟篡，因厚外夷招侮者，是以禍福不問，榮辱不計，侃侃焉欲爲子孫造無疆之休，其智識爲何如乎？皎然如秋霜之潔，毅然如松柏之操，位雖不終，死雖不得其所，而名宰相之嚴氣正性，西漢初惟王陵與亞夫有此而已。史公足已"不學""守節不遜"之言，豈篤論哉？

嗟嗟，持正如亞夫，能見其大如亞夫，爲先朝遺囑之臣如亞夫，卒遭忌刻信讒之君，不得善終，可謂絳侯有子，而文帝無子矣。蒙服漢室三大秕政，亞夫能力爭也。故專論之。至細柳之介胄見上，平吳楚之亂，前人已詳言之，不復贅。

伍員王裒嵇紹合論

（堂課一名）

袁嘉穀

大不幸而父爲人殺，小曰不共戴天爾。雖然，殺父者究何人哉？

宇宙有三綱，君、父居二。殺父者君，則父天君亦天。吾痛父，亦不敢仇君也。自君而外，傷父心者且報之，況殺乎？君子曰："持此可以斷伍員，可以斷嵇紹，而王裒倜乎遠矣。"

王儀無罪，與伍奢、嵇康同。司馬昭專位，與儀等魏臣耳，欲殺儀。竟殺儀，與殺康同，與奢之見殺則異。裒爲儀子，其孝出天性，必思有以報父仇。生不逢時，並嵇紹而逢晉之盛。孫吳雖猶及見，已大遜闔廬之吳。將效紹之一出，生不如死；將效員之求助，助者何人？不得已，度身而鹽，計口而耕，甘困且死，而不悔。推其攀墓號哭之情，終身不西向之節，吾知其處心積慮，欲得司馬氏而刃之族之也久矣。於戲！千古之報父仇者，項梁首也，黃宗羲亦毅而正。裒無梁

119

才，又非宗義之有君者比，生依父墓，死亦墓前，夫亦可鼎峙而三也。

彼員也，父死忠國，已存覆國，雖足快其兄不可莫報之心，而適悖其父直諫匡君之志。如謂薛道衡死，薛收佐唐以滅隋，人謂收優，員豈獨劣？不知隋入於唐，不繫一收；而吳之入郢，實員主之。員罪不當以收寬，當以王裒繩之也。

然則出仕可乎？曰：鯀死，禹興。鯀有罪也；伍奢以無罪而死，員不仕可也。邦無道則隱，況父已冤於前哉？顧鬭辛父死而俛邳，員即仕楚，應亦無傷。若嵇紹之仕晉，則遠異鬭辛，近問杜預，萬不得以雞群之鶴而諱其禽獸之行也。何也？仇弒吾父，不思報而反事之，不惟愧王裒，且下伍員一等矣。然紹死節於蕩陰，論忠猶足以補過。《晉書》合裒而襃之，讀史者竟媿異詞。

然則晚節之立，人生尤重，員所謂日暮途窮、倒行逆施者，人慎勿輕效尤哉！

伍員王裒嵇紹合論

（堂課二名）

蔣 谷

君也而可復讎乎哉？非君也而可不復讎乎哉？君也而復讎，則可以爲子。難乎其爲臣，非君也，而不復讎，則直不可以爲子。

嗚呼，父而可爲人殺乎？父而至於爲人殺，且殺而父不受誅，雖得其人而不能甘心者也。若夫父而爲君殺，君不可復讎，此萬無可如何，豈人子之本心哉？爲伍員者於此，正宜如王裒之終身不西向，意不忘讎，則可以處君父之間矣。

至如王儀、嵇康，本非晉臣，裒與紹皆不可不復讎。爲二子者如此，正宜如伍員之所爲，處心積慮，而伐（晉）[楚]國，掘昭塚，鞭昭尸，必報昭，即死無足憾。此人子之心也，員不知爲哀，則失之太過；可爲子，難爲臣矣。哀不能爲員，則失之不及；欲爲孝子而尚有未足焉。若紹之反顏無恥效命於讎，直斷之曰不可爲子，忠何足論？

伍員王哀嵇紹合論

（堂課三名）

秦光玉

忠孝者，人生之大節，然非辨之以義，則自以爲孝矣。而或流於不忠，自以爲忠矣；而或失於不孝，毫釐之差，千里之謬。此孔子所以有比義之功，而孟子所以重集義之學也。

不然，如楚之伍員，其藉吳以覆楚，彼固自以爲孝也。不知入郢都，鞭平王尸，以班處宮，君臣之義安在也？況員父奢遭讒，順受而死，純忠也。員不能體父之心以爲心，而覆父母之邦，其不忠也，即其不孝也。

至於晉之嵇紹，彼又自爲忠也。蕩陰之敗，血濺帝衣，忠誠忠矣；然揆諸其父康之心，固恥於事晉者也。其父以恥於事晉而見殺，其子即以甘於事晉而效死，康而有知，必銜恨於地下矣。使其父銜恨於地下，惡得爲孝？

然則忠孝兩全者，其惟王哀乎？哀痛父見害於晉，遂三徵七辟，皆不事晉，終身兀坐，未嘗向晉，此其孝。況其父儀雖爲司馬昭司馬，實魏臣也。哀以魏臣之子，不貳節以事晉，其孝也即其忠也。

合而論之，父之仇不可報而報，員非忠臣，亦非孝子也。父之仇可報而不能報，乃死節於父之仇，紹雖非孝子，亦不失爲忠臣也。

父之仇不能報而爲魏遺逸，不受晉職官，衷孝子也，亦忠臣也。衷辨義者也，是以即孝即忠；員不辨義者也，是以不忠不孝；紹辨義而不辨義者也，是以不孝而忠義之時用大矣哉！故《尚書》曰"以義制事"，《易·繫辭》曰"精義入神"，以致用也。

伍員王裒嵇紹合論

（堂課五名）

李湛陽

　　或問伍員、王裒、嵇紹於余："三子孰合於義哉？同抱父死於非命之痛，而伍員報仇，王裒不報，亦不肯事仇，嵇紹則死難於仇，三子孰合於義哉？"余曰："三子皆不合於義者也。"

　　或曰："處父仇之道，三子盡之矣，舍三子別無他道矣。安得謂皆不合於義乎哉？"余曰："伍員之仇，不當報而報；王裒、嵇紹之仇，當報而不報。"

　　或曰："其有仇同也，而何以分當報不當報乎哉？"余曰："伍員之父，見殺於其君者也。君，天也，天安可以仇？如有人其母爲其父誤殺，將亦仇報其父乎？仇父則父之仇又將安仇乎？抑爲母而將可以無父乎？夫父之於君，亦猶母之於父也。《禮》曰：'君父之仇，不共戴天。'此爲在他人者言。如君，則惟有飲恨終天，以自疚責而已矣。王裒、嵇紹之父之見殺於司馬昭，則非其君矣。夫豈徒非其君？昭，魏臣；裒、紹之父儀、康，亦魏臣。昭殺儀、康，裒、紹有殺父之仇。司馬炎篡魏，二子又兼有君仇。夫大仇一已不共戴天矣，乃二仇不報，王裒則束手忍之，嵇紹則反顏事之，忠之且至於死之，是何以見其君若父於地下也乎？"

　　或曰："伍員既奔吳，楚即非其君。王裒、嵇紹身在晉，則晉乃

其君矣。安見伍員不當報，王裒、嵇紹而反當報哉？”曰：“其父之君
即其君，其父之仇即其仇。伍奢之見殺，未嘗敢仇君，則員又安可
以仇？王儀、嵇康之枉死，恨不能刃昭，則裒、紹又安可不報？且君
一而已，《傳》曰：‘民無二君。’伍員生楚，又嘗仕於楚，安得謂身一
去楚而楚遂非君？王裒、嵇紹原魏人，安得謂一及晉時，遂可忘君
父之仇？如離君土而遂不君君，將離父門而亦遂不父父乎？如仇
爲帝，而仇遂可忘；將再易姓，而又可仕異姓乎？嗚呼，豈不謬哉！”

或曰：“伍員報仇，重孝也。嵇紹事晉，重忠也。忠孝不能兩
全，必謂兩全而始合於義，而人不幾無合義者哉？”曰：“義也者，事
得其宜之謂也。伍員之仇在其君，則其事宜不忘父，亦不敢仇君。
王裒、嵇紹之仇非在君，則仇斷不可不報，且報仇則不惟盡孝，亦方
不愧魏之臣子也。夫忠孝原一貫者也，體父之義以忠君，則盡忠即
所以盡孝，古之人有行之者，夏禹是也；體父之心以報仇，而盡孝即
兼以盡忠，古之人有行之者，唐莊宗是也。且夫忠孝不能兩全之
説，此爲一身兼欲侍君、父者言，非謂有父即可以無君，有君即可以
無父矣。若伍員，則有父無君。若嵇紹，則不惟無父，抑且不知有
君矣！何也？彼之正君固魏也，是豈猶得爲義哉！”

或曰：“伍員之仇君非義，嵇紹事仇尤非義，誠有如子之論也。
若王裒，則未或忘其父仇。其不報，勢方有不能報矣，安得統以不
合於義目之哉？”曰：“吾於三子固以裒近義。雖然，亦終不得爲義
矣。夫‘義’之云者，不計生死成敗之謂也。父仇不共天，已宜不顧
死，況又兼君仇？則宜拚死圖報，更可以知矣。且夫天下事，患不
決志爲之耳。豫讓欲報中行子，終斬智伯之衣。伍員乞食奔吳，而
後能遂其所志。裒之時，西有蜀，南有吳，使果處心積慮以圖報，安
在獨不能爲伍員哉？況即不幸而殞滅，與其生而負重辱，何如死於
圖報之愈哉？夫遭大故而徒事悲泣，此婦人女子之懦也，丈夫當忍
慟辦事。果慟父，何不竭力圖報仇？王裒安得爲合義乎哉？”

123

或曰："雖然，三子之心則有可憫矣。"曰："子之所問余者，義也，非心也。論義則不得原心，原心即不必論義。不然，天下之心有可原而行背於義者，可勝言乎哉？古人云：'《春秋》之法，責備賢者。'"

伍員王裒嵇紹合論

（堂課七名）

楊壽昌

蒙讀《伍員列傳》，至吳兵入郢，員求昭王不得，乃掘平王墓，鞭尸三百，未嘗不歎員之仇其君者，如此其甚也。然觀其父兄無故被殺，又未嘗不爲員悲其遇。越數百年，晉又有王裒、嵇紹二人，皆以其父死非其罪，而大異乎子胥之所爲，一以孝稱，以一忠顯。世之論者遂多祖二人，而謂子胥勇而無禮。

雖然，亦還問其時勢爲何如也。使二人處子胥時勢，則王裒不能以隱居終其身，嵇紹亦不能以事君盡其節。何也？奢、尚之死，平王方急捕子胥，下令得伍員者賜粟五萬石，爵執珪，其勢不殺子胥不已。王儀雖以抗直見殺，而未嘗及其子，且三徵七辟，不聞以使者追之也；嵇康雖以讒見誅，亦未嘗及其子，且大臣薦之，天子徵之，不聞以重賞購之也。子胥之時勢既異二子，故當日欲留不可，欲事不能，乃逃之他國，作復仇計。太史公以烈丈夫許之，不誠然哉！

但員之仇其君有過甚者。《禮》曰："父仇不共戴天。"固也。然其仇而爲平王，固子胥與其父兄北面事之者也。其父兄雖見殺於平王，而讒其父兄於平王者，無極也。爲伍員計，但當掘無極之墓而戮其尸，已足報父兄之仇。不知出此而竟仇其君。夫君也，而可仇乎哉？且當日者，員果移其鞭尸之舉於無極，滅其宗族，殄其費氏之裔，而其患不使於禍君國，庶幾乎即忠即孝，即孝即忠矣，豈不勝於王裒之僅稱其孝，嵇紹之僅見其忠哉？

且子胥報親之心，與王裒之攀柏悲號者何異？子胥事吳之志，與嵇紹之血濺帝衣者何殊？世之人咎其鞭君之失，遂並其孝於親忠於吳者而亦忘之？良足悲矣。然迄今論之，爲人子者，當以王裒爲正，蓋知君不可仇，故但悲號以悼其親；知親仇不可忘，故但隱居而不事其君，此可謂無負於親者，即無負於君矣。至若嵇紹之父本魏臣，見殺於司馬氏，而紹反忠於司馬氏，忘親事仇，不得謂之孝者，即不得謂之忠，夫豈可與員、裒並論哉？

蒙謂裒之孝，孝不失爲忠者也。員之孝，因迫於時勢而難全其忠者也，不然，復仇鞭尸之舉，子胥豈得已哉？

伍員王裒嵇紹合論

（堂課九名）

寸懷德

同一父仇也，伍員則報之，嵇紹則事之，王裒則不事之亦不報之。痛父非命，未嘗西向而坐，三徵七辟皆不就，是不肯事之也。攀柏悲號，涕淚著樹，樹爲之枯，而隱居教授，終其身無異志焉，是不欲報之也。

至伍員之報仇，人多疵議之，謂平王，君也；奢、尚，臣也。臣以有罪而見殺，臣之罪也；臣以無罪而見殺，臣之命也。臣之於君也，有懼而無怨，有受而無報，是故恒人殺其父兄，則仇也；以君殺之非罪，則命焉，是不幸也，非仇也。君疑及之，則逃而已矣；君不疑及之，而欲任之，則不敢逃也。斯論也，置之嵇侍中則見許矣，而伍員不受也。以父者，子之天也；殺己之天，與共戴天，所不甘也。且平王殺其子，妻其婦，獎姦回，僇忠良，是夏之桀、商之紂、楚之獨夫也，非君也。員欲弔民伐罪，則力非湯武；欲廢昏立明，則分非伊、霍；不得已而貫弓囊劍，側身間道，痛哭於荒江，乞食於吳市，必得覆其國，鞭其尸，而憤始雪，其志亦良悲矣。雖處置未免過當，然昔之君子皆哀而恕之，謂其爲伍奢之孝子，夫差之忠臣，天下之豪傑也。特與嵇紹之忠於晉惠帝，又殊覺迥然不同耳。

考之紀傳，嵇康見殺於魏之景元三年，嵇紹策名於晉之泰始十年。康以無罪見殺於司馬昭，非見殺於魏君也。當是時，魏爲君，而司馬昭非君也，即人臣不得仇君之意，原不得引以律司馬昭之殺嵇康也明矣，豈嵇紹尚未見及於此歟？而何以事仇人之子孫也？然謂嵇紹並不以父死非命耿耿於懷，又何以屏居私門，固辭不就也？夫不仕晉室，正也；特誤於山濤之一言耳。司馬溫公曰："使嵇紹無蕩陰之忠，殆亦不免君子之譏。"非刻論也。人以奢、尚爲楚之社稷而死，猶云伍員覆楚有傷奢、尚之初心。況嵇康有"不堪流俗""非薄湯武"之語，而嵇紹中血濺帝衣，又豈乃父之本意乎？雖然，嵇康無子，而惠帝有臣。孝雖未全，而忠誠可憫，彼馬弗用佳，血不忍浣，固已勝輝晉策矣，又焉得而少疵之哉！

乃世之論三子者，是此則非彼，是彼則非此，紛然不一。吾謂人不必強同，在歸於是而已。不觀之柳下惠與伯夷、伊尹乎？夫伍員之不願爲嵇紹，亦猶嵇紹之不願爲伍員，而嵇紹、伍員又皆非王裒所願爲，是不可強而同也。吾故曰："三子者不同道，而各成其志則一也。有王裒，可以教天下孝；有嵇紹，可以教天下忠；有伍員，可以使天下之暴者不敢害人之父母。是故王裒，孝子也；嵇紹，忠臣也；伍員，豪傑也。"然而可師可法，百世後毫無遺憾者，其惟王裒乎？

伍員王裒嵇紹合論

（堂課十名）

張儒瀾

篡逆者爲亂臣，僭號者亦爲亂臣。天下有亂臣，人人得而誅之，況其爲父讐也？父之讐，弗與共戴天，況其爲亂臣乎？人生不幸而遭此變，未有不以報讐爲是，而不報仇爲非者也，況於不報仇而反事仇哉！愚讀伍員、王裒、嵇紹傳，載員之父奢，爲楚平王所害，員奔吳而卒覆楚，戮平王之屍。裒之父儀，紹之父康，皆爲司馬昭所害。及司馬氏篡魏，裒不能報，然終不事晉，三徵七辟皆不就；紹則仕晉爲侍中，死於北征之難。

夫三人，皆古所稱賢人，何其所遭同，而所行則大異哉？竊嘗反復思之，未嘗不嘉員之爲，恕裒之心，而歎息痛恨於忘親事仇之紹也。且夫親之仇，亦未嘗無不可報者也，天子爲天下君，非似桀、紂之無道，雖有時誤殺臣民，而臣民之子孫不敢言報，此齊襄所以報紀而不報周，翟義所以不報漢而忠漢也。親以有罪見誅，則誅其親者，雖非天子，亦不敢言報。此禹所以不報舜而終相舜，郤缺所以不報晉文而反臣文也。若既非天子，又以無罪殺人，則自諸侯以下皆可言報。何則？諸侯爲天子守土，雖曰各君其國，而臣民皆天子臣民，君臣之分未嚴，不過如主僕之類，終不敵父子之倫之重也。古者王臣公，公臣大夫，大夫臣士，士臣皁，皁臣輿，輿臣隸，隸臣僚，僚臣僕，僕臣臺。若必泥於鬬辛之論，以諸侯爲天，而謂天不可仇，則是大夫以下至於僕皆可妄殺其臣，而不許其子孫之報，爲下者不亦難乎？則是孔子去魯適列邦，亦可謂之不天乎？楚平既非天子，而伍奢之死又無罪，此固奢子之所當報者也。世之迂儒乃責員不宜爲父仇君，嗚呼！其亦不思而已矣！

若夫王儀、嵇康之死，其無罪亦等於伍奢，而於君臣之分則更無也。爲之子者，當求滄海之壯士，效子房之狙擊，不濟則以死繼之。即勢有所不能，自念徒死無益，亦當效員之故智，前奔孫劉，後走胡羯，借其力以報晉，方可對先人於地下也。乃袞、紹計不出此，忍令其父含恨於九泉，不深有愧於員哉！顧袞雖不能報晉，然終身不向晉而坐，是其天良未盡泯，特力有不足，猶可恕也。獨不解紹於先人之仇不但不報，而且事之；不但事之，且爲之死。噫，紹之身，康之遺體也；紹非別有肺腸，何忍以先人之遺體而反爲先人之仇效死乎！嗚呼，如紹者，即王氏之狗，亦不食其肉矣，況伍氏之狗耶？

且司馬氏篡逆，魏之亂臣也；芊氏僭號，周之亂臣也。天下有亂臣，人人得而誅之，況夫三子者，固與楚、晉有不共戴天之讐哉！

卷三　雜文

續修《雲南通志》序

（崧督憲課正取一名）

李　堃

雲南西毗衛、藏，南極緬、越，東北與蜀、黔、粵犬牙相錯者三千餘里。提封壯闊，物産繁富。五材之用，惟水少絀。若金，若木，若土，則幾爲九州冠，而瑰寶異貨不與焉。

咸、同之際，回人不共。蹂躪列郡，猖狂廿載。民氣大耗，菁華亦枯。然當是時，外有大藩，朝貢未絶；海上無事，邊境乂安。以故畺臣得壹志并力削除寇盜，然亦創膚喋血。膏脂竭膏者十有餘年，僅乃復之。蓋戡亂於內，其成功亦未叮易易言也。

今距平回亂又三十餘年。歲月既多，變端日異。越淪於法，緬襲於英。永普開廣以外，惟數土司權爲屏蔽。過即夷矣，防戍日以嚴，交涉日以棘。近又築鐵路，請互市，轉輸我財貨，覬覦我礦廠。昔之資以自養者，今轉恐其自殘。其變豈小焉哉！

此志之所以必續。而欽使唐公增“洋務”一目，作者其有憂患乎？志朔於瀋陽范公，後鄂文端續之，阮文達又續之，時尚無洋務也。至岑襄勤三續，時有洋務矣，而皆附於戎事。意者當時士大夫恃其有宣光之戰，臨洮之捷，以爲修我戎事，即可制夷。夫制夷固不廢戎事也，然無所致力於戎事之先，與夫戎事之外者，其戎事詎足制夷乎？且第狃前日之戎事，不更審形度勢，相時制宜，豈謂可

129

制前日之夷者，即可制今日之夷乎？況僅修戎事之不足制夷乎？

故唐公於凡涉洋務者采輯之，轉爲一目，以示今日之急，非有專學無以濟，非徒侈陳往績長人顥己守常之習也。唐公負史才，綴輯他目，皆據舊鑒新，省文增事，有歐、宋之長。而於"洋務"一篇，尤致意焉。蓋其慮者遠也，故特序之，以告讀者。

續修《雲南通志》序

（崧督憲課正取四名）

季 坤

蓋聞《書》傳姒后，《禹貢》開記籍之先；《禮》定姬公，《職方》入方策之紀。董狐執簡，三晉乘傳；班馬摛毫，兩京史創。書成後漢，曾詳《地理》之篇；代紀元和，舊有《郡縣》之志。然皆編年綴事，時不越乎一朝；補闕拾遺，地必周乎六合。他如沈懷遠之志《越南》，樊文深之志《潁川》，常璩之志《華陽》，成大之志《桂海》，兼綜條貫，不出一州，博采旁搜，必稽千古。雖史家之餘裔，實省志之權輿。

但元狩而還，司馬未嘗序述；永平而後，班彪莫得纂修。豈不以事屬將來，理難豫曉？故《史記》千卷，補自孝孫；《漢志》八篇，續繇少女。史既有之，志亦宜然，此諸大府所以有續修《雲南省志》之議也。

謹案：《滇乘》肇於李京。洪武改元，命儒臣以考訂；景泰御極，遣中使以搜求。厥後王景常撰《圖經》，李元陽撰《通志》，謝肇淛撰《滇略》，劉文徵撰《滇志》，皆成一手，無忝三長。洎乎聖清，時當雍正。三省總督鄂公，持節建牙。姚州知州靖公，抽帛撿竹，晨編夕校，成三十卷之多；日往月來，經一百年之久。復議修輯，未竟厥功。蓋王樂山之告歸，而阮文達已入相矣。

石羊啓釁，金馬傳烽。鷸蚌亦肇爭端，龍蛇遂開殺運。勞三朝

之宵旰，檄定三迤；貢九陛之絲綸，書徵九賧。選員領局，給札寫
遰，閱十六年，凡四五易。欽使唐公始以公暇纂續成書，據舊鑒新，
省文增事。弁天章於卷首，志切瞻雲；書星野於行間，術兼測景。
郡列十四，郡各有圖；目分十三，目閒有袤。表旁行而斜上，如黃道
之經天；圖眉列而目陳，如紅朽之聚地。縱橫萬里，郡縣山川；上下
千年，古今沿革。凡夫宮、霍之所錯列，沱、氾之所流經，陂澤岡陵，
沃衍原隰。縣亘逴闊，高下廣深。黑水西南，星連邛笮。金沙東
北，流合巴渝。邊裔徼丹，官道站赤。亭公所守，弩父所居。銅北
九幽，茶山萬仞。𤏿髳部落，軍士屯屬。以及交趾、緬甸，南掌暹
羅。英吉利之所兼并，法蘭西之所吞噬。莫不窮原竟委，顯著臚
晰。外侮所以備禦，內難所以削平。將帥所以龔夷，官師所以交
涉。土地所以開闢，疆界所以申畫。物產所以豐耗，人材所以衰
盛。政治所以得失，國家所以經勞。畢羅數十萬言，都為二百餘
卷。覽之而足知形勢，究之而足審事機。更撫之而念騰威緝禮之
甚難，亦顧之而懷制治保邦之宜亟。

時惟展卷而思，庶可籌筆而定。紓宸憂於南顧，深殷鑒於東
極。此聖天子所以襲九㤪而重九敍，資五緯而興五才者也。走以不
文，護觀鉅製。仰子京、永叔之淹博，景朝邑、武功之嚴謹。君來西
徼，如與籌邊。樓繪圖我愧中壘，敢為《戰國策》作序。

滇水倒流說

（丁撫憲課正取二名）

袁嘉穀

西南巨浸，首滇池，自戰國莊蹻時而已顯。《史記》載蹻至滇
池，池方三百里，歸道不達。蹻因以其眾王滇，滇之王以地名，滇之

地以池名。池之所以名，晉常道將《南中志》、宋范蔚宗《後漢書》皆謂水源深廣，下流淺狹，有似倒流，故曰"滇"。餘如《括地志》，如《南行録》，如《滇記》，如《滇繫》，如鄂、阮兩《滇志》，尾聲而從同。

觀源廣在東，西出則狹。知或説凡水皆東，滇水獨西者，仍無異水似倒流之説。蓋"滇"之爲名，非一日，亦非一二人言矣；何居乎阮氏"福標顛頂"一解，舉三千年相傳之舊名，一朝而異議耶？

且夫福之爲説，亦窘矣。《史記》言"滇"，《漢書》言"滇"，言不一一，而獨不一言爲"顛"福。獨據相如《上林賦》文成《顛歌》，文穎注"顛"："益州顛縣。與'顛'同。"遂謂"顛池"縣名。漢武帝前僅作"顛"。夫《上林》之賦，相如見武帝後作，謂作"顛"者，在武帝前則已乖。史公與相如同時，學博又相埒耳，作《上林賦》，作《西南夷傳》，爲時當不甚遠。相如卒雖先史公，而史公作《西南夷傳》，必在相如卒之先。觀列《西南夷傳》於《相如傳》前可見也。趙甌北曰："《史記》列次序，蓋成一篇即編一篇，不待成書後排比。《公孫弘傳》後忽列《南越》《東越》《朝鮮》《西南夷傳》，又列《司馬相如傳》，次第無異義，可知其隨得隨編也。"軒一相如文，而輕史公之滇，皆後起字，公論乎哉？

後起字之嚴，莫嚴於許叔重。許於"水部"收"滇"字，解："益州池，從水，真聲。"安在其爲後起也？然此猶後漢人也。《漢書·禮樂志》："泛泛滇滇，從高斿。"福謂古本無"滇"，後因池而始加水；何以漢歌已早用"滇"字耶？況相如賦《顛歌》，未必真指西南夷。顏注《禮樂志》一引晉灼注："滇，音振旅闐闐。"再引應劭注："滇滇，盛貌。"案：鄭康成注《玉藻》，"顛"讀爲"闐"，與晉注合。《廣雅》："闐闐，聲也，又盛也。"與應注並合。《漢樂》："滇滇，爲最盛之歌聲。"則"文成顛顛"，爲文成最盛之歌聲無疑。

文穎注"顛"爲"顛縣"，毋乃臆説乎？考"顛"爲縣名，無論古書罕見，即不罕見，而相如於四言中用文成"顛"二縣名，綴一歌字於句末，恐相如之賦本未必溙率如是。故郭景純注《爾雅》《山經》，地理久著，而獨於注《上林賦》，則曰《顛歌》未聞，郭且茫然，於文穎何有？裴駰集郭注解《史記》，可見文穎注之難信。即曰"顛"與"滇"同，四字可信司馬貞《史記索隱》作"顛"即"滇"也，仍是同義，正足證字異義同耳。福何從而見"滇"後而"顛"先歟？

昔者史公當南略邛筰、昆明矣，於"滇"名宜知之礭。武帝前，"滇"果爲"顛"，則必仿《殷本紀》。《商》《殷》兼書，乃史公僅僅書"滇"；則"福棄倒流"之説，而別謂"滇"本名"顛"，"顛"本高頂，誠不待辨而明矣。若猶疑滇王自名，不肯取倒王義，又豈知夷王之號，取便稱而不計美惡？蜀，蠹也，蜀王猶稱之；滇可知也。《後漢·安帝紀》注："滇，零羌名。"如福所疑彼西羌之滇，豈亦取高頂之義哉？

夫考古不尚新奇，山川尤憑目驗。余屢舟渡滇池，西經滇池口，下流淺狹，信非誣説。幸生斯土，綜《史》《漢》《南中志》諸書，實有不敢異議者。若阮氏説，新奇則有之也，附和可乎？

擬《甘露白烏頌》並序

（丁撫憲課正取二名）

袁嘉毅

《後漢書·滇王傳》："肅宗元和中，蜀郡王追爲太守。政化尤異，甘露降，白烏見，始興學校。"或叩於愚曰："甘露爲祥，舊矣。黑烏而忽白，燕太子之卜歸，長安城之夜飛，古今皆以爲異，何獨於漢爲祥耶？"愚曰："惡謂此也？天下豈真有祥異？以爲異則異，以爲祥則祥，亦在人之實政何如爾。王追仕滇，滇自此有學校，祥莫大焉。適有甘露、白烏，並以祥之，誰曰不宜？夫賢太守之盛心，原不待露、烏而始培文教，人豈以物祥耶？抑物以人祥耶？否則白烏非祥，甘露亦豈真祥耶？《元史·張立道傳》謂滇以王羲之爲聖，立道始立孔廟，其說甚誕。由追事觀之，南人尚學之基，在此不在彼。古史具在，宜何如觀感而奮興哉？至於歌美之文，以漢時滇俗之樸，頌未必作，作未必傳；然追立學校，功施到今。漫補頌章，以揄揚夫追之所以對漢天子休命，而有益於吾滇者。甘露、白鳥，特其迹也。"其詞曰：

漢西而東，盛矣肅宗。簡王太守，南治滇中。太守乎賢，荒俗永湔。太守乎儒，教民務先。瀼瀼之露，澤自天降。仲秋八月，氣色清降。翩彼白鳥，集華山隅。翼不城飛，聲不夜呼。繫物之瑞，物匪自異。太守之徵，學校以興。滇中瘠土，太守撫之。滇中樸民，太守文之。惟撫惟文，愛與威申。不威不愛，後起者害。地二千里，時二千年。烏啼何處？露不澄鮮。天猶漢天，地亦漢地。胡來梟鴟，惡風惝惝？孰武克強？孰文克昌？躋漢太守，爲祥序光。有山碧雞，有湖青草。願鍾人靈，以畲天寶。

擬《甘露白鳥頌》並序
（丁撫憲課正取五名）

袁嘉端

滇之人文，肇自西漢。盛覽賦心，其始基矣。顧學校之興，則始東漢元和時。范書《西南夷·滇王傳》："元和中，蜀郡王追爲太守，政化尤異。有神馬四匹，出滇池河中。甘露降，白鳥見，始興起學校。"考滇人許叔入中國，受五經，歸教鄉人，亦元和中事。滇學之盛，可以想見。且白狼王唐菆等，慕化歸義，作詩三章：一曰《遠夷樂德歌》，一曰《遠夷慕德歌》，一曰《遠夷懷德歌》。其詞瑰奇，備載范書，豈有甘露、白鳥之祥，頌聲宗然不作乎？惜乎年遠代湮，迄今二千年，徒知古滇人之盛，而不聞鳴盛之聲也。爰補漢頌之文，並仿秦碑之體，不敢以今世俗調，爲前人辱云。其辭曰：

大漢立國，迄于元和。三百餘年，嶽嶽王公，巴蜀人英。來治于滇，文教聿興。以儒而吏，以吏而賢。高矣太華，白烏何來？來巢其間，瀼瀼湛露。下零豐草，上濯山樹。太守曰：嘻，我境我民，教遵軌度，聖人作訓。牖心壹志，定一綱常。生際盛時，敢不追美。泰古膠庠，懿彼成周。丹鳳翔遊，以偃甲兵。其在有虞，卿雲所被。日月之光，詰爾父老。文教廣運，長樂休祥。南國萬里，豈無傑彥，承茲文明？

擬《甘露白烏頌》並序

（丁撫憲課正取六名）

孫文達

謬哉，秦皇漢武之符瑞！千古非之，宜也。滇僻處南荒，當西漢時，侖精之馬，縹碧之雞，毛裛持節，遠求荒服，當時即不悟其失。至東漢之際，上而天子，下而臣庶，豈猶不鑒其非耶？《志》載："蜀郡王阜或作"追"。《通志》作"阜"，從之。當漢章帝元和閒，爲益州太守。政化尤異，有神馬四出滇池中，甘露降，白烏見。始興學校，漸遷其俗。"噫，是亦孙符瑞而踵先朝之失也。

夫既曰"政化尤異"，則阜之生平可想見也，而猶播其弊於蠻夷之鄉，不亦異乎？且學校之興與不興，顧力行何如耳，非甘露、白烏所能主之也。王阜循吏才，度無不諳此理者，而乃綴甘露、白烏事，荒誕不經。史家失實，得毋誣阜甚耶？何者？阜憫滇俗陋，故神其說，以振滇俗耳，其亦神道設教之術歟？果爾，則阜之用心苦矣。吾烏能少阜哉？是知符瑞之事，用之求神仙，謬矣；用之興學校，善矣。士生是邦，陶淑庠序，沐浴詩書，果志所自焉，非情也？袁彥伯

之贊名臣曰："詩頌之作,有自來矣。"謹依聲詩,摅其澤,以作頌曰:

天南一隅,地裸天燕。光蔽日月,目盲圖書。上溯炎漢,僻陋所無。楪榆長通,追司馬趨。牂牁道直,規汝南模。二三傑士,響學佩儒。廣之不廣,謀之尤疏。陰巖蔽晴,孔道遺孤。益州太守,是曰王阜。翦茅削茨,旋泰銷否。裳欲其身,冠欲其首。史欲其腹,經欲其手。轉移欲心,誦習欲口。嚴之召父,慈之杜母。積習奈何?其靈莫牖。鳳鳥絶岐,麒麟虛藪。忽焉蟻旋,休徵自天。上挹膏露,下流醴泉。忠信肥國,禮義沃田。蠻邦敝俗,一洗清漣。白鳥適至,羽衣翩躚。如朝陽鳥,如戾天鳶。昆水之濱,華山之巔。戛然一鳴,響應大千。太守心喜,曰道在此。廣廈洞開,名庠雲起。靈源分甘,溢滇之美。雪翼流暉,振滇之士。其象文明,請自今始。文教蒸蒸,數千年矣。導學之源,得公之旨。吾道之南,炳炳滇史。

問:開源節流爲理財之要旨。滇省財用不足,儲備自艱。今欲設法整頓,其開源之法如何? 節流之法如何? 務各抒所見,縷晰以陳

(丁撫憲課正取五名)

袁嘉端

今古聖賢生於今,其必不能不言利,明矣。特問其言何如耳?桑弘羊之平準,王安石之青苗,唐德宗之税間架,周赧王之借債,宋欽宗之搜括,秦始皇之鬻官,愈言利則亡愈速,不言可也。

然則將聽上下之貧而不必求利乎? 則又不然。事有古推良法,而實爲今日之至務者,重農是也。滇非自古而貧也,《後漢書·

西南夷傳》稱滇富饒，人俗豪忲，居官者皆富及累世。究其所以富，不過哀牢、邛都諸境，稻田沃土，宜五穀、蠶桑，知染采文繡，罽氈帛疊，蘭于細布，織成文章如綾錦，有梧桐木華績以爲布。夫五穀滋生，前有明效；蠶織乃農事之一，故無不可以富國，胡爲興利之政，反迂之不講耶？今幸滇蠶復興，農力要必加勸。愚遊迆東南地，見荒山蕪田不治者比比皆是。誠令仿漢唐屯田法，力爲開墾，十年之後，滇其庶乎？聞之粵蜀人，其農政藏富於民，鈞此手足，滇詎終不若人也？開源之法，竊以此爲重。勸工惠商，始可次行；而金、錫諸礦，其後焉。至鸎粟之宜鋤而不宜廣者，更無論已。

顧開源急矣，節流亦急。川原之水雖盛，而下流氾濫，其水立枯；春木之枝雖茂，而折枝旦旦，其木必瘁。如謂天下大計，不在一儉，豈國奢始足尚耶？夫儉，美德也，然而難矣。爲今之計，無已則有一焉，滇之境域，非猶夫山東境域乎？滇之官寮，非猶夫山東官寮乎？愚聞五年前，東撫李鑑堂有裁撤局員之舉，其略曰，近日官多，因設局以爲調濟之地，貪婪成習，上下交費。李毅然以局事歸所在有司理之，閒員悉命回籍，候補缺期。公以序補，歲省數十萬金詳管上修御史奏。考乾隆四十九年，我高宗皇帝有閒員回局之諭，非李之所剙舉。山東果持久行否，非所習知。而要爲節費一善政，滇何必山東異哉？

雖然，豈徒節費之務哉？今之滇，外患劇矣，內患亦爲杞人憂。失業民多，孰非官司之驅之虐之乎？顧所謂官司，半讀書士，少壯時談聖賢業，豈願作罔利之徒，徒以徵求必應，奔走必應？或有一謹而正者，久必迫而蠅營狗苟，喪其本心，以此臨民，民之受治，蓋寡矣。能裁局員，員必回籍；員果回籍，必公輪補，庶捷足者戢，而廉隅可勵治理可求，是節縻費以救滇貧，利猶顯；勵官箴以培民脈，利更鉅也。若舍是以求節儉，則平仲狐裘，希文畫粥，未嘗不照耀史籍；然滇之官士庶民，豈能一一皆然耶？其他之裁廉俸，裁兵額，欲節流而害益甚，是則與虐民加稅以開源者，同一弊爾。

以管窺天，言誠無當。念桑梓事，則有不必緘默焉。故請以重農開荒爲開源，以裁各局員爲節流，不知者不言可也。謹對。

續曾滌生《原才》

（林藩憲課正取八名）

袁嘉端

宇宙間有才乎？曰有。有幾？曰三，天也，地也，人也。人可與天、地並乎？曰可。如之何其可？曰可以才。不然，以區區七尺身，欲以並莫大之天地，誰信諸？顧吾聞人之所以配天地，德也，非才；才並天地，信耶？疑耶？及曠思之。古人之才，才即德，後人二之，於是乎才病，德亦病，天下無一真才，於是乎芸芸生，漠漠死，天地遼絕，人遂以眇。

嗚呼！古人已矣，後人欲成才，成己而已。成己之途，蓋不一一，而要首以德。蓋才德分而二，吾究不得不一之。司馬君實曰："才德兼備謂之聖。"知言哉！夫德之爲德，在吾身，人非外鑠，亦非務外。然由才成德終有外著時，特非己自求著耳。其究心經世業，孰美孰害？孰久孰暫？孰因孰創？孰先孰後？一一通之，是爲經濟才；考古窮理，不欺人，不隱人，好問明辨，衷之經訓，是謂考据才；心有獨見，發而爲文，不合文，不必文者，詩以輔之，滯者達，幽者顯，近者遠，易者永，是謂詞章才。經濟所以行德，考据所以正德，詞章所以達德，三者備矣。斯爲全德，斯爲全才。如不然也，才離德言，非雜即亂，非賊即魅；德離才言，非迂即執。《吕覽》曰："聖人之於物也，無不才。"韓昌黎曰："適於用之謂才。"嗚呼，可不勉哉！

古之時，學校育才，職重自君。自周之衰，東魯變育才之局，聚天下之英，師代君勞，後世則變通不等，要不過君育其名，師育其實，而尤莫重於自成。自成之道，要必合才於德斯爲美；不然，天地中蜉蝣也；不然，天地中蠧也；不然，天地中塵也，野馬也；不然，天地中直無此物也。懍懍乎，懼哉！湘鄉文正公蓋嘗言才之重矣，吾因推其本，復作《原才》。

滇中五嶽四瀆考

（金臬憲課正取一名）

張儒瀾

滇中萬山雄峙，眾水環流，形勢甲於天下。其山川之最著者，則有蒙氏所封五嶽四瀆。人第知爲滇之名山大川，而不知皆滇之險要也。

考滇中五嶽四瀆之稱，見於楊氏《滇載記》、阮氏《南詔野史》，而《敕撰續文獻通考》及鄂氏《通志》、倪氏《滇雲歷年傳》、師氏《滇繫》皆採之。蓋唐德宗時，蒙氏異牟尋，僭□中國之制，封五嶽四瀆。中嶽爲葉榆點蒼山，即今大理府點蒼山也；東嶽爲烏蠻烏龍山，即今禄勸縣烏蒙山，一名絳雲露山，又名雲龍山者也；南嶽爲銀生府蒙樂山，即今景東直隸廳無量山，在雲州則名蒙樂者也；西嶽爲越賧高黎貢山，即今騰越廳高黎共山，一名崑崙岡，又名磨盤山者也；北嶽爲劍州雪山，即今麗州府玉龍山，一名雪山者也。四瀆則一爲金沙江，即今之内金沙江，一名麗水者也；一爲蘭滄江，即今之瀾滄江，又作浪滄者也；一爲怒江，即今騰越潞江，舊名怒者也；一爲黑惠江，即今漾濞江，至順甯而名黑惠者也。夫點蒼，大理之内障也；雪山，滇之北障也；高黎貢，滇之西障也；其餘二山，雖非全省險要所關，而未始非一方形勝所繫也。至於金沙環於北，蘭滄環於南,怒與黑惠環於西,皆天若特生,以固滇之邊圉者也。

　　當蒙氏竊據時,疆土不敵中國十之一,而能與中國抗者,庸非地險之故哉? 況今日幅員之廣,百倍南詔。而滇之東北,皆鄰中國行省,可無大憂。惟西南接壤英法,然不難設險以守耳。誠能練普洱、鎮沅二郡民兵,以扼蘭滄下流,法人雖強,何敢由暹羅而進? 練永昌全郡民兵,以防怒江一帶及高黎貢山;練麗江全郡民兵,以據金沙上流及雪山爲迤西外障;練大理、蒙化、順甯諸郡民兵於蘭滄上流及點蒼黑惠之間以爲内障,英人雖狡,又何能越數重險而入哉? 至於滇北與蜀接壤,雖無大患,而匪徒滋擾,亦所宜防;誠能令昭通、楚雄、武定、東川諸郡,各練民兵以守其界,則金沙一江,不尤滇北之天塹哉?

　　故蒙氏五嶽四瀆,人第知爲滇之名山大川,而不知皆滇之險要。

滇中五嶽四瀆考

（金臬憲課正取六名）

袁嘉毅

　　泰、華、衡、霍、嵩,中原大山也;江、淮、河、濟,皆獨流入海之水,故謂之嶽,謂之瀆。胡爲乎二千里滇中,亦傳五嶽四瀆之説乎?

　　夫滇中所傳亦舊矣。《白古通》《玄峰年運志》云:“蒙異牟尋,改國號,自稱曰東王。僭封五嶽四瀆,以國界内點蒼山爲中嶽,東川界江雲露松卧龍山爲東嶽,銀生部日界蒙樂山爲南嶽,永昌騰越界高黎共山爲西嶽,麗江界玉龍山爲北嶽;以黑惠江、蘭滄江、潞江、金沙江爲四瀆。”原書今不傳,文見楊慎《滇載記》。慎謂其書本僰文,義兼眾教,稍爲删正,令其可讀。是知滇之“嶽”“瀆”,封之者,異牟尋;志之者,《白古通》;而正之使傳至今者,慎也。

且夫滇中之山,見之於《史》《漢》《後漢》者,有從陞禺同。博南,水則有滇池、瀘邛、蘭滄,蒙氏所封,惟蘭滄著。黑惠與蘭滄合,又非獨流之瀆。憑一己之見,封境內之山川,烏乎典?

顧或謂《唐書‧南詔傳》傳蒙氏詳,於異牟尋尤稱之,而獨無封嶽瀆事。慎好僞不典之典……疑慎之誣。曰:是不盡然。滇自漢時興學校,於中原之嶽瀆,燕昭、秦皇之祀,耳聞之熟。唐高宗、玄宗之封禪,則更躬遇之者,況異牟尋之雄?《唐書》詡其有智數,略知書,破蕃歸唐,詎不知封嶽瀆事?觀其與韋皋書曰:"人知禮樂,本唐風化。"所謂"唐風禮樂",安知非封嶽瀆者類耶?且《唐書》雖不言所封,而言異牟尋與崔佐時盟點蒼山,則蒙氏尊點蒼,必以爲境內中嶽,尤可知矣。昔白狼王唐蔎歸漢,獻夷樂三章,有"雲倫狼藏幢譯作高山岐岐,扶路側祿譯作緣崖蟠石,藐潯瀘灘,辟危歸險譯作涉危歷險"。朱酺使田恭譯之,知其山川之修阻。按:唐蔎三歌並載《東觀漢記》,兼載《華言》,今仍引其本語。《白古通志》經慎之刪正,雖未必盡協棘文,能與田恭並美,而異牟之封嶽瀆,事必非誣。按:封嶽瀆事亦見《南詔野史》。《野史》舊題慎作,其實爲阮元聲僞託,不過將慎之《滇載記》盡竄其中耳。《四庫提要》斥其書,故不引。特事雖不誣,陋則已甚。

然豈惟蒙氏之陋?即古之封中原嶽瀆者,等一荒誕而已爾。山水有靈,豈獨滇中嶽瀆笑人乎?

金馬碧雞銘 並引

（鄒臬憲課正取二名）

袁嘉穀

金馬碧雞何昉乎?昉乎漢方士之言而已。《漢書‧郊祀志》或言:"益州有金馬碧雞之神,可醮祭而致。"宣帝遣諫大夫王褒持節求之，如氏注，金形似馬，碧形似雞，蓋言神之形金，有似於馬，神之形碧，有似於雞爾。《王褒傳》則曰："方士言益州有金馬碧雞之寶。方士誣惑，故言神言寶無定。第觀於秦神、寶雞之類，知言寶亦即言神。"《地理志》云："青蛉禺同山有金馬碧雞。"不言寶，亦不言神，殆互見之義歟？

夫以南荒一神，而《漢書》三載之，知漢人豔之久矣。況自漢至今，宗《漢書》說者眾，正史則范蔚宗《後漢·西南夷傳》云："青蛉縣禺同山有碧雞金馬光景時時出現。"司馬紹統《續漢書·郡國志》云："青蛉有禺同山，俗謂有碧雞金馬。其見載記家者，則有常道將。"《華陽國志》云："青蛉縣有金馬碧雞，光彩倏忽，民多見之。漢宣遣王褒祭之，欲致雞馬。"其見地理家者，則有酈善長《水經注》云："青蛉縣有禺同山，其山神有金馬碧雞，光景倏忽，民多見之。"其見詞賦家者，則有左太沖《蜀都賦》云："金馬騁光而絕景，碧雞倏忽而曜儀。"《太沖別傳》云："後自改金馬，電發於高岡，碧雞振翼而雲披。"諸皆形容金碧神，惝恍飄揚，從無誤指爲山者。劉淵林《蜀都賦注》引《漢書》而增一語云："竟不能致。"惟其爲神，故惜其可致而不致。山則無可致之理，不能致，何足怪耶？迨唐樊綽元、段寶均以爲今昆明之二山。於是昆明之關、昆明之坊，無不以金馬碧雞名。

夫青蛉一縣，《漢志》繫諸越巂郡，禺同當在今地西，何誤移諸今地東耶？尤可哂者，張氏道《古滇記》、阮氏元聲《南詔野史》古迹篇皆云："阿育王有金馬，子至德獲之。因號獲馬之山曰金馬。"其長子□□不變。聞碧鳳鳥於山，乃止山下，土人誤鳳爲雞，遂號其山曰"碧雞"。王因封至德金馬山神，扶邦碧雞山神。異牟尋追封景帝，淺誕之詞，不置一喙。

噫，一誤則神可爲山，再誤則山可移東，三誤則山神且爲人且爲帝。而方士之言，幾幾成滇中佳話，不幾幾成滇中讕語耶？楊用修寓滇，嗜探滇事，鑴王褒移文於太華王士性泛舟昆明池，登羅漢諸峰，記《尹伸遊》《羅漢岩記》，皆言見此碑："所謂敬移，金精神馬，縹碧之雞，處南之荒。深谿回谷，非土之鄉。歸來歸來，漢德無疆。廉平唐虞，澤配三皇。"文本李賢《後漢書注》，而賢謂之《碧雞頌》。滇之文獻，洵於斯在，第其僅出方士，生滇者當識其不經。即以傳自西漢之故而存之，亦當識爲禺同山神，非山非人非帝，庶不失爲真好古者。昔日曾爲考，今臚爲引而系之，以銘銘曰：

誰頌聖主？得者賢臣。賢臣斯得，持節醮神。厥神之遊，遐哉益州。無神之影，忽哉光影。光影似馬，臣拜下之。光影似雞，臣敬移之。禺同之山，青蛉之水。神兮有無，傳今爲美。天馬漢祥，寶雞秦瑞。弗禄永神，疇不一類。糾紛圸會，惟方士罪。圸會古風，惟方士功。我告滇宣，呼吸偓松。何辱諫議，何榮滇中？

駁黃梨洲《明夷待訪錄·原君》

（興鹽憲課正取十名）

張　坤

嗚呼，長天下亂賊僭竊之心者，黃梨洲之言也！梨洲《原君》謂君爲天下之大害，敲剝天下之骨髓，離散天下之女子，以奉我一人之淫樂。蒙謂梨洲所言者，昏君耳，庸君耳，梨洲何嘗見聖明賢智之君哉？

夫以一二人之淫樂，而遂慨之天下後世之爲君，甚至比爲寇讎，目爲獨夫，而謂小儒規規，以君臣之義無所逃於天地之間。至桀紂之暴，猶謂湯武不當誅之，而妄傳伯夷叔齊無稽之事。夫至以夷齊之事爲無稽，視君臣之義爲不足重，梨洲此言，豈不長亂賊僭竊之心哉？且君者，天下臣民之主也。天下不可一日無君，無君則無上下，無上下則無禮義。禮義既壞，人雖得自私，私有不遂則相爭；人雖得自利，利有不足則相奪；至相爭相奪，則雖親者有不能讓，而尊者有不能容。悲夫！此世之所以多亂臣賊子者也。

《書》曰："惟天生民有欲，無主乃亂。"又曰："天子作民父母，以爲天下王禮。"曰："尊無二上，示民有君臣之別。"由是而言，君臣之義，顧不重乎哉！人臣之事君也，得堯舜而事之，固必有以忠厥職；即不得堯舜而事之，豈遂敢以易其心。如梨洲所言，是人君之凡爲桀紂者，皆可以放之弑之，而不足稍恤也。

將何以訓天下後世之爲人臣者乎？蓋嘗論之：湯武，聖人也；伯夷叔齊，亦聖人也。然湯武之事，非聖人不能行，故後世猶有竊其說而爲不義者；若伯夷之事，雖萬世行之無弊焉。今以其事爲無稽，然則謂扣馬之諫非耶？以君臣之義無所逃於天地之間，爲小儒之言，然則不知君臣之義者，乃可謂之大儒耶？噫，此梨洲之妄也。蒙故曰：長天下亂賊僭竊之心者，梨洲之言也。

駁黃梨洲《明夷待訪録·原君》

（興鹽憲課正取十一名）

秦光玉

黃梨洲《明夷待訪録》，其《原君》一篇，有曰："小儒規規焉，以君臣之義無所逃於天地之間。"嗚呼！何其謬也！

今夫君臣之義，與天地並峙者也，故《易》曰："有君臣，然後有上下。"又曰："上天下澤，君子以辨上下，定民志。"《書》曰："惟辟作福，惟辟作威，惟辟玉食。臣無有作福、作威、玉食。"《禮》曰："示民有君臣之別。"又曰："君臣上下，非禮不定。"《左傳》曰："爲君臣上下，以則地義。"又曰："君令臣共。"此皆君臣之義也。以爲小儒則凡作經之聖，述傳之賢，皆謂之小儒可矣，豈不謬哉！

且古帝王所以制爲君臣之義者，非自尊也，非自私也，所以弭天下之亂也。夫天下之大，近譬之如一身，小喻之如一綱。綱之爲物，以綱爲主，無綱則條目亂矣。人之一身，以心爲主，失心則耳目口體亂矣。君也者，天下之綱也心也，不尊君則天下之人皆將各出其意見，各逞其血氣，以爭強角勝爲能，而海內大亂矣。故曰君臣之義，所以弭天下之亂也。

梨洲不知此義，乃謂視如寇讎，名爲獨夫，固其所宜，不知寇讎獨夫乃孟子責備人君之言，身爲人臣，安忍出此？又謂妄傳伯夷叔齊無稽之事，不知夷齊之事載在史册，以是爲妄，豈後世鼎革之臣如王祥，如褚淵，如范質、王溥，如留夢炎，如歷事數主之叔孫通、譙周、馮道，乃謂之不妄乎哉？何其昧於君臣之義如此？

雖然，梨洲往矣，其言亦陳矣。所患者，後世之士以爲梨洲大儒，立言且若此；因借其言以簧鼓當世，以伸民權，以廢三綱，而君臣大義，弁髦不講，其患勝道哉？予故闢其謬，以告後之讀其書者。

擬杜牧之《守論》

（松府憲課正取二名）

袁嘉穀

地異，時異，勢異。今古不知幾千變，不變者安在？在道。道宜戰而戰，道宜和而和，視敵情之何如，視平日之守何如耳。不守，不能和；不守，亦不能戰。立不敗之地，以自強而強於人，守之義大矣哉！

藩鎮之禍息矣，守重防夷，夷之防不勝防矣。守以兵，夷忽之；惟輔兵以民，民非兵而無非兵，夷斯遁爾。疇敢不遁，其秦武王舉鼎之類乎！且夫大地既剖，人有爭心，六合之中，非我獨立，我不兵人，人將兵我。況夷也性狼，其詐則兔，沿邊萬里，彼無不饕而甘之。山之險耶？彼久踞之；水之險耶？彼亦飛渡。夫險既不險，則必無地而不守；無地而不守，則又必處處皆兵，曰設營，曰築礮臺，曰通餉道，以增以新，而藥彈糗食之費，不言可喻。幸夷之不覺，威亦盛矣。一旦不幸，忠義之士拚一死以報君國，詎不勝敵？若將爲懦夫，兵又弛怠，名之雄軍，實亦烏合。名園竹籬，一撤而無不牽動，守之難也，此意中事。

嗚呼，昌黎宜戒，宜其重在得人哉？顧愚聞古之天子，守在四夷；天子卑，守在諸侯。果能舉四夷之眾，懷德畏威，豈不甚善？否則，四夷不我守，且侵我守。諸侯何恃？恃乎兵。兵有勝，亦不能勝而無敗，則恃乎民。然則民之不可不先保，昭昭然矣。試問刑罰稅斂，省乎薄乎？農工商賈，業其安乎？無告窮民，有養而不思亂乎？牧民之司，體上恩以惠民乎？養士多歷年，真才足以備用乎？民吾民，地吾地，田吾田，城吾城，險吾險，教吾教，心吾心，人吾人，國猶有犯順者否乎？

大哉守也！言守可也。若欲息民，言和可也。不和，可以言戰也。有不戰，戰必勝，其兵歟？抑保民者歟？

擬求鄉先輩遺書啟

（堂課一名）

袁嘉穀

居，恒舉堯南交、禹黑水、湯產里、周濮人諸説。一掃而清之，謂滇地之開，斷自莊蹻。蹻，楚人也。楚屈荀宋景，以詞賦雄壓中原，滇與同國聞風當起。漢文武帝時，文翁興學，楪榆張叔膺其薦，司馬長卿通西南，楪榆盛覽往師之。師氏範曰：“斯人必先有所得，而後親賢慕道。"如是其切，然哉然哉！然而覽所著四卷賦心，渺無一字，使非《漢書》與《華陽國志》《西京雜記》記叔覽姓名，恐知叔覽者鮮矣。嗚呼，滇人之學如叔覽、著述如叔覽而不傳如叔覽，並不如叔覽之猶傳姓名者，豈亦鮮哉？將以干戈妒文，疑不傳者咎在天，天不任咎。將以文愧壽世，疑不傳之咎在古人，古人不在咎。然則誰咎？曰：惟後起之責。滇西南大國，知任此責。惟中溪南園宏山，著於勝國。

國朝則師氏範、王氏藩，尤偉者袁氏《文典》《文揀》，以賢昆弟博學通才，輯滇詩文略，生今之日，猶得略覿古滇人之盛，未必非袁氏之功也。按：王氏思訓有徵詩，啟楊氏《履寬》。彭氏而述共捄滇詩，孫氏髯寓屋徧黏滇詩，均未見刻本。顧自袁氏昆弟後，刊專集者有人；彙刊古人作，僅見黃氏琮《嗣音集》，而又棄取未精，所棄稿瘞諸山麓，補取無由，斯足恨矣。《重光集》搜刻頗眾，而近已暫止南園復齋，即園諸集次第復出，以師門之故，不敢揚也。回紇變興，不惟詩文略無存，並《嗣音集》而燬，斯文絕續，正在今日。欲彙一滇南叢書，而選佳詩文以續袁氏後，此時此情，有心人真不容一刻忘也。

嗚呼，滇書之厄，豈僅在回紇變哉？一厄於沐英一爐，矜己爲手破天荒見《滇繫典故》，一厄於李湖奉詔搜書，不以入《四庫》，而以歸藏其私室。袁陶村曰："石屏陳海樓自南昌攜來《石淙類稿》，有《鳳池集》《禪後集》《省墓集》《西巡》《北行》《容臺》《行臺》《歸田》《自訟》《制府》《吏部》《玉堂》《歸田後》《督府》等卷，云得之南昌李又川中丞家中。中丞撫滇，《四庫》徵求遺書，何以不上之冊府，而以'滇皆蠻夷，並無著述'覆奏也？"見《滇詩略類集》。俾二千里地，千餘年人，僅寥寥數紙書，痛心孰甚？今家藏未刊，刊而復湮者，當不一一。不入總集，不能傳久。昔唐蕞夷樂，呂凱異牟尋文，使不見錄於《後漢書》《三國志》《新唐書》，何以能至今存耶？雍闓李猛之書，存略於《華陽國志》；驃信楊奇鯤之詩，存略於《太平廣記》《欽定全唐詩》。若不幸而如楊黼《孝經注》，則《明史》雖列名而已佚；

又不幸而如孫清愍之《破碗集》，嚴恭肅之《冰玉集》，則《明史》且佚其集名。藏書者念此，尚可匿而不以入總集，自增一厄耶？且玉峰寄庵，文豪也，而重刻在他省；五華、經正兩精舍，士林也，而藏書只他省著作。非不美也，而美猶有憾。吾懼數十百年，舉寥寥數紙，亦皆賦心等耳。竊願滇人思痛免厄，人人有責，焉用勸也？

擬求鄉先輩遺書啟

（堂課三名）

劉　璧

滇省武功則勘定於武侯，文章則濬源於司馬。當其荆榛未剪，原屬偏荒蓽路之區；迨夫郡縣已開，漸躋文物冠裳之盛。前明之講詩律者郭舟屋，啟文學者楊文襄，厥後如葛澹齋之音學，楊野嚴之數學，蘭芷庵之經學、史學，風雅淵博，卓絕千秋，皆可以砥河漢而炳日星也。

國家道光六合，祥被九野，士握璣錦，人擅鸞龍。而此邦碧雞金馬，閒氣所鍾；人傑地靈，尤最魁異。保山王氏，既稱通儒；鶴慶李公，亦淹史乘。羅古籍者，河陽兩段；殫經學者，趙州三蘇。高雪君訂《易》知音，固多著述；徐德操《山經》地志，無不鉤探。至於才華之超逸，歌詠之流傳，前則趙玉峯、徐石公、朱子眉、張退庵開其先路，繼則孫髯翁、萬荔村、錢南園、李松屋步其後塵，典雅則自名一家，卷帙則流香百世。儒林道學，足超軼乎前朝；名士文人，盡旁通於典故。是蓋宇宙和甘之氣，醞釀徧於遐方；詩書禮樂之光，燦爛凝於斗次。乃經兵燹之餘，簡篇散迭；百家之説，或存或亡。陶村所輯之《滇文》，得者四十餘卷；仲選所著之《泰律》，缺者九百餘圖。其最著者，楊氏之《心易發微》，未窺其本；張含之《禹山詩集》，難覓其書。嗟乎！淮王枕中之秘，或閟委於泥沙；杜陵挾持之篇，幾湮霾於瓴甓。前人用力如彼，其勤勤也，卒至剝蝕飄零，無從考訂。學古之士，何其望昔，悼痛者歟！

方今天子中興，民物奠麗。靜川瀆於既漏，補穹圖於方折。復置鈔書之吏，用廣獻書之路。滇省雖屬邊隅，亦得涵濡教澤。欲振文風，宜存文獻。抱殘守缺，後嗣何觀？遐想寂寥，以爲太息。庸告學人，逮兹庶士；將求博洽，當廣搜羅。其有遺經獨抱，墜稿僅存，如孔壁未毀之簡，禮堂寫定之本。濟南《書傳》，乏晁錯之授經；彭城《魯詩》，鮮元成之續緒。或珍藏同於琚璧，或淪墜幾於邱墳。幸值右文之年，勿憚勤搜之力。掌教者甄錄之暇，深懼尠聞，願求遺篇，刊布於世。

至若書罕複藏，言資丐後。河間之得善本，好寫必還其真；子駿之移太常，逸《禮》當請置立。匪惟掌教者之責，抑亦都人士所欣者乎？稽古有心，宜體斯意。凡百君子，幸並知聞。

擬求鄉先輩遺書啟

（堂課八名）

錢良駿

粵自金章玉牒，禹王探委宛之編；斗字漆書，京皙校汲冢之秘。河間真本，不隨風雨以俱淹；魯壁遺經，並歷星霜而不朽。是以西堂廣輯，供肴饌於百家；東觀潛藏，富蒐羅於四庫。自古簡册之流傳，原資輶軒之採擇也，況滇南碧雞挺秀，金馬效靈，《華陽志》載"髦牛筰馬"；《梜道歌》詠"頹木盤蛇"。十卷賦心，吐鳳翔鸞之藻；一編頌體，精金縹碧之文。德化碑言言典麗，阿禕曲字字鏗鏘。雖割據部鄙在遐方，而文物已競傳品藻。

暨乎有明，人才輩出。石淙類稿，人稱經國之書；芷庵清修，時有考槃之詠。樹文陣之旌旗，楊門七子；摩騷壇之壁壘，北郭十才。爰迨我朝，文采斯萃。月槎驚才豔藻，駕並班揚；粟亭妙句清詞，室登屈宋。寄庵負倒峽之才，浴川擅驚人之句。李含章具鬚眉氣，錢侍御有豪傑風。薰香摘豔者，藻繢雕龍；刻翠剪紅者，筆爭鳴鳳。莫不道揚餘波，嗣續前響。所以蘇亭嗜古，泐金石以垂編，荔扉萃精，刊棗梨而並壽。匪唯逮後學之津梁，抑亦存往哲之規撫也。

而乃花門啟禍，玉石俱焚。歷劫等紅羊之換，沈淪勝筆蠹之餐。萬卷樓中，楚灰復熾；五華山畔，秦燄重災。遂使斷簡無存，殘篆莫覓。六丁攝去，闕疑多夏五之虞；二酉煨殘，借錄少春明之助。校讎易燦藜輝，癖好誰捵秘篋。不亦概文獻之泯滅，而傷耆舊之湮沒乎？倘復抱缺守殘，因陋就簡，蟫魚任其剝蝕，亥豕沿其謬訛。覆瓿有恨，問字無門。詩曠補亡，莫記誰何姓氏？錄殷集古，徒思尹姑衣冠。

既悲墜緒之難綿，尤悼初桄之孰紹。今者廣約同志，攀繼前輝，將煥炳麟，未窺全豹。伏以六詔鍾毓，不乏偉人；百年著作，洵堪名世。停雲訂風雅之盟，舊雨振海湖之氣。鑠今軼古，抽秘逞妍。任昉多藏，願發枕中之寶；伏生善記，乞傅腹內之便。《七略》並見，收羅九流。亦供摭拾，廣開記室。何分積玉碎金，遠括名山不沒。嘔心吐血，從此鑄金鏤板，彩雲之甌鑑重新；幸無束閣韜光，測海之蠡窺徒誚。是以遍傳心版，望成集腋之功；彙付手民，榮過錫朋之貺。

謹啟。

廣師説

（堂課正取一名）

袁嘉穀

師豈以地限乎？人欲齊語，徙莊嶽可也。師豈以位限乎？人欲集思，萬蒭蕘可也。師豈以時限乎？既師今人，又尚論古之人可也。人無論今古也，擇其一師，正其途，定其趨，篤信堅守之。大江之流萬變，不源岷山可乎？天下無粹白之狐，未嘗無粹白之裘。集腋成裘，則又何常師之有？先師曰："見不賢而内自省也。"是亦師也。先師曰："起予者商也！"是亦師也。愚讀韓子《師説》，言乎人不可無師，昭也允也，端不可異，執不可一，師之益人大矣哉！

三五之隆，君作民師。君道既衰，師道以起。先師聚天下英才，刱千古之局，代君育士。孟子繼興，師道炯炯日月。時厥後，經師盛於漢，文詩之師盛於唐，性理之師盛於宋，河汾、安定，則治事之師之尤者。全是四者，難乎得師；舍是四者，又惡乎師？

天生人無有二性，人之學詎有二理？性理無二，師一而已。陽陰氣殊，剛柔事別；約必原博，多師爲師；萃師之長，鑄我之真。君子曰："人之重師，師重以此。"若夫羿之教射，先精彀率；九方歅之相馬，相賞在驪黃牝牡之外。

師需良弟子，弟子亦需良師。盂之方也，水焉得圓；鍾之撞也，聲焉得啞。師使失其所爲，師偏責從師之弟子，孟子譏之久也："人之患在好爲人師。"詎不然哉！詎不然哉！恒爲此懼，雖時爲家人故舊之師，而輒於師教，無敢言。言從，從師云爾。温温矩範，是曰親師；疑問無隱，是曰敬師；師有過則諫，是曰愛師；力成

己學,是曰尊師;師傳没世而不忘,是曰報師。不於此而務之,庸
有當也。

嗟乎!習俗移人,今之學者殆有甚,何以甚之蔽之?曰:"利
非師之利,即弟子利。九州羣士,必居一焉,必勿誤束修之訓,而
後師道尊;必勿爲謀食之計,而後從師之心摯。"修,古通"脩","束脩"
言束身修行也。與人潔己以進,與先生並行同意,故未嘗無誨。《後漢·延篤傳》:
"吾自束脩以來。"李賢注引鄭注謂:"年十五以上,蓋十五入大學。自此無不束身修
行也。"

廣師説

(堂課正取三名)

錢良駿

有立於大海驚波之側,見夫浩瀚無垠,泛濫奔踔,莫不相顧錯
鍔。幸而獲舟檝,則漸而濟者有矣,遥而至者亦有矣。未獲舟檝,
溺焉傾焉覆焉之患,頃刻可立待也。嗚呼!師道之不明於天下,欲
人無溺焉傾焉覆焉之患,不可得也。是故師者,大海之舟檝也。人
知濟海之必需舟檝,而於師反昧焉不察,是果何故哉?

今世之相師者,非師道也,師藝也。古者道與藝合,今者道與
藝分。古人師道,而藝即在其中;今人師藝,而道反居其末。其所
講求者,皆古人所謂雕蟲小技,壯夫不爲。又其甚者,離經畔道之
流競起而召號生徒,其言莠,其行亂,其説足以惑世而誣民。而淺
識者反憒憒從之,卒致於陷溺而不可救,其弊更浮於師藝而不師道
推其底極,勢必胥天下而至於溺焉傾焉覆焉而後止。故今之世,不
患不肯相師,而患不善擇師。

所謂師者,其必堅苦卓絶之士,矯塵厲俗之人,卓然自異於眾

人之中，信道真而守道篤，不苟與世合；其所維持者，乃至宏而至大，高而不偏，正而不詭，所謂大海舟檝也。此而師焉，其於道亦庶幾十獲一二也。故孔子云："三人行，必有我師焉。擇其善者而行之，其不善者而改之。"正謂此也。不然，以一身而戰於庸耳俗目之中，譬之望海者，風濤未至，方且幸喜其悠游。及至狂瀾四起，颺發電疾，至是始求舟檝焉，則溺焉而已，傾焉而已，覆焉而已，尚何聞道之有哉？

乞巧文

（堂課正取一名）

袁嘉毅

乞巧之風，滇中罕聞。今歲七夕，坐誦柳州《乞巧文》，工矣譎矣，蓵以及矣。口占數百字，聊志秋節。曰：

幸生滇中，高白雲鄉。余以天孫，居無低昂。日月重七，天孫織裳。乞巧人間，遠哉漢唐。滇人素拙，錦不七襄。余尤拙魁，不觀天章。秋月輝輝，秋星煌煌。九州之黷，僕拜蒼蒼。余膝也强，默居書堂。人曰失傲，傲亦何傷？聞之天孫，一長在巧。搖尾有人，錫巧爲寶。纖纖女手，組花織草。女紅雖害，爲害不小。六合茫茫，乃盡巾幗。其巧有術，其術無迹。脅肩取媚，巧於顏色。柔易巧言，慎赤作白。

終南之山，去天一尺。何來巧宦，朝榛暮闕。燕子新篋，聲溢朝籍。何來巧技？鉤散人魄。不咎天孫，天孫之責。竟天孫咎，於人何益？天人之理，莫尚乎中。太拙非誠，太巧非工。翰墨濡染，奪造化工。善測古心，如面之逢。形下者器，維精製作。人維其精，奚不人若？巧者如斯，巧奚用咎。

謝天孫恩，壤秭之壽。如彼德兮，正以則之。如彼道兮，寶以好之。周道如砥，平平其履。吾命吾安，斗室其寬。諧俗者庸，償俗則跌。名定一尊，厥名惟拙。拙（右）[左]巧右，拙先巧後。無巧無拙，無譽無咎。

嗟嗟柳州，由巧思拙。孰天孫臣，稽首陳說。余揚其文，余抑其身。下不乞人，上不乞天。不乞而言，非天孫告。言拙而不巧，宜天孫笑。窗竹風鳴，雲中鵲噪。髼髵耳聞，天孫有報。其報伊何？報之曰："嘻！拙宜巧宜，汝自思之。"

乞巧文

（堂課正取二名）

蔣 谷

杜若村人，讀書翠湖。偶歸省視，步自中庭。遙見綵縷羅列，瓜果蕊芬。有女昵昵，曰叩天孫。要神降鑒，祈神垂憐。幸與之巧，載祝頻頻。

杜若村人聞之，若有棖觸。愾然永嘆，曰世之太拙，孰如予焉？賦茲頑質，爰誕自天。守此恒性，幾幾卅年。讀賢誦聖，不化彌堅。坎懍竟日，糾纏其身。但覺舉世，我媸人妍。自嘲自恨，衷曲無申久矣。天孫有靈，諒能達余困苦而惠我鍼砭，吾又何恤作兒女子態而泥首乞憐乎？迺屏氣斂息，將誠稽首。拜跪致辭，待命恐後。傴僂鞠躬，凝神聽受。怳忽遠望，清思眇眇。

疲極欲臥，俄見女隸，召至一處，樓閣玲瓏，仙子無數，中有衣雲錦者。女隸告曰："此天孫也。"於是匍匐叩謁，俛首而請曰："臣聞天孫擅天上之至巧，佑人間之女娃。如臣愚鈍，亦足以邀神閔乎？"天孫曰："吾之所能，女紅之組繡也。子所不足，世俗之鉤距也。雖然，子不能是，吾能知之。子有三疾，子願聞乎？"曰："願聞。"天孫曰："圭角時露，不磨不刊，嶙嶙峋峋，非佛非仙，是曰傲骨。子能剗而去之乎？"曰："不能。"天孫曰："矯矯元元，惡圓喜方，介於怪石，嚴若秋霜，是曰頑性。子能鑿而化之乎？"曰："不能。"天孫曰："百挫不回，一往徑前，殊乏馨折，絕少舟旋，是曰橫氣。子能使之如脂如韋乎？"曰："不能。"天孫曰："子賸理沈痾，固若結轖。去一不能，留一樹敵。狙昵狐媚，所在排擊。欲求圓轉，如何可得？"

杜若村人聞言，於是渙然冰釋，不敢更求。言安謇訥，行守所由。任叢瘖痱，聽集訾尤。抱樸完貞，卒歲優游。

謁薛爾望墓文

（堂課正取一名）

孫文達

洵哉，科名之士易，節義之士難也！滇自入版圖後，掇巍科，登顯位，朝援暮援，赫赫者殆難指數，而能完大節，伸大義，生平行事足以軌諸古勵諸今，鄉之人猶至今稱道弗衰者，或數十年而一獲焉，或數百年而一獲焉，或數十百年而終不一獲焉。吁，偉矣！何寥寥也！

吾邑薛爾望先生，所謂節義之卓卓者非耶？父死忠，子死孝，姑婦死節，奴僕死義，萃忠、孝、節、義於一門，而皆各出其死以殉之，難矣哉！死猶生矣，太史公曰："死有重於泰山，有輕於鴻毛。"薛之一門，泰山耶？鴻毛耶？世當有以知之矣。

夫永明入緬時，窮蹙奔竄，宗人託微子抱器奔者有之，高位效馮道靦顏仕者有之。至於無權位，無職守，仕版未登之士，壺漿迎者有之，市廛受者有之。其恥仕二姓者，或遯於野，或逃於禪，或隱於山林海濱之區，已可貴矣，又焉能死者？先生，諸生也，無支庶之親，無爵位之責，遁之可，隱之亦可，而乃恥永明不死社稷，苟活蠻邦，慷慨發憤，竟趣眷以赴寒潭，何其死之烈而見之果耶！

明之養士，不減於今日也；當時之滇士，亦不少於今日也。而危亡之際，能舉家以殉國者，獨先生一人，何其僅也！孔子曰："歲寒，然後知松柏之後彫。"孟子曰："是集義所生者。"先生有焉。於戲！若先生者，可以風吾邑之為士者矣！

雖然，獨吾邑乎哉！凡中國之士，皆可舉先生以礪之也，爰為之誄曰：

先生於明，一青衿耳。玉步雖更，咎豈在已。握符者降，掌國者仕。忘君事仇，行同狗豕。赫赫猶然，士宜靡矣。孰知先生，毅然以起。桂王西行，流離轉徙。計依緬酋，苟延而已。先生曰：嘻，危在尺咫。圖存終亡，何如暫止。背城一戰，勝雪國恥；不勝而北，死社稷爾。社稷不死，君將何俟？乃語家人，臣節自矢。父曰死忠，死孝其子；妻曰死節，死義其婢。七人同命，一息千載。嗟嗟先生，明士之偉。五老之山，雙溪之水。山高不崩，水清不滓。山水中間，有此雄鬼。嗟嗟先生，世無倫比。古墓豐碑，毋傾毋圮。魂兮歸來，儀型梓里。

謁薛爾望墓文

（堂課正取二名）

袁嘉毅

嗚呼！薛君以身殉明，一日君死，千古君生！君一諸生，未升朝右。君曰國亡，匹夫有咎。君生天南，桂王來奔。君曰奔王，實我之君。我義死君，君意死國。君生不死，我生不得。苴蘭城東，古黑水祠。身甘龍食，心惟龍知。妻兮死夫，子兮死父；婦兮死翁，婢兮死主。山淒水咽，月愁日暮。

淨土三尺，惟君邱墓。森森宋柏，表君之節。唐梅朱花，染君之血。嗚呼薛君，天柱地維。明史之輝，滇人之師。人孰無死，死須得所？孰不愛生，生無一可。當生而生，當死而死。嗚呼薛君，鑒茲清水。

謁薛爾望墓文

（堂課正取三名）

張　璞

嗚呼！寒潭千載，薰汨羅之椒蘭；青山一邱，宿首陽之薇蕨。有明諸生薛君，吾滇之幽居者也。道不物偶，禮以德清。汲流乎舊巘，葺宇乎家林。而逢辰有缺，見鄉國之淪胥；鼎革驚聞，悲綱常之殄絕。君乃率家屬，誓以同死。訪懷沙之淵，得捐佩之浦。指澄波以爲歸路，盡室同沈；借白水以明素心，貞魂不滅。此所謂甘爲蘭摧玉折，不顧薄分文榮者也。悲夫！悲夫！

當夫明季不綱，三靈震蕩。虛劉爲九邊之域，浩劫連六詔之區。彌天毒燄，甚大槍青犢之羣；卷坮斜殘，盡嚼鐵銜刀之類。豕喙噓而廬野罄，獒牙磨而血肉飛。人遺賣玉，鬼妾充狠頭之娛；尉等摸金，殘魂哭齚跳之塚。其間戀則或殘，結纓克義。裹馬革而還葬，委犀甲以填溝。與夫軛上青髮，刀邊碧血；漬衣漳水，攜手漢陽者，天下儘多其人。若先生者，一介書生，既無睢陽守城之責，未歷厓山負主之艱。即或避地深山，優游卒歲，遠法陶靖節之不受宋徵，近殘顧亭林之不忘母訓，亦奚不可者。而乃誓殉殘軀，並斬宗嗣，蓋謂食毛踐土，二百餘年之國恩，履潔懷清。一家七口之生命，之死靡愿！所爲極難，亦以愧世之靦面新朝，貳心故主者矣。

兹則蛻骨一堆，祔荒之壞土；龍湫千尺，照過客之鬚眉。碑表苔侵，松楸岑寂；野狐嗥月，怪禽吟風。安得躅近墓五家，如信陵之食報；申樵蘇一禁，並柳下以齊芳。後學望古遥集，歐唯當哭，爰進來些之辭，敬酹明潔之魄。

卷四　賦

宴桃花園賦 以"二十一日宴桃花園"爲韻

（崧督憲課正取一名）

李　堃

日麗風和，榮殊寵異。宴式鈞天，園窺禁地。液池人柳，已破曉而猶眠；露井仙桃，正酣春而如醉。睠此良辰佳景，畫想接三。況茲美酒名花，難真并二。有張仁願者，夙裕龍韜，尤工雅什。當突厥之驕橫，如朔方而綏輯。遂乃規畫山川，經營塞邑。鷺堞連延，狼烽戢旾。不必漠南奪地，論功已千古無雙。況兼河北築城，議守則一夫當十。惟是久滯邊關，每懷宣室，勞敢云施？職當來述，望雲扆而泥首；曉露零漢，聽天語而傾心。恩膏洋溢，謂將賜宴，纍酒觴由百而千，詔許看花。

惜春色去三之一，帝乃幸桃花園而宴之焉。車乘雷殷，旌旗霧出。樹拂星旒，林傳天蹕。香霏鵠玉，黃門斂帝子之珍；彩映貂璫，青鏤簪侍臣之筆。望芳叢而庉止，蓋若屯雲；盻法駕之遥臨，花皆向日。爾乃降金輿，御綺殿，列猩屏，開雉扇。命彝斝之羅陳，更鼎鉶之迭薦。獻酬勳麟閣之勳，陪奉集鳳池之彦。九華笑語，如賡《杕杜》之詩；千葉敷榮，不數櫻桃之宴。

時也朱英絢爛，絳樹周遭。迎風作態，裛露含膏。移近御筵，光流几席。收歸吟管，豔溢鄭毫。辱承翠輦時來，與子飲酒；定是玉衡謫降，散而爲桃。既而尊停醉月，札給裁霞。賦無言之逸致，寫銷恨之奇葩。秘殿昭容,最工評隲;内廷李嶠,亦擅才華。事極風流,儘可伏青鋪視草;吟非競病,何難教墨海飛花?

我皇上體元宏化,憲典流恩,茂對勤而芸生咸暢,眷顧渥而芝綍皆溫。遊擬《卷阿》,惟賡周雅。居如衢室,閒酌堯樽。有時賞邊徼之功,或亦形圖充國。無事侈上林之盛,何須賦奏文園?

宴桃花園賦 以"二十一日宴桃花園"爲韻

(崧督憲課正取二名)

袁嘉穀

太華山西,有園特異。頓霧陰濃,麗風春媚。天無日而常烘,酒不仙而亦醉。賦物琢鶯花之句,書繭三千;宴臣賡《魚雅》之章,駕龍十二。懿矣唐宗,壯哉京邑!作錦繡林,邀冠蓋集。肇開元之韻事,羯鼓花催;步貞觀之清吟,雁行衣溼。爰仿武陵溪上,闢花徑兮三三;引得長安市中,唱花聲兮十十。上苑之光,仲春之吉,有灼者華,有蕡者實。東君之風信無愆,西母之仙葩相匹。最喜新紅成錦,鋪映大千。端宜大白賞春,釀來真一。

適有張仁愿者,朔漠勛成,西京朝畢。柳拂熊旗,竹吹鳳律。天子乃賜瓊筵,出瑶室,張雲幢,駐星躔。春晝長,香風溢,酒千觴,詩一筆。桃花依舊,笑二月之晴風;竹葉常新,醉三竿之斜日。

夫豈無細雨杏村,涼雲蕉院,邀月作陪,泠風稱善。珠舫飛處,花下人眠。金谷罰來,園中客倦。尚書紅杏,寫花韻於春箋;學士青蓮,開芳園之夜宴。抑豈無華林射馬,太液乘鼇。宴後苑而理連槐柏,宴司農而漿設葡萄。金殿産芝,漢家傳頌。玉津觀稼,宋帝浮醪。勤政樓高,雪冷御園之柳;未央宮暖,風開露井之桃。孰若

臣持武節，賓作王家；倚樹揩席，借花障紗？園簇芳而染雨，桃膩粉
而欺霞。昔日出車，憶別依依之柳；今朝勞使，歸乘泛泛之槎。臣
自愧曹景宗當歌對酒，君不同隋煬帝剪綵生花。

是宴也，花應笑語，帝有恩言。慰受降城之苦，慶有虞氏之尊。
近九重天子之顏，歡騰宴席；問十八封姨之信，春護花旛。何如鵲
侍經筵，堯舜錫恩於鳳陛；竊和鹿鳴宵雅，鄒枚失色於兔園。

張九齡《進金鏡録賦》以“百僚上壽，多獻珍異”爲韻

（崧督憲課正取一名）

李　坤

張文獻公，唐代皐夔。明皇望爽，竭智盡忠。康民佑辟，爲金
作礪。極輔相之宏猷，如鏡之瑩。悉廢興之成迹，際天子登朝受
賀。嵩呼亦願聞三，思古人伏闕陳書，庭實聊當旅百。

開元二十四年秋八月，星輝南極，口麗層霄。紫宸拜禹，黃屋
祝堯。集千官之紳佩，聽九奏之鈞韶。揮千金於後市，獻寶鏡於
中朝。儼如執玉而趨，不獨諧臣媚子；宛若奉璋而進，先從碩輔元
僚。獨文獻以爲金取其精，鏡因其朗。縱不亞於八銖，然祗涵夫
萬象。豈果乏夫軒銅，偏難照夫堯顙？君固顧其聖明，臣宜攄其
忠讜。不徇衆以爲同，試凝神而涉想。思乙乙其若抽，心悠悠以
孤上。

乃啟書倉，乃馳文囿。月牖披宵，風櫺展晝。摭古人往事，五
卷編成；期我后欽承，千秋節奏。録其所作，可以興，並可以觀。監
於先王必得名，自必得壽。因名爲《金鏡録》而進之焉。

義期洞澈，功竟刮磨。對茲眉宇，照及心波。等爲左右圖書，

驪在淵而獨摘。無論古今得失，犀然渚而同科。恐秦帝之亡金，其慮也遠；比太宗之人鑑，可寶者多。帝於是鑒其慮純，感其規勸；擬其象乾，命旋申巽。謂精如《道德》，居然論著五千；義比《春秋》，不必文成數萬。自來君聖，端賴臣良。不有家修，何能廷獻？惜乎鮮終貽誚，信古不真。天寶之年初改，開元之政弗循。春醉華清，不鑑周王之居巇；仙求蠫屋，不鑑漢帝之郊神。若斯色取行違，背九齡之序録；焉得久安長治？膺萬國之貢珍。

　　我皇上成憲克遵，前徽是嗣。運離照以臨宸，握乾符而制治。殫聖心之濬哲，鑑空衡平；仰皇度之温恭，金昭玉粹。所由輝光，新德裳垂。藻而治底，雍熙壽考作；人鏡占蓉，而士皆秀異。

蠟梅賦 以“玉蕤檀心兩奇絶”爲韻

（丁撫憲課正取一名）

李　坤

　　梅花破蠟苞含玉，凍雀飛來未忍觸。忽見坼開書數丸，東皇有信到溪曲。於時三泖湖邊，萬松山裏，雪霽驢來，煙凝鶴起。柳舒岸而苴黄，楓醉林而墮紫。聊暇日以詠梅，猶繁霜之封蘂。

　　爾乃天心漸復，山意衝寒。蜂房勻綴，犀粟密攢。羊枝珠可捋，蟬翼葉初乾。那便光風轉蘭蕙，已聞香氣襲柟檀。燭銷結淚，鈴碎懸金。粉嫌白浣，黛謝青深。風卷菊英紛冒樹，雲含薇露故飄林。依稀妝漢額，黯淡觸春心。聘卻海棠，鄰依篠蕩。那許頻偎，雅宜幽賞。際谷口之陽回，待峯頭之月上。冒薄冷以潛尋，逆清芬而獨往。竹杖一枝，芒鞋幾兩，則見麴塵舞地，桂屑塗枝。寒撩夕吹，暖透晨曦。羅衣黏蝶粉，芳跗染燕支。静女鉛華原自御，神仙萼綠未爲奇。歌曰：來記從真蠟，本與梅花別。不喚小黃香，蘇黃亦癡絕。

蠟梅賦 以"玉蘂檀心兩奇絕"爲韻

（丁撫憲課正取七名）

錢良駿

樹籠雲黃，英非萼綠。陽氣初回，春光未足。隴頭却寄蠟書，屋角頻燒蠟燭。正值歲逢伏臘，花鈴催擊垂金，不同雪滿空山，梅塢驚看戲玉。爰夫蠟梅花者，磬口流芳，檀心競美，香膩酴醾，豔羞桃李。竹籬茅舍之間，疏影暗香之裏。異種分來真蠟，海外移根，芳名合賜奇花，春前破蕊。時則蘿屋風緊，苔徑霜寒，煙疏護砌。雲凍壓欄，蕾初開而梁蜜，心巧孕以流丹。低橫北閣之枝，馨疑奪桂；高唱東坡之詠，板已敲檀。

於是堂開白玉，枝亞黃金。蝶僵古幹，麝裊疏林。伴籬邊而韻古，窺竹外而雲深。密簇蜂房，抱蕊常依日腳。例煩鶴守，耐寒更見天心。別噴幽香，足供清賞。紫塞春回，黃昏月上。蠟炬燃兜率之宮，蠟珠散牟尼之掌。也共蠟賤寄遠，時贈一枝。應思蠟屐尋芳，著殘幾兩。

彼夫千樹萬樹，南枝北枝。九英擷秀，十月凝姿。傲冰霜而鍊骨，倩鐵石以敷詞。紙帳名妻，和靖歡偕匹偶；華胥入夢，羅浮豔羨神奇。未若此色相全殊，丰姿遠別，荳蔻齊芳，雪霜共節。然而龍泉亦擅千株，驛使未邀一折。徒使味同嚼蠟，奇葩竟掩炎荒。會須鼎佐調梅，異品自當超絕。

翠湖柳色賦以"春風綠上酒家樓"爲韻

（林藩憲課正取一名）

楊壽昌

紅橋煙鎖，紫陌塵皴。韶光欲老，風物傷神。剛逢柳絮溪頭，楊翻錦樹；又見柳陰路曲，鶯結芳鄰。杏雨連天，苦戀良辰美景；桃花流水，最憐無計留春。

滇之翠湖者，三篙浪活，十頃波融。煙巒列障，水榭凌空。碧絮池塘，恍遇明湖於歷下；綠楊城郭，宛瞻春色於洛中。偏宜縱棹橫琴，舟臨芰浦；恰好憑闌吹笛，香送荷風。則有佳士軼塵，名流如玉。擅張緒之風流，具嵇康之歟曲。幾日色分旗影，鳳尾毫拈；何年色染衣香，霓裳譜續。似唱渭城朝雨，傍客舍而垂青，如經板渚隋隄，射春波而競綠。

更有都尉閒居，將軍退養。欲折柳以事戎行，因植柳而勞冥想。樹猶如此，顧柳質而心驚；時不再來，盼柳營而神往。何地碧漪亭啟，一碧無情；誰家青瑣門高，連青直上。

又有傾國名姝，空閨少婦。或興吉士之春懷，或望征夫於日久。夢醒翠被，目窮水面花風；妝罷翠樓，腸斷陌頭煙柳。且喜玉鉤斜捲紗窗，裁詠雪之詩；那堪金縷歌殘綺席，醉惜春之酒。當夫番風吹懶，遲日光斜。依依屋角，裊裊水涯。湖面陰清，色麗風前槐蔭；湖平絮撲，色爭雨後梨花。試聽紫燕聲中，遊人按曲；每憶青鵑啼處，旅客思家。

嗟乎！光陰可惜，日月如流。關情韶景，觸目春愁。昔時風雨六橋，蹤迷越嶠；此際煙花三月，夢斷揚州。會看隄滿綠陰，走馬試化天之蠻；何若樽開碧醞，觀魚來水國之樓。

翠湖柳色賦_{以"春風綠上酒家樓"爲韻}

（林藩憲課正取三名）

李 堃

阮公隄畔水生鱗，染得隄邊樹樹新。無怪當年營號柳，千條管帶一湖春。朝煙甫散，初日微烘。萍剛襯紫，塵未沾紅。羃長絲而拂露，驚飛絮而蔽空。潤因裹露，弱不禁風。濃欲失夫午晴，景倍妍於晨旭。嫩苑糝夫黃金，碎疑裁夫蒼玉。林擁寺深，陰隨路曲。壓鬟影而堆青，映衣痕而疊綠。暮靄漸蒼茫，斜暉猶炫晃。閒登菜海船，合署蕉天榜。簾共草而來侵，階引苔而直上。

爾乃雲起峯頭，雨來湖口。纖罷鶯兒，喚聞鳩婦。漲添桃水兩三篙，響遞蓮塘數十畝。莫不眼墜珠明，眉垂黛黝。嬌若浴池，醉於中酒。小橋流水路三叉，生翠叢中白板斜。遙望枝頭帘颭處，螺香薦酒説曹家。曹家非復舊糟邱，一曲黃驄感昔遊。記得東風倚笛坐，無情碧過水明樓。

翠湖柳色賦_{以"春風綠上酒家樓"爲韻}

（林藩憲課正取四名）

梅 森

煙痕點翠，波影翻銀。密雲布乍，頓雪飛新。觀魚之地，洗馬之津。條長條短，或屈或伸。臨湖一望，莫不生春。裊裊兮日融，石橋兮路通。晨光露碧，晚色霞紅。青分釣艇，綠惹游驄。不知蓮寺，疑是漢宮。燕已歸而仍起，鶯如西而又東。罨鴨頭之泛水，受羊角之飄風。

若夫霪雨霏霏，寒烟續續。游目騁懷，高瞻遠矚。客舍人稀，龍池路曲。淚粉凝而眉顰，珍珠壓以腰束。枝復枝兮鬱黃金，葉復葉兮妝碧玉。年年春社老青，處處清明幼綠。

至若氣爽風和，天高月朗。長烟一空，羌笛半響。黛色朦朧，清光蕩瀁。映蒼靄兮還非，拂碧雲兮似仿。影欲碎兮鳥驚飛，枝忽低兮漁搖槳。遮佛樓於有無，隔螢燈而下上。

則有羈旅之人，宦游之叟，蹤跡定無，遠鄉何有？往矣依依，歸與否否。睹茂樹之重新，悵離家之已久。英雄壯志消磨，大好春光孤負。莫不觸景傷情，攀條在手。散千種愁，進一杯酒。

別有閨中少婦，樓上嬌娃，乍醒午夢，初試春襟。珠簾半捲，雲鬢橫斜。忽見湖邊楊柳，怕看架上菱花。時將纖手，載按銀牙。淚盈翠袖以太息，目注綠條而咨嗟。悔教夫婿作客，致使女郎無家。爰為之歌曰：碧漪亭畔水悠悠，不識長亭有別愁。春滿翠湖無箇事，閒飛弱絮撲層樓。

讀書萬卷不讀律賦 以“致君堯舜終無術”為韻

（全臬憲課正取四名）

李 堃

蘇文忠公學貫天人，才兼政事，奉周孔為先生，鄙蕭曹為俗吏。思從簡策，尋來康濟之方；不信桁楊，能佐平明之治。束學官於蝸舍，當年聊示嘲訕；繫刺史於烏臺，此語亦遭文致。

憶自熙甯癸丑而後，荆公居汴，潞國如汾，設法科之是亟，興律學而孔殷。徒流斬絞之書，人皆知誦；鍛鍊周內之術，士已飫聞。俗變敦厖，廢閣六經四史；風趨峭刻，瓣香鄧析商君。惟弟子由塵中皎皎，人外翛翛。部惟親夫甲乙，吼不聞夫夙宵。屋縱打頭，氣仍奇倔；雨常注面，神更孤超。如上尺書，臣已誦言比朔；不持刀筆，人誰錯料同堯？德匪難於必行，罰匪難於尚信。惟是讀《呂刑》而念哀矜，讀《周易》而思明慎，讀《典謨》而恤五刑，讀《官禮》而嫻三訊。守千古聖人之訓，何難儷淑皋陶；無五日京兆之心，詎至見輕絜舜。以故專求淹博，恥務鞫窮。屏科條而不顧，置格式而不攻。五冊農田，勅宣景德；卌編刑統，制定建隆。任卷軸之等身，視而不見；偶文書之遮眼，鮮克有終。

蓋惟深知本務，厭逐末圖。欲閭閻之無訟，須庠序之崇儒。豈有申韓，堪伯伊而仲呂；苟非稷契，孰毓夏而孕虞。果爾好古敏求，聚五車而備探《七略》；自然明刑弼教，輔九陛而肅奉三無。然而論快當時，獎滋後日。吏不知書，官傭讀律。下帷人夥，曾肄墨裁。入幕賓稀，難揮丹筆。固由誦東坡之句，以文害辭；能毋騰子孟之識，不學無術。

讀書萬卷不讀律賦 以"致君堯舜終無術"爲韻

（全臬憲課正取六名）

袁嘉穀

先聖立言，後儒從事。歗經緯權，屬刀筆吏。步戰國之申韓，躋聖門之由賜。擔作楫作霖之任，問客何能？幸希賢希聖之身，事君能致。異乎所聞，蘇子云云。

人驅歧路，吾富多文，鶡雖悲乎禽網，鶴若混於雞羣。將直言以正新法，姑隱語而諷元勳。詩戲子由，接武勵東方之品；書尊甲部，右文祝西漢之君。有書疊疊，共讀超超。博學而說，德音孔昭。牙排籤而記日，燈灼蕊於清宵。功多者萬卷有神，杜老足誇於韋大;年少者一行作吏,周昌終笑夫趙堯。

爰有律焉,案牘之師。國家之信,手上下而多遁詞,罪重輕而設疑陣。一編日守,如挾丈矛。六月霜飛,不操寸刃。何須口誦,學卑於范、蔡、蘇、張;豈有心傳,道反乎禹、湯、堯、舜。顧以愍焉今日,渺矣古風。懸書鏡朗,執法山同。士不解《春秋》斷獄,吏猶能晝夜勤功。注律百篇,鄭高密旁通經術;功人千古,蕭酇侯允諡文終。然而防民固峻,宰世多誣;利歸猾吏,害過鴻儒。九章中豈少謨猷,偏靳謨猷於氓庶。三代後不聞封建,獨傳封建之胥徒。倘教辨兩日是非,未知可否;何若課十年學問,早識之無?

我聖朝幪蔭太平,衡平畫一。家有藏書,錢難潤筆。掃隋律之小乘大乘,習孔書於柔日剛日。秀才以天下任,他年展布乎手。柯宰相須讀書人,庶政歸原於心術。

火輪車賦有序

（鄒皋憲課正取三名）

錢良駿

國家自通商以來,泰西各國均以技巧爭長,水行則有輪船,陸行則有火輪車,皆創千古未有之奇。而滇南僻處天末,遠界荒徼,無論輪船所不能到,即輪車亦將摧輪而折軌。誠天險之雄邦,為國家西南一大屏蔽也。今則法噬越,英踞緬,眈眈虎視,日逼強鄰,況鐵路將開,輪車之電發飆馳,瞬息之間,將遍穿九賧而通六詔。

雖朝廷懷柔遠人,駢幪閫外,然英法蝎虺居心,豕蛇成性,有心時勢者所宜先事而預防也。今既以"火輪車"命題,雖非專指此事,然賈生年少,動多《桑土》《陰雨》之詞;杞人憂天,亦有履霜堅冰之戒。爰本斯義，綴成此賦。其詞曰：

惟泰西之技巧，逞奇異於坤維。緬奇肱而闡祕，撫椎輪以搆思。乘汽機之鼓盪，噴水火之相宜。既波譎而雲詭，亦電掣而星馳。聲轔轔其雷吼，燄烈烈其烟隨。利引重以致遠，視履險其如夷。始輻輳乎海外，繼跨越夫邊陲。仰聖朝之輯撫，假互市以入之。爾其飛輪裹鋼，奔軌鋼鐵。馮夷助其開闢，祝融資其轟烈。鑿天臍而山崩，穿地肺而石裂。賁育見而勇怯，輪般覩而技拙。亘萬里之縱橫，通九州之懸絕。信中外之奇觀，陋指南之故轍。

若夫百貨山積，頒斌從萃。曠如居廛，奧若列肆。金支翠羽之奇，大貝明珠之類。名香來波斯之域，寶刀載日本之利。璀璨殊異者，駢由塞軌；光怪陸離者，鱗集麕至。莫不利捷速以戀遷，爭挂轊而攘臂。至於風行電邁，岳撼山奔，若轟若戰，若吼若喧。或速踰飛鳥，或矯過捷猿，或朝發而夕至，或南轅而北轅。歷都邑於頃刻，忘瞑晦於晨昏。自津沽而發軔，將瞬息達夫帝閽。

徒觀其轉輪節漕運之力，輦載恤雨雪之程。謂事倍而功半，更富國以强兵。豈知魑魅欲逐，猘猶性成；嶠島之氛日熾，溪壑之厭難盈。儆假塗以覘覦，實欲恣其橫行。類甘松之易市，刑白馬以爲盟。况滇南粵蜀門户，荊楚上游，金沙石門之險，蠻煙瘴雨之陬。而乃羯胡有思，奮風塵之慮；阿犖有潛，窺府藏之憂。欲洞山而穴嶺，復隨得而蜀求。穿鐵輪，亏僰道，挾蠶食之奸謀。若藩籬之不固，慨釜魚其將遊。

然而易垂設險之戒，詩重脫夷之誅。况炎荒之勁旅，久控矢而張弧。據黑水爲天塹，控蒼嶺之雄圖。奮當關之一卒，殪綠眼之萬夫。諒輪車之迅往，亦深入而勢孤。縱雲屯而雷動，難直入以長驅。宜繆綢於未雨，勿築室而謀塗。堅壁壘於六詔，紓九重之廟謨。庶華戎之限立，任蟻集而鼉趨。

漢文帝歎不得廉頗李牧爲將賦

以"尚不如頗牧之爲將"爲韻

（英糧憲課正取一名）

李塈

漢孝文帝上理咸臻，皇威載彣；攻非盡以蠻夷，治不同於馬上。擬學宣王耀武，我戎以脩；須得方叔典兵，其猷克壯。聞寺人之論將，每懷代北李齊；悔法吏之舞文，輕棄雲中魏尚。

蓋當是時，玁狁氛狂，朝那塵坲。燕人說猘犬反狗，回中宮譆烏飄欻。戈揮北地，一都尉已蹈凶鋒；鉞授東陽，七將軍惜非魁崛。亦思爲高皇雪恥，報怨於大單于；恐難爲後嗣開先，拓邊至已程不。心欲平夫稽粥，言每憶夫高袪。思帥臣而非聞鼓，過郎署則必止車。

偶見馮唐，頹然已老。極稱頗牧，名下無虛。殆不亞於田司馬，豈徒勝失張相如？蓋其稱廉頗也，勇夫仡仡，良士番番。闞虎釋藺卿之隙，伐燕報昌社之戈。攻魏侵齊，功名烜赫。居梁適楚，歲月蹉跎。樂乘休來，雖殺身而何忌；趙人復用，蹈前烈而不顧。其稱李牧也，勇冠雁門，才高馬服。嘗示怯以安邊，每出奇以行戮。始滅襜襤，繼驅獫狁。南距衛衝，西迴秦扑。支韓地之偏師，拔燕城於信宿。走桓齮之不遑，遇郭開之不淑。身雖被以五刑，名蚤馳於九牧。

帝於是拊髀歎曰："有是夫！天柯誕粹，河鼓徵奇。建殊尤之勳業，著颯爽之英姿。虎視邯鄲，竟摧鄰國；鷹揚河朔，久靖邊陲。逝者如斯，鉅鹿戰睽乎後矣！我聞在昔，尚食監言未及之，惜乎人難再得，生不同時。望壽春而憑弔，顧趙地而馳思。儻獲二臣，並臨紫塞，定歌三捷，疊報紅旗。縱中行之善謫，即老上何能！爲我國家運際隆平，臣多勳望。撫寰海而鏡清，瞰四夷而棱抗。猶復治於未亂,育才武備之堂;安不忘危,置守匈歸之障。所由朱离向化,函夏無塵;行將赤兌同風,山西出將。"

天女城賦以"天女城高制五笭"爲韻

（興鹽憲課正取一名）

張儒源

九龍氛熸,百雉垣堅。風生巾櫛,警息戈鋋。垂芳名於六詔,彰戰蹟於千年。邊城收保障之功,鋒銷青犢;兒女吐英雄之氣,拓朱鳶漫。疑芬散瓊花,落當頭之香雨。誰識詩賡板屋,憑纖手以擎天。

天女城者,東晉遺基,南滇佳語。銅柱同標,金墉共許。制跋浪之鯨鯢,靖跳梁之狐鼠;溯鳩工於李秀,憑臨昆海之濱。錫鴻號於英流,羨豔將壇之所見。戲笑美人之戰肠斷痴。王家風開娘子之軍,首俱奇女□□□□。□□□□骄橫。狼貪性具,豕突心生。負孟獲好爭之氣,有夜郎自大之情。蓋瞻蒼鳥挺妖,卜天心之禍晉;遂據碧雞遠徼,爲戎首以稱兵。稔知海水羣飛,大地化羣胡内府;安見風雲萬變,窮邊留萬里長城。況復元戎溘逝,醜虜驛騷。少女翻持龍節,築城竟擬虎牢。任孤軍之作氣,奈群盜之如毛。雖磊石城堅,未必傾同哲婦;而彈丸城小,烏能坐制夷豪?

何期白纛提軍,苟崧女方之劣甚;始信墨缞却敵,孫翊妻無此功高。其攻城也,鳴角地中,懸梯天際。望眼穿而外甲不援,折骸爨而呼虜莫濟。穿楊技藝,反出香閨;細柳功名,尤當笄歲。一城擬夫人之號,壁壘森嚴;九天落玄女之軍,雷霆精銳。縱未銀麾益地,蹟同王母之呈圖;已曾金馬安疆,功埒洗姬之專制。

則見寇掃封狼,士逾虓虎。笑專閫之蕭娘,愧建牙之呂姥。鞭揮馬腹,炎嶠消塵。圖繪蛾眉,雲臺比武。奚羨天孫鬭巧,雲織錦裳;漫言女子從戎,聲瘖桴鼓。勝河北繡旗之女,臨陣無雙;似江東鐵甕之城,去天尺五。迄今山川如故,兵燹頻經。

客有過城基而神往,感祠祉而涕零。翠羽金支,宛遇洛濱景象;雲車風馬,長留滇宇精靈。已經天末銘勳,災消赤眚。幾比天威名逈,地闢青鈴。何時廟貌維新,祀神明於桑梓;令我詩懷彼美,感舊憾於榛苓?

天女城賦 以“天女城高制五苓”爲韻

(興鹽憲課正取二名)

李　坤

化牛石畔,來鶴峯前。古藤絡谷,老木繚煙。幾見神倉,雲堆粒玉;空餘故闕,雨潤苔錢。老父告余:此地曾重岡連阜,英雄有女,當年亦耀日熙天。

昔晉有天下之時,惠帝臨宸,李公守圉。歲屢告饑,人嘗憂瘼。未登二麥,虛占入夢之魚;不料五苓,竟效跳梁之鼠。最是亂來天醉,算奪我公劇憐。曙後星孤,閨遺弱女。木驢晝突,櫪馬宵鳴。軍無聲氣,陣有哭聲。詎意伶俜,披麻衣而領鎮;親提士卒,縉墨綏以典兵。代先臣竭犬馬之誠,孤忠報國;率我旅抗梟獍之族,眾志成城。風聲淒厲,月暈周遭,衰衰鐵甲,杖藉銀刀。無地指囷,久空禾黍。有懷饗士,盡刈蓬蒿,血泣師中,淚雨變殷紅之色;象垂天上,媧屋比太白尤高。

爾乃間出奇兵,頻施靈計。每批亢而擣虛,亦披堅而執銳。遂使豺虎戢威,貙羆奪勢。蔓草全除,苞桑永繫。不異平陽公主,關中震娘子之名;也如譙國夫人,闌外行將軍之制。

彼夫諸葛城高,盤瓠城古。岡頭環玉女之墻,佛頂作金剛之

172

堵。昌人載築，漢火方炎。蠻子是營，彩雲初覯。詎若斯名，儷襄陽奇傳典午。瞰昆海之擊水三千，冠滇山而去天尺五哉！迄今滄桑易代，陵谷殊形。星霜久歷，劫火頻經。海當門而尚碧，峯繞郭而猶青。弔南國之遺墟，滿目惟餘灌莽；望西方之彼美，愴懷故詠榛苓也。

白秋海棠賦 以"水晶簾外月如霜"爲韻

（李縣尊課正取一名）

李　坤

腸斷三秋，魂銷千里。花氣如絲，業根懺綺。羅衣薄而自憐，翠袖寒而無倚。怯長夜之如年，恨流光之似水。於時涼飆四偪，冷月孤明。雲墮階而乍碎，露著樹而初瑩。螢流點點，蛬䗿聲聲。訝芳叢之玉綻，飾鈿砌以瓊晶。數點誤霜添，冰鈿半縷纖。淚多連粉溼，唇結謝脂漸。柔質愁塵，離情恨兼。遲暮不須清暑簟，伶俜安得郤寒簾？悽煙苦雨之中，怨綠嘅紅之外。鉛華之御已慵，空色之禪早會。觸法無香，留仙有帶。願情種之長存，不冶容亦何眥？

昔之人到錦城，仙逢絳闕。夕采爭敷，晨葩怒發。鄭谷吟其勻顏，徐熙畫之没骨。時聞沈醉笑東風，幾見淒涼悲夜月。我之懷矣，命竟何如？景同蘆老，英共鞠舒。夢無痕而難覓，容已悴則易疏。素懷幸不昧，白帝儻知予，歌曰：

殊恩未敢冀東皇，獨抱秋心黯自傷。八月猶誇春色好，那知春色淡於霜。

白秋海棠賦 以"水晶簾外月如霜"爲韻

（李縣尊課正取四名）

袁　樸

碧月染脂石流髓，花寒夢暖嬌不起。起來傅粉姗姗行，生怕湘妃隨湘水。秋色平明，霜清露清。繡地空碧，綺園半晴。不夜常嬾，非春亦榮。淡淡仙人之格，瑩瑩天宇之晶。

爾乃絳雪未浸，白雲欲黏。醒非忘酒，妝不出簾。秋千院落，尺五茅檐。欄直枝曲，陰濃葉纖。憶夫九十韶光，海棠無賴；紅啼猩血，綠招蝶會。膩肌卷翠袖之紗，嫩影工彩筆之繪。莫不出風日中，超色香外。豈若秋雨朝霽，秋蛩宵歇？冷不關心，如若無骨。烟殘燭炬，塵謝羅韈。十枝五枝，八月九月。

歌曰：

蟋蟀唱庭除，秋花春不如。殷勤祝白帝，護爾午陰疏。花能解語，花亦斷腸。莞爾有答，黯然可傷。

詞若曰：

石崇金谷草蒼茫，當日海棠幸無香。倘教化身貯金屋，桃花顏色梅花妝。君不見柔線千條長，粉容誰共傲清霜？

白秋海棠賦 以"水晶簾外月如霜"爲韻

（李縣尊課正取五名）

錢良駿

屋角西風昨夜起，催開雪蕾墻蔭裏。玉容寂寞不知秋，佇立空垓月如水。爾其桐階鎖怨，苔徑含情。瑤臺別夢，金屋寒盟。質娟娟而欲嫋，淚泊泊其將傾。雜佩環而步緩，衣縞素而身輕。謝繁華於鉛粉，媲美質於瑤瓊。惟秋容兮澹雅，對秋宇兮光晶。時則蘿屋風緊，菊圃霜嚴。涼花媚薄，細朵香添。白蓮墜兮沈渚，白菊開兮對檐。歌白紵而情遠，送白衣而酒厭。晚霞烘其暈斂，朝露濕而花黏。豈繫思於金谷，羌含怨於珠簾。

　　若夫玉砌烟迷，雕欄雲靄；蝶抱寒莖，蛩鳴夕籟。淚不彈夫茜裙，塵豈淄夫縞帶？恨紅豆以相思，妬瓊枝其聊賴。粉黛既謝夫紅粧，護持何須乎羃蓋？羞眾卉其已衰，猶玉瘦兮墻外。思婦愁深，對此鬱勃。蹇修隔兮天涯，音信沈兮吳越。睇蔻蕊而神傷，灑檀心而淚滑。霜凝皎皎之容，露浥珊珊之骨。倩女望而魂銷，佳人簪而怨發。攬千緒於涼風，臨半空之皓月。

　　歌曰：

　　秋色上階除，秋花影自疏。盈盈冰玉質，寂處恨何如。

　　又歌曰：

　　秋去秋來幾斷腸，瓊姿搖曳殿群芳。華堂笑煞燒紅燭，獨倚莓苔著曉霜。

魏徵直諫賦 以李晟《慕魏徵直諫》爲韻

（堂課正取一名）

馬燦奎

　　唐太宗武治文明，政平訟理；英采逼人，眚災責己。漢高恢廓，何勞廷士之批鱗；魏武英明，奚賴忠言之逆耳？

　　回憶軍威壯肅，從民望以誅隋；若非帝德淵明，豈天心之屬李？后德既修，廷言奚競。有過相規，修詞宜令。呈《治安》之策，痛哭何爲？上《太賓》之箴，直陳則病。即令微虧主德，何傷麗日之光華？況其廣溥皇仁，共覩朝陽之明晟；且太宗神武，夙稱廷僚共懼。諫議惟繁，直言誰布？元齡國老，只陳開創之難；如晦群公，孰啟驕奢之悟？此所以龍逢激烈，廷爭之氣節難追；汲黯戇愚，面折之手裁堪慕也。

惟魏元成者，磊落胸懷，激昂意氣，苦諫相尋，極言不諱。獻陵秋草，凝眸啟孝帝之悲；春殿落花，正色奪辰嬴之貴。不學茅焦，譎詐術播西秦；直同古弼，忠貞名高北魏。與人作鏡，引木從繩。言堪勒石，心亦如冰。出宮女之三千，犯顏不顧；緘封章兮百二，觸怒何曾！顧嫵媚而鐘情，聖主之腹心可託；處嫌疑而混迹，良臣之事蹟堪徵。

惜乎君慕唐虞，臣心契稷。隱念方奢，宸衷頓刻。屏幃金粉，十條之字蹟猶新；廬墓蒼煙，百丈之碑文竟踣！可惜聰明天子，猶負忠貞；致令謇諤元臣，枉稱正直！迨其後怒息長鯨，恩回冥雁；肝膽莫輸，股肱足患。昭陵人古，雞窗之諫草未焚；御殿春殘，鳳闕之諫章非贗。斯又邊疆市馬，西域思柔遠之經；內府造綾，北門憶防農之諫者也。

卷五　詩古近體

滇中懷古 七律四首
（丁撫憲課正取一名）

李　坤

盟蠻臺

一泉斜抱一臺孤，丞相盟蠻事有無。但得大名垂宇宙，詎惟遺跡徧夔巫。龍關雲氣籠山徑，魚腹江聲打陣圖。閫外威騰千載下，公才真不忝夷吾。

思召堂

苴蘭作鎮擁旌旄，南顧無憂帝枕高。略地奇功齊潁國，安邊名將繼韋皋。原看鳥盡弓猶在，池靜鯨吰水不濤。何待升堂歌蔽芾，柳營棠樹已如繅。

宸章閣

昆明圖版入燕京，中慶初開早易名。無事尺書招贊普，有時溫詔答宗英。大文飛白璇宮出，傑閣流丹泮沼縈。異代猶聞人護惜，不教風雨蝕雕甍。

湧月亭

孤亭四面雪千堆，秋霽登臨亦壯哉！鯨浪欲浮高閣去，鮫宮時獻夜珠來。光聯南極清無滓，勢泊西山往復回。天地靈奇原自閟，發揮勝概亦須才。

滇中懷古 七律四首

（丁撫憲課正取二名）

袁嘉毅

盟蠻臺

虬龍漢柏五雲開，下有荒臺剥古苔。羽扇拓邊三國季，金刀扶運百蠻來。朱鳶帖耳輸賨布，白馬盟心奠酒杯。丞相天威傳異代，豈徒軍壘見奇才？

宸章閣

胡貉雄兵渡革囊，益州文化責宸章。彩雲萬里輝中土，琳閣重新感後王 明沐黔甯王晟重修。星拱南山金馬壯，風追東漢白烏祥。登高莫騁才人賦，經籍誰窺數仞墙 閣在文廟？

思召堂

華山松柏老雲秋，化作甘棠召伯留。藩有西平文濟武，憂無南顧子封侯。錦堂荒土花猶泣，白石寒風水自流。鎮府遺編休太息，金蟬寺裏壐書愁。

湧月亭

南滇巨浸倒流東，帝謫姮娥下碧空。一夜笛聲吹海外，萬山秋色擁亭中。魚龍夢醒珠光逼，楊柳陰寒水氣濛。呼到芳樽醉明月，浮家何事羨漁翁？

滇中懷古 七律四首

（丁撫憲課正取三名）

張儒瀾

盟蠻臺

諸葛當年盟獲地，至今臺上草葱蘢。羨君擒縱功稱首，嗟我登臨恨滿胸。久慶蠻荒歸版籍，忽聞鯨浪没藩封。西南遥望空垂淚，何處青山有臥龍？

思召堂

高堂静坐動遐思，儒將風流亦可師。百戰兵威平洱海，千秋水利浚滇池。白楊東郭咸陽墓，烏柏華山蜀相祠。一樣甘棠留六詔，至今憑弔不勝悲。

宸章閣

凌霄傑閣泮池東，登眺難忘太弟功。玉斧如師前代劃，車書知是幾時通？梁王殿宇悲荒土，沐氏園亭變梵宮。畢竟南方常向化，宸章終古鎖樓中。

湧月亭

華浦間亭傍畫樓，十年重到不勝愁。一聲笛罷山銜日，萬頃金浮月滿洲。蒙設元明悲逝水，東西南北似輕舟。憑軒無限滄桑感，不共門前月影流。

滇中懷古 七律四首

（丁撫憲課正取五名）

袁嘉端

盟蠻臺

荒臺百尺蘚花侵，丞相天威峙至今。大會群蠻牛執耳，名言千古馬攻心。渡瀘苦節酬三顧，伐魏先聲兆七擒。關嶺有人尋漢柏，嘯風常訝赤龍吟。

思召堂

西山古柏鬱青蒼，何處尋來召伯棠？武將能文留翰墨，元勳有後繼詞章。田疇政績僑遺愛，梁益謳歌葛競芳。一樣去思傳萬古，南天雲彩煥朝陽。

宸章閣

五華山腋亙星光，問是元朝帝澤長。萬里雲邊輝學校，重樓天半煥宸章。政寬異姓封金券，武偃雄風易革囊。家有賜書欽聖代，名臣多少賽咸陽。

湧月亭

蛟龍鼓浪夜風腥，水與天爭月滿亭。羅漢臂拖千丈白，美人髮映一痕青。芳洲草溼波生霧，玉斝春濃酒漾星。輸與大觀樓上客，聲聲吹笛入蒼冥。

宸章閣

（丁撫憲課正取六名）

孫文達

一閣昂依宜聖宅，宸章珍重溯皇元。盟藏鐵券王千里至元間，皇子忽哥赤爲雲南王之鎮，賜鐵券，佩賜金符帝九閣帝以張立道爲勸農使，詔佩金符。妙算君臣憂緬甸法烈，西域人。世祖時，擢僉緬中，行中書事。頒詔於緬，宣布威德。緬王遺子入貢，精忠父子悼花門瞻思丁父子相繼治滇。綸音那似龍池上，桃李春風雨露恩。

滇中懷古 七律四首

（丁撫憲課正取七名）

錢良駿

盟蠻臺

不毛深入未經年，禽縱何無片石鐫？一自攻心紓妙策，務傳歃血到窮邊。天威豈必勞刑馬，地瘴從來欲墜鳶。浪説荒臺蠻草木，南征曾護漢雲煙。

思召堂

太華峰翠落檐楣，蘚剝苔荒有所思。一代雄藩歸沐浦，百年遺愛浚滇池。河山異姓留棠蔭，祠宇高秋舞橘枝。時倚盡忠樓上望，黔甯疑案古今悲。

181

宸章閣

苴蘭裂土並分符，鸞鵲天書出上都。北望塵封金玉檢，南荒雲擁霸王圖。歌傳鐵立蒼山老，恨灑銀濤白石粗。畢竟泮林鐘鼓地，元家遺蹟未全蕪。

湧月亭

孤亭全覽湖山勝，持節曾邀畫舫來。白浪幾層翻鷁艇，青峰數點送螺杯。誅茅僧去階侵草，勸稼人稀徑滿苔。獨有一輪昆海月，夜深依舊照崔嵬。

湧月亭
（丁撫憲課正取十八名）

席聘臣

白蘋洲外綠楊汀，地斬蓬蒿此建亭。幾杵疏鍾聞雨霽，十分明月喚人醒。煙拖海氣運城白，檻挹波光入座青。絕好登樓吹玉笛，深宵時湧魚龍聽。

二月十九日雪中看龍泉觀海棠花
用東坡《定惠寺海棠詩》韻
（林藩憲課正取一名）

楊壽昌

龍泉梅柏千載木，造物鍾靈生使獨。海棠亦自抱孤芳，匿迹空山絕塵俗。我來正值春雪霽，照眼雜花滿谿谷。忽逢絕艷出琳宮，不羨阿嬌貯金屋。檀心何畏曉寒侵，玉骨已經春雨足。魏徵縱覺饒嫵媚，崔浩詎必富肌肉。高格信是梅花偶，不作異香更貞淑。杜陵遺老獨無詩，浪說母名堪捧腹。臭味合契幽谷蘭，清品宜蔭小齋竹。星星雪片着疏枝，點綴瓊花紛滿目。生材自古不限地，佳種豈定來巴蜀。小詩聊解子瞻嘲，非襲陳言類刻鵠。雪消日晡欲返駕，鐘磬暮天聞法曲。春睡何日春夢醒，勝地風光忍頻觸。

前　題

（林藩憲課正取二名）

袁嘉穀

龍泉觀高壓林木，唐梅一株天使獨。冬雪催我探梅花，花是古香不媚俗。緊我耐冷花共寒，不願溫氣吹黍谷。豈期天亦知我心，海棠開時雪滿屋。踏雪遠來作花主，瘦馬不車酒不肉。花光灼灼懶向人，知是春陰睡未足。濃妝有態洗妖艷，頓枝無力倍嬌淑。最難雪師助凝脂，雅宜梅婿卧坦腹。吁嗟古今神仙侶，淵明晚菊子猷竹。誰得占盡海棠花，神仙合兼名士目。羅隱詩卑空植杭，杜甫詩已枉遊蜀。矧我縱傅卧雪風，有詩毋亦誚刻鵠。天南雲窟彩雲湧，競奏陽春白雪曲。相邀退坐梅樹下，春夢宛與冬景觸。

前　題

（林藩憲課正取三名）

李　堃

玉笙山暖富花木，嬌艷天縱海棠獨。梅謝自知不入時，茶釁終慚未離俗。微微春雨過林皋，冉冉晴雲起巖谷。有帶何愁留絳仙，無香也宜藏金屋。粉憎太白脂太紅，燕與其骨環與肉。託根世外詎干忌，那知好景多不足。乞陰人既慚護持，含姿天亦妬嬌淑。滇池粵嶠古炎徼，隆冬幾見澤乾腹—作"堅腹"。東風忽地吹雪來，若有希聲逗修竹。竹中臥者寒易驚，起探萬奇豁雙目。匪憶安道宵泛剡，恍遇相如病居蜀。文采滿身不自庇，當路乃爲眾射鵠。念子猶懷萎絕傷，微我誰爲懊惱曲？細思生滅皆有天，花尚無言況根觸。

前　題

（林藩憲課正取四名）

梅　森

素華非草亦非木，天公玉戲娛幽獨。清光冷艷無點塵，宜詩宜畫不宜俗。阿嬌仍是碧雞坊，神仙又遇丹霞谷。水晶世界七寶成，季倫空爾有金屋。龍泉福地託靈根，避囂多爲鄙食肉。山林寂寞自怡情，城市紛華久絕足。一睡朔風吹不醒，乘醉楊妃遜女淑。偶呼宋柏定知心，或許唐梅偶坦腹。是誰昨宵上綠章？好句還當續黃竹。我亦少年白眼多，今日爲君一青目。古來何地不生材，嘉種豈惟秦與蜀？驥非孫陽困鹽車，燕雀安識摩天鵠！世已久無蘇長公，孰爲重譜《陽春曲》？同含心意未能伸，相對默默百感觸。

前　題

（林藩憲課正取五名）

季　珅

東皇作意試榮木，兀傲不容山梅獨。黑水祠邊盛海棠，生近瑤臺本不俗。林檎圻苞初攢樹，柳絮漫空漸填谷。小謫神仙離絳宮，應飾洞天作玉屋。風落空枝更發藥，丹糝枯階復被肉。方幸春濃醉稍解，莫嫌夜冷睡難足。王恭豪態豈能無？袁安高節若私淑。城中有客最惜花，祈雪悔嘲蛇醫腹。生恐零墮逐殘茗，不恤跋涉策枯竹。環潭彳亍泥印趾，入門俯仰光炫目。朔飆凜凜恍遊洛，香霧霏霏忘思蜀。羨君衣錦復尚絅，顧我白袍如立鵠。語柏新訂寒歲友，援桐莫鼓歸春曲。峭寒勒住花正多，詩人何用輕感觸。

前　題

（林藩憲課正取六名）

錢良駿

龍泉觀裏擅花木，宋柏唐梅出幽獨。別有海棠弄天姿，紅霞明媚超凡俗。錦幬疑罩香霏閣，繡幄如張石崇谷。沈醉太真舞玉垓，絕艷阿嬌貯金屋。絳紗紅袖小窺眉，冶色春光半凝肉。誰知六出布飛花，春睡未醒冬寒足。樓臺萬樹瓊瑤天，奇境休嗟遇不淑。花朝曾記閱三日，滕六何事出山腹？絳雲潔似千樹梨，醉態頓於數竿竹。惜哉此景限南滇，未得髯蘇一揩目。倘教繪圖播奇觀，詎許名花擅西蜀？春衫忽曳霜裘輕，五老峰前如立鵠。嗟予年年事游覽，短笛長吹落梅曲。不圖妙境偶得之，嫣然一笑添感觸。

前　題

（林藩憲課正取八名）

袁嘉端

朝日何遽隱若木，四望寥天我行獨。舊交忽憶龍泉梅，花韻久疏骨變俗。豈知人變花亦變，羅浮山已化金谷。海棠三枝兩枝花，掩住山中處士屋。淺抹春烟碧無迹，斜倚石枕紅生肉。斂香不引蝴蝶群，嬌色留印蝸牛足。天公養花知客意，恨未月夜看清淑。特遣晴雪代明月，林背一白接山腹。冷推西澗三寸冰，重壓東檐幾竿竹。我愛看花兼愛雪，對雪賞花豁醉目。石苗薔薇艷東平，紫錦杜鵑炫西蜀。誰較海棠到天南？毋乃燕雀比鴻鵠？梅花碑下酒正暖，高歌愧非白雪曲。且飲花前耐春寒，莫向世俗爭蠻觸。

前　題

（林藩憲課正取十名）

吳　琨

滇南地僻少花木，閉門何以慰幽獨？老龍飛起噴流霞，萬花如海湔塵俗。亭亭靜立珊瑚姿，酷肖佳人在空谷。放翁老去遊樊亭，季倫不復貯金屋。何人妙筆生春風？點綴臙脂勻骨肉。造物忽然幻奇觀，驚起玉環春睡足。寒風凜冽捲雪飛，雪裏看花更清淑。恍惚冒雪尋梅花，騎驢繞徧山之腹。忽睹梨雲千萬株，冰姿冷艷倚修竹。須臾雪落花亦落，幾使遊人眩遊目。自比秦觀解題柱，却笑杜陵枉居蜀。世人呼我海棠顚，那許燕雀知鴻鵠！踏雪下山發狂歌，老龍驚避水一曲。爲告老龍莫吾嗔，吟興年年被花觸。

雨中華亭寺看杏花 用遺山《荆棘中杏花詩》韻

（林藩憲課正取二名）

袁嘉毅

一枝紅艷墻外斜，一枝墻内新抽芽。一枝嬌媚韻欲滴，如美人妝清且華。朝朝暮暮容膏沐，赤石妬殺天爲嗟。嗟爾弱質量無力，爲漏釀雨滋酥花。太華山色襯花色，古寺深藏春有涯。明月陰冷纖塵絶，只有竹柏供僧家。不知何從得此杏？疑是董奉亭仙車。攜杏墮地不再拾，發花自引仙雲遮。年年含愁二三月，班姬歌扇文姬笳。今春喜意戀愁態，競吐絳雪吞黄沙。尚書佳話未免俗，枝頭春鬧争相誇。我歌春静杏花笑，雨晴寺外啼歸鴉。

前 題

（林藩憲課正取三名）

李 堃

華亭俯瞰滇池斜，雷未驚蟄山木芽。聞道曼陀最蕃茂，九賧六詔空春華。入寺碎錦紛墮地，枯禪不恤遊人嗟。就林席地藉芳草，窺園略見紅杏花。地僻得此興不淺，雨來共惜生有涯。我憶長安二三月，絶艷多歸豪貴家。樹底雲簇花蠻檻，道中水流金犢車。微颸徐度寶旛護，陰雲纔起油幕遮。當筵争唱伯生句，歸騎勝擁襄陽笳。急雨横衝幾拂席，淜中地上皆緇沙。滇山狼藉承殘茗，羈臣放士終足誇。開齋餘苞更怒坼，留詩慰藉牆塗鴉。

187

前　題

（林藩憲課正取五名）

李　坤

　　曲江江上東風斜，新柳初荑新草芽。丹杏濺濺剛破萼，依林開宴皆國華。天葩不容凡眼觸，青衫兩度空咨嗟。歸臥故山守松菊，微聞古寺多春花。不能忘情聊復爾，一棹徑泛滇池涯。入門撫樹三歎息，嬌貴不稱寒素家。擬慰仙雲泛霞盞，忽飛凍雨驅雷車。松濤激撞竹簧舞，那有重幕來周遮？坐看文錦委泥滓，漸聞粥鼓催城笳。我生百事多忤意，偶尋一快同炊沙。造物弄播疑有造，非材深戒輕珍誇。他年幸借上林樹，看花鳴玉驚宿鴉。

前　題

（林藩憲課正取十名）

吳　琨

　　山石嵯峨山徑斜，山中草木生萌芽。攜筇入山轉復轉，忽見丹杏爭春華。噴霞滾雪艷奇絕，詩客對此空咨嗟。憶我屢遭俗眼白，廿年辜負長安花。古寺尋春亦偶爾，猶逢煙霧迷天涯。山雨欲來風亂吼，繪景難倩丹青家。雨打杏花花如雨，繽紛花雨埋香車。此時看花更愁絕，美人恍惚重幃遮。倏聽疏林出清磬，何異絕塞鳴秋笳！看花興盡雨頓止，羅漢壁外風揚沙。始知繁華轉瞬事，百卉空將顏色誇。晚來借宿達天閣，月明繞樹啼羣鴉。

詩家八公詠

（林藩憲課正取二名）

袁嘉毅

李供奉太白

鶴鳴華表令公歸，不遇青蓮血已飛。名士憐才在社稷，詩人遭忌出宮幃。生嗟落魄長安市，死勝遺蹤采石磯。天上神仙今免謫，秋宵星宿炯光輝。

杜拾遺子美

莫將杜老向詩尋，今史通材古聖心。君慕唐虞臣契稷，子承郊島弟高岑。草堂春雨留奇蹟，茅屋秋風感壯吟。諡賜文貞元順帝，歎公死後有知音。

韓吏部退之

唐代昌黎周孟子，七篇義理鍊詞華。雄文載道招窮鬼，餘事吟詩峙大家。滄海瀾迴百川障，衡山雲霽眾峰斜。推敲月下分工拙，北斗名尊豈浪誇？

蘇內翰子瞻

峨眉山簇劍鋩高，鍾毓才人萬古豪。玉筍班聯司馬相，金蓮獨送令狐綯。禪心定後參杭妓，儋耳遷來泣楚騷。我泛江船停赤壁，洞簫聲韻咽寒濤。

陸劍南務觀

一月讀終劍南集，知君身死恨填膺。三呼河渡宗留守，廿載萍飄杜少陵。江左詩才信無敵，蜀中天險戒難憑。紛紛耳食休輕議，老淚縱橫望中興。

元左司裕之

河朔沈淪二百年，中州風雅化雲煙。宗工一代雞群鶴，故主重泉蜀帝鵑。只有楊朱當路哭，詎同危素乞人憐？淒涼野史亭前月，長照詩心未了緣。

高侍郎季迪

金陵山水帝王州，鳴盛推君第一流。蘆荻秋空才子詠，梅花句艷美人愁。何來奇禍攖龍甲，怪有微詞騁鳳洲。白燕青田歌里下，敢爭白雪向青邱？

吳祭酒梅村

江東日暮北風寒，淚哭滄桑兩袖斑。竟肯遺書負梁苑，幸非反噬效虞山。臣猶有母啼烏哺，我已無家化鶴還。終讓羅浮布衣好，清聲高入翠微間。

詩家八公詠

（林藩憲課正取三名）

李 塈

李供奉太白

避地難尋白玉京，詩壇酒國此逃名。宮中不信飛龍引，闕下終悲猛虎行。金瑟潯陽媒萬憤，石扉天姥夢三更。醉餘草出靈均怨，一樣丹砂唱楚聲。

杜工部子美

負薪拾栗未忘君，詩到花溪道更尊。經部哀音周雅什，史家大筆漢龍門。曲江痛哭春風惡，瀼水深愁北斗昏。一世苦吟關社稷，不應騰笑李王孫。

韓吏部退之

文苑千秋仰岱宗，論詩李杜許追從。訏謨獻納書肝紙，造化雕鐫運舌鋒。樂府四言誇柳雅，高樓百尺臥元龍。便翻古調談今律，白雪陽春豈易逢？

蘇內翰子瞻

獨繼淵雲起蜀都，天彭秀色欲全枯。唐賢妙諦參三昧，楚國雅風吞五湖。愛到陶潛方見佛，狂如李白定嘲儒。天將儋耳窮詩變，百態新成未可摹。

陸劍南務觀

醉囈猶呼九廟靈，孤忠耿耿髮星星。不聞曹沫羞三敗，忽共湘纍歎獨醒。飄泊餘生耕罷嶺，鬖騰好夢奪松亭。平生吟詠原餘事，中有哀笳不忍聽。

元左司裕之

國史何堪付劫灰？偷生綴拾欠心摧。分無泥馬飛天塹，長對銅人泣露臺。蝴蝶西風空抱怨，於菟夜月劇憐才。彩毫備寫興亡感，忍說曾書頌碣來。

191

高侍郎季迪

休争盧後共王前，餘子紛紛附驥傳。巨擘豈惟推白下，出頭從不讓青田。羞爲贗古防欺世，欲鑄真吾待假年。如此黃鐘名瓦缶，鯨音何處聽霜天？

吳祭酒梅村

思傳姓字藉吟哦，魂洗寒梅萬樹多。僕本恨人聊復爾，臣猶有母奈之何！愁生陌上花開曲，詩補江南麥秀歌。絕勝虞山擬王式，我聞室裏戀修娥。

詩家八公詠

（林藩憲課正取四名）

季　珅

李供奉太白

潛身酒國幾經春，醉著鸞衣帝外臣。天上謫仙原玩世，浙中狂客尚知人。忠如士伯虛瓜衍，智愧姜公隱棘津。不把芙蓉看葵葉，牂河江上淚沾巾。

杜拾遺子美

聲金振玉走吟翰，星宿崑崙極大觀。萬古風騷存正始，一生忠愛出艱難。拜鵑江上頻低首，飲鳳山巔願剖肝。終是孤臣情性厚，取材何止選樓寬？

韓吏部退之

雄辭海上起秋潮，論將詩壇本桀驍。力拔鯨牙追李杜，肯翩翠羽戲蘭苕？叢書汲古垂修綆，照壁傷懷掛大弨。身自坎坷文自壯，西江底用肆群嚚。

蘇內翰子瞻

前身竟説是鄒陽，磨蝎臨宮定不祥。豈意詼諧成黨禍，輕將嬉笑作詞章。恩榮獨荷金蓮徹，禪悦新參玉版香。文筆莊周詩李白，白頭嶺嶠醉檳榔。

陸劍南務觀

戎衣寶劍暗塵侵，悵望東都灑淚吟。北宋嗣音南宋雅，宛陵清課杜陵心。西風吹髮將成雪，忠憤摧肝擬化金。掩卷試論詩外事，房公偏負浣花深。

元左司裕之

詩論存金總賴君，倉皇蒼狗幻浮雲。秋風船與孤臣釣，甘露碑無野史文。翠被何曾歸楚子，衰衣誓擬學高勳。千秋略迹論心畫，華表禽音不忍聞。

高侍郎季迪

岱峯挺秀海迴波，金奏誰云瓦缶歌。一代文宗憐命短，三吳名士患才多。瓣香不屑專唐宋，遺瀋終當勝李何。試與青田分伯仲，朱明天上兩羲娥。

吳祭酒梅村

山河大異少年時，泣露芙蓉總艷姿。生面別開長慶體，酸心不獨永和詞。内家秘事悲金台，異代新聲感玉熙。似子猶嗟錢不值，誰拈紅豆説相思？

陸劍南務觀①

（林藩憲課正取六名）

錢良駿

慷慨長歌碎唾壺，中原引領涕頻濡。腸撑文字五千卷，身化梅花億萬株。蜀國枕戈能繫賊，吳山立馬易平胡。誰知士雅鞭難著，作檄空餘七尺軀。

元左司裕之

人物金源第一流，穎亭風月足清幽。青城破後無家別，白紵吟成報國憂。三徑菊松彭澤志，半生戎馬杜陵愁。殘篇細讀中州集，得似箕山舊曲不？

高侍郎季迪

才力先超七子雄，韓蘇骨格少陵風。株連惜受池魚累，蔓引原非摩蝎窮。文字由來遭禍患，騷壇未竟闢洪濛。衣冠何李雖優孟，獨讓青邱迥不同。

吳祭酒梅村

婁東只合享詩名，長慶吟成涕泗橫。身世自悲庾開府，情懷同恨沈初明。未能史筆昭三事，只有朝衣誤一生。表墓倘無陳相國，金魚玉椀泣榛荆。

---

① 以下四首爲錢良駿所作《詩家八公詠》同題詩。後文同題詩作不再一一注明。

韓吏部退之

（林藩憲課正取九名）

席聘臣

重翻壁壘闢生面，思力欲開混沌天。解頌聖明羑里操，上攀風雅淮西篇。鼎分李杜峙三足，廟祀衡潮同百年。更有高文比孟子，唐家一士最爲賢。

陸劍南務觀

詩逢南渡淪蕪甚，大雅扶持有放翁。幾輩惟師山谷體，知君獨振少陵風。新篇句奪蜀山秀，險語思爭劍閣雄。未許石湖稱伯仲，裕之豪邁想應同。

高侍郎季迪

不求神似求形似，七子衣冠襲盛唐。獨變元風追漢魏，遂標高格邁張王。仙心妙筆誰爲伍？大復空同走且僵。嘆息沈冤埋獄底，晚成未及亦堪傷。

蘇内翰子瞻

（林藩憲課正取十名）

吳琨

奔湖倒海擁旗旌，五代頹波一掃平。變法商君終誤國，上書賈誼暗吞聲。歐黃以外無其匹，杭蜀之間老此生。遙對峨眉頻悵望，

195

髯翁空有氣縱橫。

陸劍南務觀

棲遲梁益作詩狂，回首中原易斷腸。一代風騷蘇内翰，千秋忠憤杜襄陽。人嗟南渡聲猶壯，筆挽西江氣倍蒼。誰把石湖稱伯仲？鑑湖旗鼓勝蕭楊。

高侍郎季迪

青邱才氣自雄豪，音節鏗鏘格律高。七子之前堅壁壘，三唐以後溯風騷。上梁文在天難問，下獄詩成鬼亦號。可惜文章終受禍，枉教湖海壯波濤。

吳祭酒梅村

江湖悔未早投綸，慷慨悲歌泣暮春。淮水不淘青史恨，詩名空付白衣人。茂陵抑鬱初明志，江左沈埋庾信身。讀罷靈巖墓志表，婁東知己午亭陳。

李供奉太白

（林藩憲課正取十一名）

金爲銘

清平三調進沉香，醉後高歌膽愈張。半世賞音惟賀監，一生青眼在汾陽。作詩何至人爭妒，嗜酒能教帝笑狂。謫到夜郎無別意，夔巫風月待平章。

杜拾遺子美

批鱗一疏失微官，想見當時直道難。不幸此身留蜀土，可堪舉室陷長安。皋夔事業成虛語，庾謝文章得大觀。畢竟鄭公能下士，秋風茅屋峙江干。

韓吏部退之

元和之際有斯人，節義文章萃一身。佛骨不教投火內，鱷魚終見徙江濱。身為粵海愁羈客，氣奪唐家跋扈臣。尚有淮西碑碣在，橫空硬語照千春。

陸劍南務觀

最是傷心家祭時，北征猶自望王師。一生善病非關酒，垂老歸休不廢詩。倒海翻江富文字，彎弓躍馬學驅馳。豈知身世輸團扇，未到秋風便棄之。

元左司裕之

蒼涼落日望淮西，戰壘蕭蕭故國迷。帝子已歸銀漢刼，老臣空向雪香噓。一朝史冊煩收拾，千古詩人仗品題。記向黃華山下過，當年遺迹重攀躋。

高侍郎季迪

明初四傑逞驚才，誰似青邱妙體裁。當代詩壇稱獨步，勝朝史局待君開。滄桑祇合終漁隱，文字誰知賈禍胎？不是魏觀能累得，高皇心事素雄猜。

197

吳祭酒梅村

南施北宋譽聲同，祭酒名先冠兩公。婁水塤篪諸子應，雲間壇坫一時空。紅顏曾爲題名妬，白首猶聞詠史工。珍重梅花詩格老，至今唱徧大江東。

李供奉太白

（林藩憲課正取十二名）

孫文達

李唐天縱青蓮筆，老杜齊名步獨先。小技不勞韓氏重，《上韓荆州書》："恐雕蟲小技不合大人。"知音真見郭公賢。宮中樂府詩皆聖，朱子云："白聖於詩。"市上狂吟酒亦仙。放浪湖山同玩世，風騷一脈溯心傳。

杜拾遺子美

風雅云亡不自唐，少陵旗鼓振詞場。孤舟落日憐夔府，破屋秋風悵草堂。一代盛衰關史筆，滿腔忠愛寄詩章。昌黎且重斯文在，終古騷壇祀瓣香。

高侍郎季迪

海內詩宗重李賓之徐子元，元風倏變有明初。文人賈禍千秋恨，史館徵才一代書洪武初召修《元史》。壯士遭逢悲虎窟，《城虎詞》云："何爲離窟來城市？"又云："壯士遭急縛，失路窮時亦如此。"掖庭蹤跡誤羊車，《題畫犬詩》云："莫向瑤階吠人影，羊車夜半出深宮。"《静志居詩話》謂侍郎賈禍以此。誦詩應弔青邱子，苛論休持待罪餘。

吳祭酒梅村

天意豫愁風雅盡，勝朝留此苦吟身。一生碩學資三史，千載名流愧二臣。落日高堂憐孝子，秋原古墓弔詩人。嶺南輸與陳元孝，獨漉堂中老逸民。

武鄉侯銅鼓歌 用昌黎原韻

（鄒臬憲課正取一名）

李 堃

奇模曾睹惠陵志，高唱曾聞南海歌。或屬武鄉或新息，漢猶有徵如蜀何！志稱雍闓昔逆命，鏃矢亦煩狐父戈。組甲紛紛錦江出，銀刀霍霍滇山磨。丞相天威遠人服，苞蘗不待窮爬羅。采於朱提鑄貢鼓，當成邛筰安岷峨。虛中洞下納空氣，雨後潛置山之阿。蠻溪略決黑水澮，鳥音不減青邱阿。儻屈潢流作瀑布，軍聲十萬真無訛。歌云傳自鼉鑠曳，了無款識鐫籀科。南海廟巫扣以手，蛟宮一夜鳴靈鼉。破甂突波泥堊腹，老柏溜雨苔生柯。水銀深浸璧一尺，古綠碎翦綾八梭。雄律雌呂好聲和，如魚頡頏鳥透迤。真宰生恐洩造化，哀訴天帝招夸娥。鬼斧斫斷赤金鎖，雷車載出黃木沱。獨留一鼓備擊考，孤鳴猶使神人和。我讀范書及酈注，桂海器志皆殊科。古者蠻人自有作，至寶匭獨駱越多。扶風雅善九方術，改范形式如銅駝。交趾已鎔紐龜盡，番禺祇見金馬過。奇絶粵蜀同一器，密乳圓綴珠就磋。廣州未解奉諸葛，成都竟爾桃伏波。瑤簪清越屏弗用，衝激坐待山雨頗。王充《論衡》："雨頗，流湛之兆。暘頗，久旱之兆。"似借大名永愛惜，光遠有耀期自他。陳志牛馬獨遺此，考訂無乃空陰娿。滇西獲鈎二十四，匣朽若不勝援挈。環耳屈曲蒲元制，銘辭簡貴芸臺哦。當年瘥兵厭白虎，冀消殺運飛蒼鵝。炎方富礦常有羨，或造鼙鼓賡猗那。山川出寶終自賊，邇來鬼瞰增壏坷。安得卧龍將馬援，疑兵徧循紅蚌河。三巴百粵合聲勢，飛車中坂嗟蹉跎。

翠海秋柳 用阮亭元韻
（鄒臬憲課正取一名）

李　坤

秋聲故故擾吟魂，鐙炬書堂葉擁門。一夜西風真有力，滿湖春色了無痕。水雲林表疏於畫，樓閣山前瘦似村。觸我新愁添舊緒，繁華過眼總難論。

阮公堤上絮鋪霜，曾化青萍種藕塘。微雨斜沾新酒斾，春陰密護短魚箱。塵開曲路馳山子，磬折清漪拜水王。試出蓮花精舍望，詩壇疑近碧雞坊。

天寒無汗點人衣，館閉忘憂事事非。燕子橋荒陳迹掃，鴛鴦樓圮艷游稀。雨多樹杪蛙猶聒，月黑枝間鵲懶飛。慘綠年年金縷曲，不曾相賞竟相違。

衣蟬凍蜨劇堪憐，共抱疏枝傍鎖煙溪名。猶有餘情思映柏，已殘花事不飛緜。愁生老濞徵歌處，景異桓溫感舊年。斤斧儻蒙樵者赦，東風終到北門邊。

翠海秋柳 用阮亭原韻
（鄒臬憲課正取三名）

錢良駿

回首東風欲斷魂，獨憐蕭瑟掩長門。如何燕子通橋路，無復鶯兒掠雨痕。碧草半黃菱葉渡，香蓮初墜藕花村。龍湖惆悵悲秋客，婺尾春光莫細論。

吹殘畫閣滿城霜，秋思無端逐野塘。洛下新詩吟白紵，宮中紈扇拾青箱。帶蟬斜裊懷溫李，繫馬閒攀記謝王。笛裏不堪搖落甚，花豈怕憶碧雞坊？

酒痕猶自漬春衣，彈指繁華迹已非。螢苑迄今花事了，兔園而後賦才稀。湖濱憔悴棲鴉影，客裏相思逐燕飛。記否海心亭上立，折枝曾與故人違。

阮公堤外最堪憐，料峭西風黯淡煙。撫樹桓溫多感慨，可人張緒倍纏綿。纖腰爭舞輪前日，青眼重逢待隔年。寄語東皇速返駕，錦袍新染彩雲邊。

翠海秋柳 用阮亭原韻

（鄒臬憲課正取十名）

張　坤

湖上秋來客斷魂，蕭蕭楊柳繞禪門。差參病態添新恨，嬝娜嬌姿憶舊痕。流水小橋城畔路，遠山落日渡頭村。美人遲暮芳情觸，往事思量怕細論。

昨夜微風昨夜霜，可憐消瘦舞寒塘。誰家正倚朱樓笛，有客初開白苧箱。螢度空堤思故妓，蟬吟廢院弔藩王。祗今莫問繁華處，走馬惟尋賣酒坊。

無復青青綰客衣，韶華轉瞬事都非。飄零自笑白頭早，憔悴方知青眼稀。輕燕那隨晴絮舞，寒鴉惟帶夕陽飛。東皇若解傷心緒，此地春光願莫違。

龍池風雨總堪憐，弱質惟含淡淡煙。看到菰蒲猶帶翠，不堪蘆

荻正飛綿。桓温塞上悲前事,張緒江干感暮年。惆悵酒帘招飲處,
登樓望斷彩雲邊。

詠史詩樂府八首

（鄒臬憲課正取一名）

李　坤

太史簡

辛甲命,官箴倚,相騰官謗何如齊？太史執簡誅悖亂,取螯不
信葳蕤辭,臨淄亦詠株林詩。賜冠無異戲袒衣,厩中墙中等射之。
史氏書弑三横尸,生者仍書崔杼爲。南史懼盡辭或移,往繼之聞書
既歸。奮筆誰能不避死,里革而後獨有此。

董狐筆

前代良史矜誦讀,後代良史誇敘述。伊誰不負無諱目？辛有
之裔董狐獨。桃園攻靈公,宣子使穿穿乃攻。不出山而復,伊戚自
始何能淑？大書趙盾弑夷皋,子爲正卿安所逃？受惡不爲大夫怒,
無隱深荷宣尼褒。從古史家法尚直,兼金惜鬻蘭臺筆。

張良椎

捶拊一笞六王滅,兵器收聚咸陽闕。十二金狄初鑄成,人間猶
有未銷鐵。鐵作椎,良破家;擊皇帝,中副車。山鬼未遺鎬池璧,祖
龍豈僵博浪沙？不死休云嬴氏福,天下久苦秦法酷。一擊未中一
擊續,不見荆卿匕首漸離築。

蘇武節

匈奴動輒留漢使，氈廬還遣胡姬侍。英蕩一持十數年，博望而後子卿嗣。刺血復甦空引刀，牧羝海上吞氈毛。烏頭不白馬不角，節旄盡爲陰風凋。歸來畫上麒麟閣，後人奉使爭比烈。無忌取來終死綏，茂弘難免長沙讁。蘇武節，不是若。

遼東帽

大臣戴帕帽，名士冠岑牟。中原文物已如此，胡不乘桴滄海浮。延里祥鐘冠石久，九旒已被孫登首。鑿坯爲室山爲盧，俎豆詩書相左右。見機神導西歸船，三徵不肯加進賢。獨著遼東舊時帽，白衣家祭清淚漣。安車蒲轂浮雲過，卅載杜門藜牀破。科頭尚愧焦孝然，葛巾終鄙華獨坐。

出師表

王業偏安業日蹙，漢家故都不住蜀。永安顧命臣敢忘，東和南征爲恢復。出師誓擬除姦凶，訏謨仍重宮府中。興敗取鑒漢先後，涕零爲惜沖人沖。君不見《太甲》三篇傳自亳，三代而下無此作。揮毫寫出阿衡心，後表決非張儼託。

渡江楫

舉世清談握玉麈，運甓惜陰已足數。尚遜渡江祖豫州，擊楫壯於聞雞舞。胡羯烽傳射雁樓，著鞭不救蛇螫頭。譙城終令石虎竄，蓬關未許桃豹留。再造之勳豈易集，垂死不忘復京邑。絕勝臨江遊宴人，大言僅收楚囚泣。

擊賊笏

過信蠟丸書，冀撝蒼水玉。襲帝者韓持虎符，勸進者源秉魚竹。光光段忠烈，臂把劉海賓。倒用司農印，追還長安軍。慷慨直入白華殿，前奪賊笏擊賊面。將軍不法頭顱碎，甯州何待庭芬箭。君不見浩氣淪入槐亦堅唐制：進士用槐笏，擊姦還聞顧少連。

太史簡①

（鄒臬憲課正取二名）

袁嘉穀

翬弒魯隱公，諱國惡在《春秋》中。《春秋》未改魯舊史，姑以麇書豈得已！惜哉當日魯史官，不及齊之太史氏。太史氏，崔杼弒君拚同死。書簡兄死死及弟，其弟又書書乃止。杼賊膽落賊魄褫，南史且來□□□。民之望，推晏子；仰天歔，獨愧此。

董狐筆

衛史魚，晉董狐，一直諫，一直書。直書直諫心同符，論功千載狐尤殊。有賊趙盾曾託孤，弒君趙穿徒盾奴。不然盾聞君死不穿生，胡爲乎？筆不誅盾將誰誅！丈夫願廁君子儒。有權要須奸宄除，無權要須正議扶。狐身死矣筆未死，紛紛首惡誅魯史。君不見鄭公子歸生，許世子止。

---

① 以下八首爲袁嘉穀所作《詠史詩樂府八首》同題詩。後文同題詩作不再一一注明。

張良椎

知有韓國忘秦國，義氣衝天晝晦色。知有王車忘副車，毅鬼夜呼博浪沙。前如猨伏後狙擊，一擊不中良難覓。豈惟良難覓？力士奇蹤亦寂寂。天生智勇萬人敵，不許鐵椎建殊績。君不見腋沛公，踏關中。良乎不世功，荆卿曹沬非英雄！

蘇武節

不辱君命，不負天使。倘教蘇武遇宣尼，論士端宜首屈指。六飛羊，六飛雪。寥寥天地一孤臣，誰歟偕臣惟漢節。節旄已亡心未亡，十九年歸青鬢蒼。可憐漢家恩太薄，位典屬國咨高爵。臣兒微罪遭厚誅，臣像空畫麒麟閣。

遼東帽

於戲管幼安！鳥宮之鳳草中蘭。於戲遼東帽，人心賤之我心好。我心本難爲人告，不願高爵願高路。君不見坐木榻，五十年；股不箕，膝欲穿。有足不肯蹈塵寰，何況頭上顯然漢魏分二天！皁帽幸臨華髮顛。

出師表

出師表，臣淚如血漬諫草。先帝遺恨痛未了，吳東魏北爭猇狳。臣主不能平漢賊，臣死猶當嚴自劾。回首戀戀蜀山青，宮中患恐生無形。寺人亂政臣先啟，願同府中視一體。吁嗟乎，伊尹訓，甘盤學；武侯表，稱犄角。何必後出師，再託武侯作_{裴注：後表亮集所無。}

渡江楫

誰挽清流滔滔，枕戈劉愍運甓陶。祖生猗歟人中豪，豪氣爭與陶劉高。大江東下飛雲濤，乘風破浪不崇朝。中流擊楫誓平虜，苟偃誓河馬足數。惜哉天不祚典午，大廈未易支一柱。吁嗟乎，祖生不能清中原，何況王謝清談甘偏安！

擊賊笏

李唐藩鎮禍天子，豈料義生節度使。歸朝久謝涇原兵，不戈而笏擊朱泚。歟朱泚，汝與太尉等人爾，一人作賊生，一人擊賊死。生者非生死非死。天子犇奉天，倒司農印追賊還，用印用笏皆奇絕。笏印有知應快悅，幸遭太尉光史筆。

太史簡

（鄒臬憲課正取三名）

錢良駿

進不能斷逆臣頭，退不敢貽青史羞。凜然大義明千秋，弒君者誰崔大夫。直筆嚴於斧鉞誅，書而殺者三人乎！南史聆之森眉鬚，執簡逕向虎口趨。君臣名分焉敢失，三代直道在今日。可削則削筆則筆，魄褫奸雄貼耳服。良臣不敢妄誅戮，寢門幸免枕尸哭。

董狐筆

桃園甲起日無色，此時喉羹救不得。宣子未出首山田，穿之大逆污紫極。反不討賊汝亦賊，罪歸首惡何由辭！嗟哉良史當如斯，不然後世將汝疵。君不見尼山一語日月光，秉筆上繼書春王。

張良椎

驪山未撾漁陽鼓，阿房未識楚人炬。先後博浪奮一椎，直視祖龍不如鼠。吁嗟千秋此一舉，霹靂震吼山崩裂。君父大仇恨未雪，天意雖使中副車。未至沙邱魂已絶，大索能逃有如此！秦民不助良心喜，夥頤揭竿自此始。

蘇武節

恥向穹廬作臣僕，鐵漢酷經霜雪肅。旄頭落盡西風酸，嚙雪不死伴羝宿。十九年來海上幽，太息陵律吾汝羞。鬚眉豈與巾幗侔，玉關南望心傷悲。白頭目斷飛雲飛，已拚馬角無歸時。不屈祇報漢天子，麟閣終繪持節使。君不見屈膝夷庭事腥羶，五季石郎千秋恥。

遼東帽

漢季鼎沸群雄暴，老瞞父子炎祚盜。幼安高志王侯傲，願學仲連東海蹈。乂舉毅魄杜鵑化，覆巢破卵平原罵。紛紛濁世投足怕，潁水箕山此其亞。巾皂帽，衣白衣，海濱欲覓西山薇，鼓澤一宰後先輝。不見華歆與邴原，旦夕富貴何足論。

出師表

北伐心，老臣淚，恢復欲繼昭烈志。二表精誠炳日星，白帝難忘託孤義。祁山六出震銅鼓，耀日三軍紛白羽。擒曹馘權會須臾，豈止巾幗畏如虎！不圖幼主享祚薄，五丈原前大星落。寸土未復臣鞠躬，天意已定安樂公。

渡江楫

長安宮闕污犬羊，青衣行酒心悲傷。銅駝荆棘臥夕陽，浮江一馬歸建康。士雅忠憤古莫比，慷慨悲歌斫地起。欲麾鐵騎收中原，一洗神州陸沈恥。惜哉建武甘懦弱，聰粲未遂長纓縛，懷愍羈魂泣沙漠。擊楫中流期報仇，不滅胡羯不回頭。吁嗟江左臣，豫州僅一人！

擊賊笏

長安城外風鶴哀，涇原兵馬捲地來。天子蒼皇奪門走，司農被刼陷虎口。敢惜殺賊好身手，倒用司農印，追還奉天兵。兵還司農理無生，奪笏擊賊死則死。笏中賊額血濺紫，海賓明禮瞠目視。司農喜，賊黨怒，帳下紛紛白刃露，忠魂遽使帝閽訴。漫說漸離筑更烈，霽雲箭，司農千秋祇一見。

張良椎

（鄒臬憲課正取四名）

張儒瀾

一椎欲洩普天恨，六國不奮一人奮。一椎驚破奸雄膽，雷霆不敢孺子敢。孺子為誰曰張良，家世臣韓悲韓亡，遠求壯士誅虎狼。當年若使祖龍死，扶蘇起作明天子，天心除暴不如此。嗚呼！天心欲令秦速滅，此椎若中秦不滅。

遼東帽

草竊紛爭漢運終，高人避地渡遼東。清德善學陳仲弓，頓教里黨化澆風。賊丕篡位歸偏速，草莽稱臣吁可辱。胡不移家向巴蜀？吁嗟乎歆原助賊何足數，龍尾亦同草木腐。綸巾臥龍不似汝，討賊丹心照千古。

出師表

蠻荒雖平賊未破,君臣安得便高臥。出師表上泣滂沱,虎臣已死奈若何? 師繞祁山非失計,將星遽殞嗟天意。陳倉不下才豈疏,中有田單抗樂毅。表中陳情見精忠,李密之孝焉能同。臣蜀叛蜀終偈蜀,狗彘猶羞食其肉。

渡江楫

小朝江東死灰色,碎壺奸臣亂君側。英雄憂憤歸黃土,擊楫壯言成讖語。當年越石偕起舞,鞭雖先著志同阻。君不見關侯渡江曹瞞畏,岳王渡江兀术避。大功垂成覆小人,悲哉千古三恨事。

張良椎

(鄒臬憲課正取五名)

張儒源

博浪沙中風愁慘,一擊驚破萬人膽。莫笑孺子婦人容,要離聶政遜英風。惜載誤擊政不死,二世公然作天子。猶幸橋頭得兵書,東隅已失收桑榆。始終報韓勸封信,借箸亡韓真謬論。

遼東帽

龍頭助亂隨奸雄,龍尾厭亂避遼東。皂帽居然上古風,清節高致巢由同。亂定歸來一老翁,豈屑出作偽三公? 朝冠慎勿浼吾躬,愧殺荀氏稱八龍。

太史簡

（鄒臬憲課正取七名）

袁嘉端

周内史，徒辨五石六鷁何足齒？楚左史，能讀三墳五典亦徒爾。卓卓齊之太史氏，千載不死一日死。簡書崔杼弒其君，杼殺太史弟不止。嗚呼三代直道哉，請看南史執簡來。

董狐筆

不效崔杼弒太史，趙盾有心未全死。不效石碏誅州吁，趙盾無君誰曰誣？不誣者誰爲董狐，盾心可誅吾筆誅。昭史法，明國紀。天下士，宜師此，不然安用毛錐子？

張良椎

王車不中中副車，歸來下邳師兵家。兵家義戰方號武，不責一椎刺人主。一朝佐漢破秦都，韓之先人驚且呼。若論平生第一快，夢魂博浪沙中在。

蘇武節

十九年，億萬里。陷匈奴，生已矣，兢兢漢節同臥起。男兒不得報君恩，肯以屈節辱中原？天弔節義雁飛還，意外生入玉門關。君不見晉王導，宋洪皓，皓無漢節蘇武儔，導縱有節蘇武笑。

遼東帽

有足不願履魏地，木榻膝坐傲堪寄。有頭不願戴魏天，皂帽髮遮節可全。憐渠龍頭圖富貴,青袍朱笏爲賊媒。龍尾一掉深淵潛,用膃莫但稱陳咸。

出師表

三代下一人,名相名將名士身。出師表上建興年,人云《伊訓篇》,吾云中有孔孟之心傳。謹慎爲學不求達,讀書知本乃知末,莫向章句求生活。公威元直昧大略,仕魏無以對諸葛。

渡江楫

秦孟明,楚項籍,渡河破敵真毅魄,焚舟乘舟誰與儔? 祖生擊節江中流,金陵山翠不回眸。嗚呼東晉一豫州,丈夫一身要立志,擊楫都歸身後事。君看聞雞時,舞劍早欲試。

擊賊笏

昨日倒用司農印,追賊回京賊已信。今日賊怒欲降臣,臣死不能瓦全身。執臣笏,扑賊頭,臣知不濟姑杍憤,願君六龍返秦州。君乎君乎聞之悉,悔不早用段秀實。再生秀實有陸贄,可憐君又交臂失。

董狐筆

(鄒臬憲課正取八名)

張　坤

趙盾古之良大夫,桃園弒君胡爲書。不幸執筆遇董狐,惡名遂被千載呼。豈知弒君原非誣,筆縱非刀心可誅。不越境,不討賊。

縱賊與賊同一轍，弑君心事誰能識？君不聞弑君不赦許世子，春秋大義皆如此。若非史筆重如山，後世亂賊安知止？

張良椎

（鄒臬憲課正取十名）

李熙仁

漸離已沒荊卿死，靦顏事仇誰知恥？國仇不報非丈夫，何惜千金求壯士。人視秦皇如虎狼，我視秦皇狐兔耳。鐵椎覓從火盡餘，狙伏奮擊博浪裏。霹靂一聲中副車，當時祖龍魄已褫。揭竿斬木何紛紛，皆由一椎爲倡始。更因挫折得深沈，佐漢滅楚均賴此。魚腸劍刲王僚胸，公憤私仇難相擬。

遼東帽

（鄒臬憲課正取十一名）

趙永鑫

不必誇九錫榮，不用羨禪讓美。衣冠盜賊朝露耳，豈如遼東皂帽士。邴原人品堪對酒，華歆鄙夫非其友。漢魏之間翔孤鳳，勝似當年印懸斗。吁嗟乎，弘景絇層樓，子陵披羊裘。如此高風不可儔，濫巾北岳亦隱流，北山移文讀堪羞。

遼東帽

（鄒臬憲課正取十二名）

吳　琨

長安日落晚鴉噪，寂寞海島成高蹈。布衣不爲王侯傲，緇塵恐染冰霜操。君遺以厚祿，臣不受斗粟。友讓以高位，吾不習跪拜。遼東僑寄數十秋，素衣皂帽逍遙遊。君不見唐馮道，漢譙周，衣冠禽獸君貽羞。

董狐筆

（鄒臬憲課正取十三名）

李　明

甲士紛紛刃飛雪，翳桑餓人倒戟決。哀哉桃園忽喋喋，董狐援筆能直書。自貽伊慼心可誅，弒者趙穿我無罪，亡不越境胡爲乎？良史書法今所無，出疆一語記或誣。《春秋》豈屑諼厥辜？吁嗟南史可同傳，毅然不爲刀鋸變，地下無慚晉靈面。

蘇武節

雪厭穿廬百草黃，持節年年鬢已霜。羝難生乳感茫茫，悵望烟樹繞河梁。十九年來旄盡落，節兮節兮鐵漢若。歸來圖畫麒麟閣，頭銜屬國恩猶薄。君不見蘇峻反，據石頭，假節安東何其柔？再取故節顏亦羞。陶侃一言笑不止，蘇武之節不如此。

張良椎
（鄒臬憲課正取十四名）

褚煥章

刺客死，有力士；兵器銷，鐵椎起，奮椎欲碎祖龍首。可惜中副車，祖龍脫兔走。首未碎，膽已寒，七國並起來助韓。君不見滅秦佐沛公，運籌仗陰符。爲問圯上書，博浪之椎如不如？

張良椎
（鄒臬憲課正取十八名）

席聘臣

西不見咸陽楚人炬，東不見勝廣草澤起。子房乃倡亡政謀，鐵椎奮擊博浪裏。副車之中胡爲哉？報韓不成良足哀。奇節凜然動天地，祖龍亦爲心膽摧。吁嗟乎慶卿繞柱事已矣，匕首無靈身亦死，凜然忠義照千秋。心耶事耶如出一轍耳，書盜書刼書狙擊，成敗論人愧朱子。

詠《五代史》新樂府八首 用西涯體
（興鹽憲課正取一名）

張儒源

齊雲樓

潢池擾，方鎮橫，侏張旅距盡不庭。豆田謠，下殿走，官家竟作喪家狗。區區陳許一田夫，敢將黃屋奇貨居。百年華州彈丸土，蹄涔豈是蛟龍府？倚樓哀唱《菩薩蠻》，蒼茫日下望長安。野煙生樹淚潸潸，刀光倏射十六宅。諸王慘化杜鵑魄，吁嗟乎漢獻當年困李傕，迎駕有人意非惡。那堪羈鳥出樊籠，又化絃干凍死雀。

三垂崗

仙芝蹶，黃巢起，群盜如毛亂天紀，蜩螗沸羹不可止。風雲擁到獨眼龍，盡除蛟鱷真英雄。三垂崗下陣雲黑，破弒方立封疆闢。其如赤蛇成大敵，三次見攻倒懸急。若非軍疫雨闌珊，晉王且欲走契丹。崗前今唱百年歌，薄暮難揮返日戈，余髮種種將奈何？生子當如李亞子，力竟父志雪國恥。雪國恥，負三矢。破陣樂章秦王擬，嗚呼克用為不死。

鑄鐵硯

蒼狗白衣五季年，文經武緯乏英賢。錚錚國僑志特堅，鑄鐵為硯硯磨穿。落第猶賦扶桑日，終捷南宮仕唐室。惜哉又事兒皇帝，明珠暗投非智慧。化家為國功不細，屈節虜廷終失計。從珂況是中山狼，胡不早拯愍帝亡，臣珂背珂俱可傷。聚鐵九州錯難鑄，鐵石心腸還自誤。吁嗟乎五代奇才僅如斯，全節之士罕見之。心酬石郎國士知，鐵硯不銷心不移。

授牙籌

氈帳連雲及飛雪，卯律飲馬洛川竭。何物豎子敢僥舌？啟羞興戎河山裂。河山裂，吁可哀，銜璧餘生付草萊。寸籌莫展神州陷，妄談十萬橫磨劍。一朝見獲送軍前，牙籌八授猶乞憐。臣罪誠難擢髮數，寸磔臣膚亦何補。噫嘻借箸籌，鴻功濟；量沙籌，強敵避。牙籌紀罪事則異，一言喪邦誠易易。喪邦不為君王羞，有處噉飯孫勿憂。

甘州曲

運搆陽九乾坤覆，姦雄竊國唐社屋。王八乘機亦踞蜀，移檄討梁事堪録。奈何生兒不象賢，僅能製曲鬭麗妍。青城游幸攜嬋娟，雲霞裳珮金蓮冠。秦皇漢武苦求仙，誰識仙在宫掖間，蓬萊荒誕如是觀。一旦迎降促行急，舉家騈戮相對泣，應是仙人尸解劫。吁嗟乎玉樹歌殘降旗舉，銜璧受誅事堪伍。劉禪孟昶等降王，名節雖失軀未亡。

還鄉歌

武肅王，負奇骨；鐘王氣，霸吳越。少爲鹽盜兼里滑，無賴頗同賊王八。不階尺土立高勳，兩淛千里銷煙塵。鎮海軍改衣錦軍，故鄉建節名號新。惜哉板蕩忠節無，李唐名王又事朱。閉關拒梁慚蜀吳，前助妖鳥飛，後受名馬賜。靦顔附逆能無愧，錦衣馴馬還鄉歌，不義富貴何足多！鐵弩射潮潮却退，信史豈屑談靈怪，非逢時會即附會。

豹留皮

王鐵鎗，世無雙；虎臣矯矯任疆場，百戰餘生猶殉梁。萬夫浮橋一炬燬，三日奏捷操券擬。鬭雞小兒輕亞子，目空一世良有以。用之不盡朱梁靡，平生片語出真誠。豹死留皮人留名，六一直筆紀英特。全節三人此巨擘，所惜屈身事國賊。君不見王宗飛豹有王彌，力助劉淵仆晉基，惡名千載似留皮。

長樂老

塵飛嶽瀆泯棼時，疾風勁草果伊誰？歷事八姓古來稀，名節掃地一至斯。長樂老,名號異,自敍生平鳴得意。忘君事讐了不諱,朝秦暮楚等營妓。生平偏有長者風,在朝謙退家蕭雍。華歆王祥將毋同,諷諫契丹非碌庸,力迴殺運成奇功。仕厚存心良可美,大節已虧奚足齒? 嗚呼敍君之長難盡説,數語可括君夙昔。神明壽,褚淵塉;枕中秘,兔園册。

齊雲樓[1]

(興鹽憲課正取二名)

李　坤

齊雲樓,高插天。東南見華嶽,西北見驪山。山外宮殿連雲起,戎馬生郊孰料理。初來興元復石門,歸去蓬棄長金卮。噫吁嚱! 跨青贏,過寶雞,幸蜀者誰元與偘。陝梁代德皆如之,傳家例有旄邱詩。野煙碧樹姑毋悲,南莊閣,事尤危。

三垂崗

鴉兒飛度桑乾嶺,先破黃巢後方立。歸來奏伎三垂崗,歌聽百年淚沾臆。翁何老,兒何奇。十一從破王行瑜,天子親賜鸀鳿巵。攻夾城,□□□,董過先王置酒處。艷妻奪得符道昭,降虜何數王虔裕。古人墨經常從戎,休將年少欺英雄。出其不意攻不備,高平之戰將毋同。君不見,周世宗。

鑄鐵硯

鼝晨慷慨引銅鑑,七尺身遜一尺面。求仕必由進士科,鐵以為

心更鑄硯。卒射南宮策,代草北庭書。上疏毋絕契丹好,策功硯與金湯如。夷狄共事終非福,槃敦偶疏禍便促。歌鐘魏絳今不聞,帛組堆滿侍衛嶽。

授牙籌

恥言和,輕言戰,孫有十萬橫磨劍。和不成,戰不支。園池妓樂惟意爲,赭袍賺得杜郎去,阿翁與孫喫飯處。鐵騎直驅洛陽來,奔吳走蜀兩無路。回鑾封邱參德光,衣領書出喬瑩藏。授一牙籌服一事,十籌未盡披銀鐺。吁嗟乎! 蜀昭遠,燕小喜,等是債國之巇子,航川伏地尚知恥,扼吭何如勿啟齒?

甘州曲

叔寶臨春樂,阿摩清夜遊。不及青城山,上下歌《甘州》。歌聲飄逸度林杪,似説靈真戲瓊島。朵雲飛墮五銖衣,桃花每妒醉妝好。天邊忽起貪狼風,秦川驛外塵蒙蒙。玉宸不救眾仙劫,阿母先去平阿從。傳車入洛飛蓬鬢,行近緱嶺聞笙韻。上清侍者今郎當,鶴背笑煞王子晉。

還鄉歌

起家不殊劉寄奴,略地不減孫伯符。奄有東越兼句吳,稱王不似南粵武。還鄉不羨楚項羽,衣錦晝行被林隝。羅平鳥,投江哀;打毬馬,自汴來。言歸故里製新曲,雄辭直繼歌風臺。空杼難裏將軍樹,豈知富貴草頭露。贏得人歌陌上花,悽絕石鑑山前路。

豹留皮

中都馬蹄豹將死,笑謝鬭雞李亞子。鐵槍轉戰三十年,目不知書心知恥。曾導赤練蛇,力抗獨眼龍。雁門屢挫鴉軍鋒,朝梁暮晉

真勿庸。吁嗟乎！萬春門，椒蘭殿，繞柱一樣血花濺。不曾從君犯
君父，疆場之事臣節見。歐陽記畫誇奇功，一斑猶似窺管中。

長樂老

最工譙叟謀，尚拙郤生表。壽比子雲長，君笑褚淵少。更事四
姓加德光，身兼將相封侯王。鳥飛擇木羞朱梁，不學鄆州王彥章。
誰救百姓皇帝得，佛力不能活中國。皇帝即佛相亦佛，多君具有鑢
子骨。

詠《五代史》新樂府八首 用西涯體

（興鹽憲課正取四名）

錢良駿

齊雲樓

鳳翔兵，捲地來。華州幸，胡爲哉！紇干凍雀無處所，望斷洛
陽淚淒楚。豈無沙陀不敢語，登樓詞唱《菩薩蠻》，泣數行下思刀
環。將軍跋扈殊怏怏，帳下轉瞬戕諸王。君不見摑畫地，鐵錮門，
十罪擅廢冰窖幽，傷心怕憶齊雲樓。

三垂崗

上黨城外三下鼓，英雄帳裏劍光吐。跨寵奇兒年方五，酒酣歌
唱笳聲苦，淚灑三垂崗下土。此曹尚未三矢受，夾寨一戰朱梁走。
亞子真不負而翁，戰罷歸來復置酒。君不見鬥雞小兒告成功，入廟
三首腥血紅。

鑄鐵硯

聚六州鐵鑄一硯,此硯不穿葉不變,奇相豈負一尺面。惜哉壯志不如此,屈膝契丹自公始。稱兒皇帝污青史,邀利忘害久蒙恥,翁怒來戰不如死。雁門關外十六州,塊肉復作羈魂留。試問當年鑄硯人,甘心首作穹廬臣。

授牙籌

胡虜飛騎連雲來,大梁城門雙扇開,十萬橫磨安在哉?丹邱伏謁亦可哀,負恩豎子生禍胎。南北失歡良由爾,喬榮十事計亦詭,籌受八莖心已死。恥向夷庭作奴僕,草舍扼吭甘瞑目。猶勝靦顏逐腥羶,犬馬事人竊世祿。

甘州曲

青城山下生春風,彩衣飛舞烟霧中,醉粧塗抹施朱紅。甘州一曲春光曉,梁苑隋堤事已了。天上飛來亞子軍,忙倩才人書降表。馬前空作回鶻隊,西蜀江山粉破碎。七里亭畔銜璧歸,掩淚悔睇六宮黛。君不見後亭花落玉樹悲,陳家覆轍已如斯。

還鄉歌

不作漢祖歌《大風》,且學仲謀保江東,錦帶寶馬真英雄。衹惜狂犢居九五,吳越尺寸唐家土。錦衣空唱還鄉歌,未獲逆晃血膏斧,吁嗟昭諫心亦苦。

豹留皮

鄆州一敗風鶴吼,碭山遺孽齊授首。佳哉豹皮誠不朽,梁存臣生梁亡死。朝梁暮唐臣之恥,唾手功成李亞子。大節不撓有如此,梁室摧君曲一指，廬陵永叔真知己。

長樂老

紛紛五季爭蠻觸，白頭老叟不知足。故主泉下骨未寒，新爵已受尚書錄。北面伏拜鳴珂趨，一杯一卷復歡娛。長樂自敘胡爲乎？君不見南齊褚淵蜀譙周，千秋鼎立青史羞。

齊雲樓①

（興鹽憲課正取五名）

袁嘉端

雀上紇干山，人上齊雲樓。臣子賊，天子囚。一曲謳，雙涕流。樓頭人非山頭雀，不得飛去生處樂。不得飛去生處樂，一日食幾缺不託。歎唐宗，野煙斷處思關中。當日若助鴉軍雄，今日豈困朱全忠？

三垂崗

三垂崗，百年歌，三軍悽愴悲如何？獨眼龍，五歲兒，兒當代父興雄師。代父師，立解潞州圍，霧中殺賊賊不知。一鼓入沛風雨馳，聊慰先王捋鬚時。

鑄鐵硯

鐵不幸爲桑生硯，爲生一第鐵百鍊。男兒只解市科名，硯縱不變節亦變。君不見七尺身，一尺面；媚契丹，割郡縣。生富貴，不如

---

① 以下八首爲袁嘉端所作《詠〈五代史〉新樂府八首》同題詩。後文同題詩作不再——注明。

死貧賤。

授牙籌

緣何十翰墨,化作八牙籌。延廣伏地蒙面羞。面蒙羞,臂加鎖;契丹法,喬螢禍。安得十萬劍橫磨,持來報汝牙籌多。

甘州曲

半壁天,樂事足,《後庭花》後《甘州曲》。宮人如雲衣如霞,青城山上神仙家。可蓋七里亭,近接青城青。不唱《甘州》唱《淋鈴》,舊夢無夢醒不醒。全蜀師,無男兒,後蜀花蕊詩,惜哉前蜀君未知。

還鄉歌

樂莫樂,仕故鄉;榮莫榮,南面王。恨君降梁不鋤梁,湖山歌舞安餘杭?杭風清,杭月明,九州骨肉紛縱橫。但保抗人非人英,錦衣軍裏絲竹聲,獨不聞紇干凍雀將死之悲鳴!

豹留皮

生不能擒鬭雞小兒,死不能傚長樂老人。二百斤槍八尺身,血戰知飛馬逸塵。中都馬倒軍無效,回首汴軍以死報。平生俚言幸不良,留名人喻虎皮豹。嗚呼人惜事賊溫,喻豹未堪喻鳳麟。

長樂老

事十主傳叔孫通,人間又出長樂馮。叔孫未相馮爲相,至穢馮跨叔孫上。怪哉王荆公,竟以就湯就桀比其躬。幸《五代史》出文忠,是是非非論折衷。吁嗟乎變滄桑,移鐘簴,《貳臣傳》,知何許?多少長樂老人序。

授牙籌

（興鹽憲課正取七名）

張儒瀾

羞稱臣，但稱孫，敵國體正中國尊。和不和，戰不戰，空聞橫磨劍十萬。誤國家，戀妻子，虜廷尚欲求免死，牙籌八授吁無恥。當日莫作長夜歡，狼狽安能竟至此！大言輕舉招外寇，他年猶有韓佗冑。

還鄉歌

淩烟閣，圖異人，中有梁臣非唐臣。學孫權，老不死，昔年無賴今無恥。衣錦嘉名誰錫爾？還鄉竟忘唐天子。還鄉歌，摹《大風》；還鄉志，沐猴同。不思爭天下，竊喜玉越中。井底蛙，草際蟲。

豹留皮

有豹有豹出壽張，曾隨赤蛇噬唐皇。一龍獨眼來相救，蛇倚豹力龍難當。老龍死，小龍起，赤蛇生兒豚犬比。群犬忌豹爭來嚙，豹力難竟蛇族滅。鬭雞小兒擒豹歸，可憐豹死猶留皮。豹留皮，未爲忠，所事毒蛇非真龍。君不見東漢之末有熊虎，一心同事蛟龍王。

長樂老

長樂老，曰馮道；臣八姓，相稱好。持躬儉樸接物寬，可惜生平廉恥少。晚年作序自矜異，奇人奇文更奇事。同時猶有敬翔妻，歷數前夫誇門第。乃知五代節已無，孔子同壽紛相譽。也似夏姬人盡夫，仙去猶説攜屈巫。

三垂崗

（興鹽憲課正取八名）

趙永鑫

將鬚欣笑吾老矣，奇父乃能知奇子。夾城一戰劍光紫，滅梁殲燕功始此。後踐遺言還三矢，嗚乎克用真不死。惜哉暮夜倉皇走，寵伶孤負先生酒。君不見替戾崗，劉曜亡，誰知石洵死，種滅中山王。

鑄鐵硯

鑄鐵硯，思豹變，七尺身遜一尺面。維翰自奇己形容，賦著扶桑羞貧賤。及第幸得從敬瑭，忍心贊謀篡後唐。十六州，賂契丹；兒皇帝，無慚顏。此時此硯空磨穿，鑄錯鐵比頑石頑。有噉飯處孫無憂，硯兮硯兮吾汝羞。

豹留皮

鬥雞小兒何足數，壽張壯士真雄武。宴將暗薄敵樓櫓，立斫鐵鎖揮巨斧。惜哉功廢營青蠅，坐視大事嗟無城。事將物比人，仗義死千秋，史冊留共名。吁嗟乎梁雖滅，死獨烈。豹兮人鐵槍亦鐵，鐵中錚錚蘇武節。

豹留皮

（興鹽憲課正取十名）

張　坤

朱梁興，李唐滅，黃巢餘寇毀臣節，從賊之人同一轍。惜哉彥

224

章忠義士，百戰甘爲盜賊死。縱然留名不爲名，此身直等鴻毛輕。歐陽表章非定評，嗚呼武人不知書，持較豹皮如不如？

齊雲樓

（興鹽憲課正取十二名）

吳 琨

三鎮强兵赴闕迫，獨眼龍還救不得，乘輿播越國不國。衛兵散，諸王囚，何故詔斬李都頭？齊雲樓上西風道，長安遠隔浮雲浮，新詞填罷空涕流。君不見南莊隙地樓閣起，赤練蛇來刦天子。宮人耳語語何語，朱三竊國自建始。

三垂岡

英雄立馬沙陀起，捋鬚空歎吾老矣。鬥雞兒，有奇氣，跳梁小醜何足畏。三垂岡，書晦冥，冒霧攻城城頓傾。驍勇不愧晉家軍，知子如父真定評。吁嗟乎梁亡燕破還三矢，生子當如李亞子。

鑄鐵硯

七尺軀，一尺面，公輔有志鑄鐵硯。硯未穿，遽滅唐，誰援契丹入洛陽。夷狄稱父中國子，君辱臣死臣不死。調鶯小兒安足噓，引狼入室國僑始。君不見稱臣稱姪宋南渡，千秋一例覆轍誤。縱聚六州鐵，此硯錯難鑄。

甘州曲

青城山起淩青霄，雲霞仙袂風飄飄。酒酣譜作《甘州曲》，君臣旦暮歌聲高。危腦帽，偃首墮，亂國自起亡國旣。中原金鼓振地來，上清宮殿安在哉！誘人降，滅人族；唐天子，亦荼毒，伶官焚闕流矢疏。天道恢恢信有諸，不見徐氏臨刑呼。

還鄉歌

孫仲謀，據江東，背漢事曹非英雄。錢具美，將毋同，不殺國賊受賊封。高歌一曲錢塘中，衣錦還鄉慚歌風，沐猴而冠如重瞳。吁嗟乎！亡賴賊，竊國器。老猿咆哮不跪地，吳越一王媿無媿。

齊雲樓
（興鹽憲課正取十五名）

李　明

流星如織帝座傾，虜塵怒捲華州城。哀哉殺氣滿宮闕，西北顧望空涕零。朔風吹老李花落，紛紛鴟梟肆殘啄。請歌一闋菩薩蠻，大家夫婦身誰託。披髮升屋呼宅家，十六宅盡化猿鶴。君不見紇干山頭凍殺雀。

長樂老

長樂老，何太癡，無才無德信有之。浮沉取容慣販國，自謂忠孝吁可嗤。更事九君歷四姓，官銜牙笏書不盡。辜負新恩與舊恩，衣冠依樣如優孟。君不見伴墜朝笏司空圖，癡頑老子如不如？

蓮花池歌
（興鹽憲課正取二名）

李　坤

千松嶺外野園角，一池寒浸破荷綠。花時不見鴛鴦飛，樹底惟聞杜鵑哭。當日雀凍絃干山，託命蠻煙瘴雨間。驚翰乍定水雲墅，瘁羽又出銅壁關。朱波萬里任飄泊，黑水三□歸不得。蚌河忽見漢旌旗，鶴表慘看舊城郭。那容玉馬朝京華，□斷金蟬開士家。三面綱不宥苞蘗，九曲池更沈李花。鐘山王氣□於此，苴蘭宮闕作藩邸。大營金屋藏阿嬌，豈意妝樓瞰新鬼。怨魄幻作妖鳥圖，錯認昆湖爲鑑湖。威弧南躬鱷鯢斃，崇臺漸圮鵂鶹呼。夕陽樵唱商山路，尚指夷光採蓮處。池上垂楊不勝秋，幾人知是冬青樹。

蓮花池歌

（興鹽憲課正取四名）

錢良駿

野園荒蕪狐兔窟，粧臺珠翠蒼苔没。望京樓外莽荆榛，白頭老濞已寒骨。蘇臺空歡麋鹿走，蓮池猶賸兩三柳。春來波漲青漪漪，似倩名妹將進酒。憶昔平西胙茅土，欲取苴蘭作鄖塢。金屋築罷貯阿嬌，更鑿清池泛輕艫。酒酣畫舫重開晏，蓮花爭映芙蓉面。當筵一曲《懊憹歌》，餘音驚斷碧雲片。不圖王敦老作賊，鎡聚六州鑄不得。子陽貽笑井底蛙，一生再誤誤荒色。浮雲一去如煙霧，行人怕説商山路。夜月不聞環佩歸，千載誰表真娘墓？君不見金蟬風雨弦應指，一旅君臣同時死。縱有蓮池千頃波，汲盡未易湔青史。

蓮花池歌

（興鹽憲課正取九名）

李堃

城北方塘淨如練，萬柳密垂黃金綫。春歸猶自鎖春愁，似惜繁華瞥於電。當年吳苑盛花草，更仿耶溪鬪野淀。浴蘭節過畫鷁飛，採蓮人到碧鴦羡。芙蕖花亂芙蓉面，水濺輕裙菱繞釧。羅平莫信妖鳥圖，昆明誰閟倚虹殿？靈心藕竅情藕絲，墜粉深愁秋露時。已聞變名芬陁利，更乞移植摩訶池。詞客莫唱《烏棲曲》，美人肯留鸞影詩。古來萬事東流水，昔日菡萏今梟茋。

蓮花池歌

（興鹽憲課正取十名）

張坤

城北一帶夕陽紫，山光水色慘欲死。行人指點蓮花池，中有香魂呼不起。春風楊柳啼鵂鶹，山花踏遍遊人遊。一代繁華委荊棘，百年事業成土邱。憶昔吳藩此消夏，英雄重色輕王霸。新營粧臺貯嬌女，鑿破蓮池通水樹。橫塘比鏡鏡無塵，美人如花花不嗔。環佩娉婷照碧水，綺羅窈窕驕青春。侍兒歌舞朝還暮，春光那爲紅顏駐。池中不見採蓮人，美人一去知何處？始知歲月頹波流，徘徊弔古無限愁。扶犁曾拾釵雙股，葬玉難尋土一抔。君不見安阜園荒遊麋鹿，廡廊人去狐兔宿。往事驚心漫流連，金蟬古寺聞鬼哭。

蓮花池歌

（興鹽憲課正取十二名）

吳　琨

龜城出步蟻道曲，晚涼吹散夏炎酷。斜陽隱樹啼鵃鵁，野雲蔽空起鴻鵠。郊原徑闐少行人，池塘雨足有耕犢。倚樹凝眸俯明鏡，往事驚心如轉轂。憶昔老瀆滇池留，爲住美人粧臺築。臺畔時聞環珮聲，波閒日伴鴛鴦宿。蓮花田田蘭漿開，采蓮歌罷人如玉。醉施不異館娃宮，貯嬌欲比黃金屋。詎料繁華轉瞬謝，不聞簫管歌聲續。美人香葬一抔秋，蓮池水浸千畝綠。旋看月色橫流波，驚起鳥聲碎修竹。歸路休尋安阜園，金禪寺聽杜鵑哭。

《春秋》新樂府八首 用西涯體

（松府憲課正取一名）

李　堃

繻葛戰

戰千畝，王大敗。幸驪山，王遇害。夷狄亂華已可怪，胡爲宣王之裔武公孑，亦淩天子動旗旛。一鼓奔陳人，再鼓奔衛蔡。魚麗陳與兩拒合，攻王射王王幾懟，不從而勞真狡獪。春秋久矣無君臣，瘖生首抗天王軍。腥聞染及江漢濱，射王汰輈傳伯棼。

召陵盟

不責盡諸姬，不責僭王號。苞茅縮酒固當徵，遠事何須問舟

229

膠。水濱之對難爲情，次陘胡又還召陵。有眾不戰惟與盟，楚真池漢城方城。蠻夷畏威勝懷德，弗糾詎能逖王愆。綏未必來攻必克，城濮捷愈召陵役。

息媯怨

爲粲等涇上，竟滅密公國。歸晉媵衛姬，未見衛侯釋。古來媿怨多無終，之子不言淚沾臆。默默楚宮春，桃花欲斷魂。三年始煽燎原火，九原藉慰先天君。君不見邿俘鄁反鄁夫人，留鄁女，終假宋師反鄁俘。忍辱復仇亦其侶，莫賦高唐說雲雨。

齊姜遣

有車廿乘謂將死，懷安敗名良有以。肯勖夫子志四方，姜智乃出群公子。殺蠶妾，賦《駃征》，周詩齊語皆弗聽。勸君一舉贏十觥，飲君醉君君可行？載出臨淄猶未醒。反晉固藉文嬴力，儓老營邱嗟何及。謀婦曾尸周氏汪，雍姬未許方齊姜。

縣田封

賞不肯效壺叔乞，亡不待授子犯璧。植節甚高行亦高，從亡豈曰貪天功。竊財之喻殊未工，謾云上下相欺蒙。龍上天，五蛇輔；龍升雲，蛇入宇。龍思洗甲作霖雨，偶遺一蛇無處所。亟封不受聞叔敖，奈何輕學子文逃。槁餓自甘累及母，縣田志過難云衰。君制臣意各行是，既隱何事輕訾詆。不見五湖浮范蠡，越亦封地三百里。

繞朝策

穆公違蹇叔，卒鄉歸師哭。康公棄繞朝，終今放臣復。河西莫謂秦無人，謀適不用何能淑？壽餘無罪胡歸秦，在朝已躡隨季跟。

與魏人言須東人，明誘士會旋河汾。許以歸帑心更忻，繞朝贈策空云云。君不見孟明當日還自晉，陽處父亦釋驂贈。

祁招詩

左執鬼中，右執殤宮。箴諫盡聞吾不庸，已依史老詞白公。《祁父詩》當充耳充，皮冠復陶詎式玉，醉飽乾谿苦不足。虐民役民民怨誹，危機即在章華伏。陳古枉炫令尹腹，冀没祇宮無是福。不繇何以儻郊敖，纍卵難完今破策。荒山枕土銷人逃，憶否子革歌《祁招》？

夾谷會

自來聖文必神武，況集大成冠萬古。在昔夾谷會齊魯，相君君前孰敢侮。升壇數語郤萊虜，旋斬優人罷夷舞。樂不野合田竟歸，折衝果然在尊俎。知禮何須勇可賈。君不見柯盟曾劫莊公時，曹子手劍何足奇。

繻葛戰①

（松府憲課正取三名）

張儒瀾

取麥禾，王令微，諸侯乃敢侵周畿。戰繻葛，王威弛，陪臣竟至射天子。射天子，幸不死，王卒雖敗猶能止。果爾臣心祇自救，射王之賊焉能宥！吁嗟乎，鄢陵戰，楚王傷；檇李戰，吳王亡。僭竊雖

---

① 以下八首爲張儒瀾所作《〈春秋〉新樂府八首》同題詩。後文同題詩作不再一一注明。

傷不足惜，那堪此是傷天王！

召陵盟

大興撻伐合諸侯，只緣女子蕩公舟。侵蔡蔡潰公怒消，因之伐楚自解嘲。豈知解嘲嘲難解，召陵之辱千秋在。不責僭王責害王，當年辭語真荒唐。以順討逆拉枯耳，何憂方城與漢水。屈完雖來穎不來，君盟大夫殊可恥。噫嘻乎！悲哉霸君霸佐猶如此，夷狄之禍何日止！嗚呼，夷狄之禍何日止！

息媯怨

楚宮鶯燕息宮鴉，夫人泣淚染桃花。桃花隨人渡江水，脈脈無言自結子。息宮人散春無主，桃花不得歸故土。妾不能言非無因，妾死何顏見息君？妾身雖存心已死，寄語後人休痛詆。不見羊后媚後夫，司馬家兒何足齒！

齊姜遣

離鄉去國悲莫悲，誰實出君曰驪姬？君家家事壞蛾眉，何心復戀賤妾爲？春燕雙棲非不樂，其如巢處是危幕。丈夫況復鴻鵠志，奈何依人學燕雀？一壺酒，遣君歸，賤妾甘心守空幃。那堪蛟龍得雲雨，妾身又化精衛飛。

綿田封

君本水中龍，臣是山中蛇。憐君當日遭天譴，五蛇隨君避天涯。君今乘雲飛上天，天上豈容蛇盤旋？爲雲爲雨非吾事，潛身仍竄草澤間。割股莫誣臣，焚山莫誣君。邱明子長文具在，惟聞隱死封綿田。綿田封，君之惠，功小賜厚臣應愧。他日效法來越王，環會稽爲范蠡地。

繞朝策

隨武子，才無倫，在晉强晉秦强秦。魏壽餘，計莫測，僞降竟能愚泰伯。天教英雄歸故國，繞朝徒贈臨行策。子歸莫謂秦無人，吾謀如用歸不得。吁嗟乎！國有良臣不能知，羈臣雖賢亦何爲？代馬猶知懷北土，忠臣豈忍忘故主？君不見雲長奔烈祖。

祈招詩

求鄭田，問周鼎，暴主當日雄心逞。譏左史，引《逸詩》，賢臣譎諫思維持。饋不食，寢不寐，不能自克真聵聵。乾谿難作將誰懟，嗚呼乾谿難作亦堪悲！豈若穆王壽期頤，轉瞬誦詩人亦渺，杜鵑空唱不如歸。

夾谷會

鳳不來，麟復死，至聖功業一會止。會祝其，强敵服，汶陽田返亦何速。萊人兵，優施舞，齊國君臣何足數？聖人有文兼有武，印明當日應目覩，後儒不信何迂腐。吁嗟乎，聖人有勇吾徒疑，何怪當年有犁彌。

繻葛戰

（松府憲課正取六名）

袁嘉端

天王來，臣出師，不歌《魚麗》陳魚麗。王能軍，王師奔，不中黑肩中王肩。春秋大變繻葛始，論㾓生罪不始此。秋取王麥冬取禾，天王怒我奈我何！吁嗟乎，黄泉誓，母可違，忘天親，況天威，東遷猶謂鄭焉依！

召陵盟

君不見楚地東面江，楚人南面王。邀周京，吞漢陽，不有齊桓兵，豈甘召陵盟？惜不言戰徒言平，包茅之貢貴何輕？齊師不曰歸，楚師明日起。霸主霸業中原恥，誰雪此恥曰重耳。宛春拘，子玉死；城濮師，耀魯史。

息嬀怨

息嬀怨，息嬀怨自何時見？楚宮生子後日羞，前羞早享蔡侯宴。蔡侯不禮繩之楚，一身二夫不一語。不見桃李花無言，媚色妖態穢花圃，何況處宮子元蠱？

齊姜遣

巾幗心具英雄志，遣公子行先以醉。一杯合唱新婚別，四方休灑窮途淚。可憐秦女甘蒙羞，奉匜沃盥爭好逑。倘知齊姜殺鹽妾，敢令公子降服囚。吁嗟乎，齊姜不與子犯謀，龍蛇交困終浮漚。

綿田封

生時不敢貪天功，死時豈願綿田封，嗚呼介推真可風。十九年亡功表表，受祿宜養萱堂老。嗚呼介推母乃矯，裒推訾推推不知。怪哉晉文竟忘之，嗚呼綿田封已遲。

繞朝策

維楚有才晉用之，晉才豈爲秦所資。刜秦已用丕豹公孫枝，肯合隨會終不歸。智哉繞朝贈以策，鞭馬歸晉須努力。可悼狄中狐射姑，已自有策歸不得。吁嗟乎，河可誓，孥可送，西流水，同朝夢。

莫謂秦無人，吾謀適不用。

祈招詩

八駿風塵，九州車轂。不盡天下游，不如無足。古之周王，今之楚子。周王幸聽《祈招詩》，楚子不聽乾谿死。天生子革一祭光，述詩心與作詩同。君不見穆天子傳《白雲謠》，子革不述述《祈招》。

夾谷會

有文事，有武備，聖集大成今小試。齊君歸田齊人誅，宗邦弱病亦吐氣。惜哉反遭季桓忌，夾谷會成文馬至。公朝不朝朝私朝，瞻望龜山一何高。君不見曹沫會齊反魯地，登壇力劫詎足異？刺客傳首稱英毅，自聖觀之只兒戲。

繻葛戰
（松府憲課正取七名）

孫文連

君視臣，霄於淵；臣視君，地於天，君臣自古無平權。謬哉瘝生忘大倫，戰王敗王射中周王肩。論罪誅心首從見，鄭莊心勝祝聸箭。百世罪首惡，《春秋》書法道無變。勸君莫倡平等言，君不見繻葛戰。

召陵盟

齊師伐楚《春秋》書，盟而不戰胡爲乎！霸術自來率草草，不戰而盟術甚巧。吁嗟乎，桓公譎，管仲小，粉飾之事創已早。不然諸

235

侯豈與楚臣盟，方城爲城燬其城，漢水爲池洩使平。八國之眾足以
殲蠻荆，庶幾無愧霸者兵。

息嬀怨

傷哉別離息侯死，滅蔡無息亦徒耳。脈脈不言繫乎此，却怪當
年兩生子。《柏舟》詩，共姜悲；《黃鵠》詞，陶嬰癡，惜哉夫人得無
知。果如表章死節《列女傳》，地下無慚息侯面。與《左氏》殊人不
見，夫人千秋有餘怨。

齊姜遣

大夫志如鐵，紅顏能令鐵摧折。丈夫志如銅，紅顏能使鐵銷
鎔。自古紅顏誤夫子，偉哉齊姜孰如此！妾不願君久游，妾願君爲
諸侯。公子醉中出齊國，得國應念夫人力。嗚呼夫人巾幗師，夫人
豈必輕別離。

綿田封

臣食君禄分應耳，惜乎介推不見此。母偕子隱(棉)［綿］之山，
山於晉豈毫無關？生不受晉之禄，死仍受綿之田。逃君之賜累及
母，矯哉矯哉烏得賢？吁嗟乎，夷齊恥周粟，義人千古有。芳躅綿
田封，安得首陽續？

夾谷會

君恒見，夾谷君；臣罕見，夾谷臣，有國家者言得人，世無孔夫
子，不言武備徒言文。戈戟鼓譟突然至，倉卒之變聞未聞。郤萊
虜，恐齊軍；斬優施，歸魯田。吾子智略千古存，嗟嗟强鄰弭兵講修
睦，弭兵誠恐禍機伏。亡以好兵速，仍以弭兵卜，盍觀齊魯會夾谷。

關嶺《古柏志》載武侯盟羣蠻於此所手植也，歌以誌之

（松府憲課正取一名）

李埜

關嶺名可補陳志，關嶺樹堪匹蜀柏。少陵作歌惜未見，萬古青山黯無色。諸葛渡瀘昔深入，滇西東有車馬迹。不毛那識十年計，教以樹木亦長策。嶺頭種此導先路，冀厚民生盡地力。不爾師行縱整暇，胡閣羽扇講蓺植。邇來歲逾二千載，飽鏖霜戰饜露澤。吟嘯如聞風雨驚，俯仰每嫌天地窄。累葉孫枝已成棟，采山亦承工師度。本知孤直太無偶，改鑿母乃煩匠石。尋常斤斧不敢伐，爲人愛惜辭則飾。長安作臺甚需梁，萬里何由達君側？且蒙大名貞歲寒，任呼甘棠詠南國。

前 題

（松府憲課正取五名）

張儒源

關嶺古柏高插天，不知始於何代與何年。相傳武侯盟蠻所手植，是真是僞心茫然。武侯即今二千載，桑田幾回變滄海，植柏不應今猶在。此語流傳非一朝，應是舊植今已銷。此柏後起屬兒曹，枝如盤龍根巢蟻。蚍蜉欲撼亦徒耳，一木獨支天萬里。嗚呼，一木獨支天萬里。

前 題

（松府憲課正取六名）

袁嘉端

空山飛出深淵龍，昂首止欲攀青空。煙供吞吐霞離合，鱗甲一動生金風。輿中瞥見警心胸，審視始識柏蔥蔥。合抱無由計寸尺，蟠根定知深幾重。一枝一葉蒼轉紅，半枯半活堅而通。神鵲巢之山魑窟，豈容樵斧來爭攻？天下古柏推鼪叢，何時何人移南中？南中地志頗疑信，云植柏者諸葛公。當日彩雲鎖隆隆，闢開十百千萬峰。南人帖耳愛羈絡，植柏聊比碑銘功。黑龍坡上元柏崇，黑龍潭上宋柏雄。後凋古節不數見，持較漢柏皆兒童。善詩誰繼杜陵翁，爲柏寫照羞雷同。身似曲折心正直，想見諸葛鞠其躬。北征我亦抱愚衷，關嶺撫柏立從容。立久忽聽柏長嘯，終見化龍升紫穹。

讀《漢書》新樂府八首 用西涯體

（李縣尊課正取一名）

李 堃

垓下歌

力拔山，氣蓋世；時不利，騅不逝。八千子弟散如煙，謳歌夜半歸劉季。聞而驚者終英雄，兒女和歌悲命窮。空圍一戰示非罪，勝乃讓漢歌《大風》。噫吁嚱，漢皇能致沐猴殂，鴻羽既成空涕隕。姬爲楚舞皇楚歌，意氣更比憤王盡。

雲夢遊

趙璧印符奪卧内,僞遊定縛楚王至。出奇無待陳平計,不面而背終王齊。君來如魯辭夷維,出計安見陳平奇？雲夢武關等用詐,赤帝詎出白帝下。中詐猶詐亡將頭,淮陰應受鐘離罵。君臣從此代相疑,絳侯見尉衷甲宜。

細柳營

第聞將軍令,不聞天子詔。軍中偏遇翠華到,使節傳呼將入勞。細柳陰中開壁門,竟約六龍不動塵。大異轉門灞上戲,執兵介胄真將軍。將軍原制閫以外,色未可犯禮勿壞。不聞咫尺懍天威,葵邱仍下齊侯拜。

東陵瓜

驪山鬼哭冬瓜蔓,生者爭唊夥頤畔。一夫夜誶兆人亂,故國瓜分起瓜戰。仕秦未忍同亡秦,滄桑再換通侯貧。誰識青門荷鋤客,舊是東陵擔爵人。長安悔作相國友,名姓遂傳史公口。清芬甚愧首陽薇,先路詎惟彭澤柳。不見步騭避難來,江東種瓜還與衛旌同。

霸陵尉

身被胡擄軍胡破,兩馬之閒絡而卧。有胡旁乘胡馬過,躍登胡馬推胡墮。胡追還奪胡弓射,歸漢漢罪軍威挫。免死罷居藍田舍,夜飲還過霸陵亭。將軍未醉尉未醒,止宿亭下戲之耳,北平再起胡加刑。君不見淮陰侯,楚中尉,昔予出袴辱,後予彈冠貴。

棄繻生

繒帛兩行書，分帛如分符。嚴關慎出入，必合迺容趨。漢紀文帝已除傳，軍當孝武何來繻？得毋專難博士之弟子。丈夫西遊歸，不須刻笑甯成詐。投比陳蕃烈，奉使還請纓，出關必建節。使者迺前棄繻生，此語定教吏人說。君不見題橋見志傳相如，果乘高車駟馬旋成都。

式牧羊

以時起居惡者去，此何如語出牧豎。以之牧民民定蕃，緱氏成皋資育撫。雅行詎獨傳躬耕，能為眾母先能兄。輸財功邊風天下，好義豈曰非人情？《封禪書》本相如病，不習文章式之幸。布衣草蹻出通侯，循吏乃以朴忠勝。君不見甯成治亦同牧羊，濟南都尉嗟如狼。

光驂乘

擁昭漢周公，立宣漢伊尹。邪謀圖后乃陰妻，博陸不祀吁可憫。禍機伏在驂乘時，積威生憚皇不怡。迥異車騎張安世，扈趨甚得天子宜。吁嗟乎，經筵讀勃戒如悖，明帝聞之芒刺背。威既震主功復高，江陵籍家同一喟。

讀《漢書》新樂府八首 用西涯體
（李縣尊課正取三名）

張儒瀾

垓下歌

垓下圍，天亡楚，漢營楚兵如蜂聚。圍外楚歌一何懽，圍內楚歌一何苦！君王歌罷美人歌，置酒相看淚如雨。左右皆泣莫能止，可憐不得歸故里。吁嗟乎，錦衣幾日返江東，泗上有人歌《大風》。

雲夢遊

垓下不會羽不死，亭長何能作天子。敵國既破封諸侯，君王忽作雲夢遊。非作雲夢遊，尾大不掉君之憂。人言臣信有反謀，君憂家事勿憂是。臣有二心如此水，後車不載弓不藏。諸呂何物敢猖狂，功臣戮盡危劉氏。黠哉當日一野雉，禍端實自茲遊始。

細柳營

絳侯勃，漢功狗，生兒象賢屯細柳。細柳營，晝寂寥，勞軍天子心搖搖。軍中但聞有將軍，士吏焉知天子尊？可憐天子營門立，不詔將軍不敢入。臨入將軍猶有約，軍中不馳帝曰諾。將軍介冑軍禮見，群臣驚愕天子歎。天子歎，真將軍，雲中魏尚爭及君。古今邊將知多少，都似棘門霸上人。

東陵瓜

昔爲東陵侯，今種東陵瓜。丈夫豈屑事二姓，英雄末路君莫嗟。愚哉鄲侯居權要，不畏良弓藏高廟。未親矢石忽益封，諸君皆賀平獨弔。弔君君勿憂，爲君設良謀。告君三數語，保君十世侯。君不見江東種瓜步子山，身事僞朝亦厚顏。東陵有瓜不奉漢，千秋高節留長安。

霸陵尉

霸陵尉，能盡職，將軍夜行臣不識。飛將軍，殊可笑，一語之怨終必報。將軍報怨竟專誅，天子寬仁赦其辜，尉冤更向何人呼！吁嗟乎，報及睚眥小人事，乃知將軍非大器。君看少年辱淮陰，他時且作楚中尉。

棄繻生

建元初政方崇儒,童子入關棄其繻。丈夫西遊負壯志,奈何復傳還此地?他日建節行郡國,守關故吏猶相識。路人爭看棄繻生,駟馬高車異疇昔。異疇昔,未爲榮,繫越尚欲請長纓。孰知事變出意外,大功未成身遇害。相如題橋事依稀,羨爾終服西南夷。

式牧羊

漢皇好武邊土開,牧羊人願輸家財。輸財志在滅醜虜,義氣終能感人主。一勞永逸勤遠略,後人休議逢君惡。夷狄之患何代無,伊誰肯以一錢輸?授之高位非濫用,兄道臣道兩足重。牧羊牧民一例耳,名論千秋繼楊子。

光驂乘

昌邑王廢宣帝危,霍氏禍萌驂乘時。不有廢也君胡興,欲加之罪豈無辭?弑后惡,在臣妻;謀逆罪,在臣兒。臣之功業伊呂比,君王奈何餒臣鬼?君不見申池驂乘有闒職,怨起奪妻甘作賊。臣心忠愛與彼殊,君王疑臣臣何辜?

讀《漢書》新樂府八首 用西涯體
(李縣尊課正取二名)

袁嘉毅

垓下歌

天扇堯風,獨不令重瞳繼重瞳?垓下楚歌漢氣雄,和歌虞兮泣帳中。吁嗟虞兮不足泣，天之所亡何於邑？不見呂雉鳴牝雞，人彘之慘又戚姬。漢皇不能馭女子，不若項王垓下死。何況良平躡足背約焉足齒。江東水，流汋汋；吳王濞，驚鼓角。君背兄弟約，兄子背君亦善學。

雲夢遊

信迎漢皇皇執信，漢自負信信何恨！信強漢強亡漢亡，漢后殺信漢可傷。嗚呼功高禍已重，後周亞夫前文種。男兒死矣事亦常，可憐漢后欺漢皇。雲夢遊，女子賣，陳平小人焉足怪？蕭何巨眼國士稱，欲殺國士何亦能？

細柳營

戲灞上，戲棘門，兒輩可虜孤君思。細柳營，真將軍，知有軍令不知君。美哉文帝行按轡，危哉亞夫太負氣。告汝景帝非文帝，負氣鞅鞅終為累。吁嗟乎，過柔綏，過剛折，今日冑不拜，他日榻不設。

東陵瓜

東陵侯，棄侯封；貧種瓜，青門中。眼中兵戎，夢中不到咸陽宮。此身且託賣菜傭，簪笏甘以布衣終。蕭文終，漢之傑，人賀君相國，我獨弔君禍事決。不辭漢賞餉漢軍，蕭何之勳我之勳。莫謂英雄閉戶種菜是無心，請看東陵瓜，瓜名傳古今。

霸陵尉

天上飛下飛將軍，一腔英氣干青雲。蹉跎藍田南山飲，夜歸醉眼不見影。更有醉者真酩酊，故李將軍亦遭屏。亭下宿，軍前行；霸陵尉，瞬遭刑，將軍報怨將軍輕。君不見蓋次公，灌仲孺，漢臣屢以醉酒誅，醉酒可作殷鑒無？

棄繻生

入關未請纓，入關先棄繻，問君繻棄胡爲乎？丈夫壯游期得志，匈奴南越才欲試。倘令故我依然歸，對茲關吏亦短氣。君不見司馬題橋氣何壯，持節歸日懷何暢！相視而笑棄繻生，吁嗟有志事竟成。

式牧羊

弦高犒秦牛十二，商人輕財重國事。有時財亦不可輕，輕財反令兵事興。漢之求式以財名，牧羊羊肥心計精，豈知心計傷太精？草野輸一金，西域增一兵。金如不減兵不生，嗟嗟卜式非人情，何如北海牧羊蘇子卿？

光驂乘

大將軍，掖漢室；惜哉社稷臣，不學歉無術！臣敬君，君愛臣，何至芒刺刺君身？將軍驂乘臣威佟，反使帝心凜尺咫。豈徒帝心凜尺咫，族將軍家禍如此。麒麟閣，光不名，虛名重，實恩輕。讀勃如也明帝驚，同禍者，張江陵。

東陵瓜①

（李縣尊課正取十一名）

李熙仁

咸陽一炬成焦土，故國宮室悲禾黍。昔日紫綬襲侯封，今日布

---

① 以下兩首爲李熙仁所作《讀〈漢書〉新樂府八首》同題詩。後文同題詩作不再一一注明。

衣學老圃。先疇可服足餘生，不知有漢何論楚？瓜田數畝城之東，抱甕而灌敢辭苦？採芝肯從商皓游，分茅不爲淮陰伍。世人傳説東陵反，虯繫孤臣恨終古。

光驂乘

昌邑廢，孝宣立，社稷有主退宜急。久持大柄眾怨集，況乃驂乘招主忌。子弟驕侈懷妄覬，湛溺盈溢不知避。哀哉身死族亦誅，伊周志節與爾殊。生平誤由學不足，君不見遺傳留與萊公讀。

垓下歌

（李縣尊課正取十四名）

孫文達

儒莫如沛公，勇莫如重瞳。垓下一北勇安在？悲歌何如歌《大風》。論人原恥論成敗，匹夫之敗無足怪。聽歌忍聽歌聲哀，歌聲自屠咸陽來。吁嗟乎，未見亞父死，先見季父起，身翼沛公拔劍舞，宜乎吾屬終爲虜。

細柳營

霸上棘門若兒戲，細柳能抗萬乘至。巨介胄，君按轡，不拜徑以軍禮見，真將軍遇漢文帝。七國反，東出征，三十六都尉，節制皆精兵。堅壁以梁委吳楚，吳楚兵疲破一鼓。惜哉景帝難容汝，目送謂非臣少主。吁嗟乎，如有緩急須將兵，中華幾見亞夫營？

霸陵尉

飛將軍，不畏虎；藐哉霸陵尉，敢作霸陵侮。出師請尉斬尉頭，人中虎亦血濺土。得志时，井里知，安論今爲威武姿？矢志時，婦孺欺，安論昔統百萬師？嗟嗟人生貴立志，霸陵之辱亦常事，廣竟誅尉廣非智。

光驂乘

宣帝亦英主，何憚將軍武？芒刺在背傳至今，霍氏禍從驂乘睹。前諸呂，禍不由驂乘侮；後王莽，禍不由驂乘賈。大抵外戚驕淫禍自延，後日禍豈皆由前？倘使宣成卒後能斂迹，縱有驂乘隙，何至漢西京，霍家血濺碧？

雲夢遊

（李縣尊課正取十六名）

席聘臣

君憂羹，臣進食。對兄何其遲，報母何其急？一飯恩仇乃如此，此日君臣可知矣。奇計未出淮陰生，奇計既出淮陰死。大功不賞多有之，僞遊雲夢奇益奇。群臣望報無已時，假王一封成殺機。我思漂母言，深意良有寓。赤松避穀伊何人？可惜王孫終不寤。夷然日事雄猜主，意復不屑居人下。殺當其時殺亦恩，不然碌碌乃與噲等伍。君不見俎上杯羹猶可分，當日功狗何足云？

式牧羊

起家則以牧，助邊則以財。布衣入上林，式謀何狡哉！牧人祇知有牧耳，別論治民惑天子。爲令緱氏兼成皋，錐處囊中穎脫矣。太傅何如官，御史何如時，貲郎小就意豈適？特出奇計動至尊，奸雄作用疇能測？不然富豪爭匿避，輸財猶與常情異。人予而取取而予，黃金卒致三公位。君不見漢家邊患無時息，酬庸惟視錢神力。海上別有牧羊人，終身秩晉典屬國。

垓下歌

（李縣尊課正取十九名）

吳承鑫

楚歌起，霸業空，美人駿馬悲重瞳。圍垓下，飲帳中，從此楚漢分雌雄。惜哉不肯渡江東，坐使神器歸沛公。英雄豈論事成敗，天亡信汝非力窮。君不見爲若楚歌若楚舞，隆準涕泣不如羽，人彘亦非虞兮伍。朱虛耕田歌，軍令行酒足千古，不然炎漢亡國等西楚。

雲夢遊

功愈高，誅愈速。相面封侯危不安，咄哉蒯通計已熟。封齊王，信所欲，豈知良平能躡足。僞遊雲夢陰謀毒，韓侯迎謁縛後車。此際殺機已潛伏，敵國破兮謀臣戮，假手野雉忘追鹿。吁嗟乎，英雄結局何堪述，不見南渡三字獄？

細柳營

霸上棘門等兒戲，漢家將將推文帝。勞師駕幸細柳營，巧哉亞夫邀寵計。天子親臨壁門閉，不聞帝詔聞將令。按轡徐行軍容備，真將軍結魚水契。封條侯，拜中尉，入爲丞相君恩替。吁嗟乎，后兄不侯皇汝嗔，鞅鞅者非少主臣。

東陵瓜

不與國偕亡，不爲貧而仕。種成青門瓜，賣向長安市。代秦者誰赤帝子，不從隆準遊，乃從蕭鄭侯。眾人皆賀一人弔，自全爲汝瓜代謀。君不見故侯瓜愧安期瓜，學圃何似棲烟霞？

霸陵尉

猿臂將軍能射虎，一旦失勢窘於鼠。霸陵夜行醉尉嗔，止宿亭下苦復苦。將軍豈復論新故，一尉執法將軍怒。他年斬尉北平軍，將軍怒，泄尉冤，誰爲訴？終身不侯豈數奇，坑降八百同一誤，好殺安能封萬戶？

棄繻生

入關棄繻不復顧，乘傳出關信奇遇。古來英才多少年？有志竟成非偶然。願請長纓繫南越，報國誓灑一腔血。關吏猶識棄繻生，咄哉終軍亦人傑。虎頭燕頷飛食肉，投筆班超同感觸。更有宗愨願乘風，千古人中兩鴻鵠。

式牧羊

輸財物，助天子。以財博三公，漢家卜式始。匈奴未滅臣所恥，願偕父子南越死。不近人情心計精，丞相弗善天子喜。牧羊牧民等一理，平津昔日亦牧豕，一例封侯基於此。君不聞宮可市，義可市，請烹弘羊紀太史。

光驂乘

不學無術溺富貴，嗟哉霍光智何昧！漢宣謁廟光驂乘，天子如芒刺在背。歸政力請愧阿衡，子弟親戚典禁兵。醫衍弑后由妻顯，滅親大義移私情。噫吁嚱！光固非純臣，宣亦非仁君。伯棼射王若敖餒，箴尹復位王猶念子文，光功不祀漢家殊寡恩。

圓通寺觀石刻吳道子畫大士像

用東坡、子由《新修汝州龍興寺吳畫壁詩》原韻

（李縣尊課正取一名）

李　堃

峭壁刻鐵留絕藝，粉本鉤摹自前世。規模髣髴見曹衣，款識依稀帶唐隸。吳生寫佛神所授，落筆早驚開元歲。水月觀音彈指現，妙有當風臨水勢。憑看八面皆具足，心爲取影意司契。古人已由畫而聖，鐫者亦得戒定慧。留鎮梵天猶有災，金剛不壞可收涕。法雨頻燒兵火滅，罡風又卷陰霾霽。我來重睹正重陽，霜菊散馨襲衣袂。頂禮褐石獻窪尊，寒泉如薦寒梅弟。

圓通寺觀石刻吳道子畫大士像

用東坡、子由《新修汝州龍興寺吳畫壁詩》原韻

（李縣尊課正取三名）

張儒瀾

道子人物推絕藝，每圖佛像留後世。圓通寺現大士身，僉謂酉韓盡奴隸。相傳此像來永北，風雨剝蝕千餘歲。伊誰摹出刻此閒？猶作空中散花勢。我生自笑不解畫，畫筆雖妙非心契。況復嘗戒在尼山，安知能仁與善慧？矧今異教徧中土，憂國賈生空流涕。去年犯順據膠州，猶幸陰霾今已霽。聖像見毀佛像留，令我見之猶投袂。吁嗟道子如可作，請向孔門繪師弟。

圓通寺觀石刻吳道子畫大士像

用東坡、子由《新修汝州龍興寺吳畫壁詩》原韻

（李縣尊課正取二名）

袁嘉穀

無李公麟無宋藝，道子宗風不傳世。螺山忽覿大士碑，筆圓於篆方於隸。袈裟半襲足雙趺，身高五尺書千歲。活相深入古石骨，生氣上作淩霄勢。滇南古之阿育國，大士端與名山契。何來道子一筆揮，三昧佛心益智慧。當年只刊壺山壁，埋蝕荒陬佛隕涕。化身一日移螺山，清風泠然明月霽。我不嗜佛嗜道子，石傍流覽雲沾袂。一語欲寄嵩山僧，達摩真相此兄弟。

圓通寺觀石刻吳道子畫大士像

用東坡、子由《新修汝州龍興寺吳畫壁詩》原韻

（李縣尊課正取十四名）

孫文達

畫不獲睹道子藝，紙不獲藏道子世。道子畫人人益工，孿手繡心愧奴隸。一筆寫出丈八身，現身遲自李唐歲。南海來恐南海歸，文石挽留見真勢。霞屏披霞分古香，芝徑採芝愛同契。彈指俯視蛟龍潛，銜珠仰見鸚鵡慧。懸崖妙相未消磨，秋雨漬漬墮佛涕。我遊適值重陽時，振衣佛前喜初霽。夕陽一林紅上肩，暮草滿山翠黏袂。問佛因果佛無語，西南愁渡革囊弟。

圓通寺觀石刻吳道子畫大士像

用東坡、子由《新修汝州龍興寺吳畫壁詩》原韻

（李縣尊課正取十五名）

張　坤

丹青何人擅絕藝，道子名傳盛唐世。畫仙即仙佛即佛，亦如書家工楷隸。圓通古剎山崔巍，大士現身知何歲？云聞道子留真蹟，當年寫就莊嚴埶。是空是色古佛心，不增不減天然契。誰歟得此來昆明，鑴工刻石希智慧。天竺佛國今已衰，側身西望應垂涕_{天竺即}今印度，久爲英人所吞。安得甘露灑邊隅，一洗浮塵彩雲霽！觀罷緩步下螺峯，苔蘚藤蔓牽襟袂。君不聞宋代龍眠善白描，持較此刻孰昆弟？

觀圓通寺僧所藏趙松雪金書殘本《法華經》

用東坡《孫莘老［求］墨妙亭詩》原韻

（李縣尊課正取二名）

袁嘉毅

冬青老矣宋諸陵，故山破碎川沸騰。王孫再生劉子駿，高蹋不隱張季鷹。生平寄志一棱筆，筆態柔媚骨剛棱。《法華經》寫薋青紙，禪林飛雪天雨冰。漂流滇中三百載，螺山珍護雲憑憑。胡爲通靈半飛去，毋乃雨妒風尤憎。方今鬼工奪佛法，臥榻借宿和金繒。金書殘經豈足惜？山寺且阻游人登。新秋幸得踐舊約，觀經歡如錫百朋。疑有天風湧卷軸，何妨地席酌癭藤！似歌似哭山頭鳥，欲滅欲明佛前燈。人廿瓦全經玉碎，我爲王孫泣沾膺。

觀圓通寺僧所藏趙松雪金書殘本《法華經》

用東坡《孫莘老求墨妙亭詩》原韻

（李縣尊課正取十四名）

孫文達

　　瘦硬評書譏杜陵，趙書價定雞林騰。有肉豈能類野鶩，有骨不致咽凍鷹。泥金寫經益合度，姿態秀媚捫無棱。圓通老衲獲殘本，珍重如凜春日冰。我昔假觀至僧舍，款識殘缺虛無憑。字不在名在其字，廬山面目安可憎。僧亦嗜古貴真物，籠以紗碧纏黃繒。歲月催人十餘載，重來喜作龍山登。糟粕擬醉重九節，茱萸遍插三兩朋。更期真迹對松雪，歸待新月穿蘿藤。那知佛國亦遷變，鬼燐黯淡吹佛燈。百物飄零況文字，聞之太息愁填膺。

題錢南園侍御《畫鍾馗》一首

（堂課正取一名）

袁嘉穀

　　吳越王倧當歲除，詩題鍾馗擊鬼圖。畫耶詩耶仙仙乎，惜乎畫亡詩與俱。王之孫子常人殊，浩然正氣衝斗樞。人間魑魅曰夫夫，不得斧鉞鉏根株。三椽小屋茅可誅，寄想鍾馗大筆濡。危坐斜身頰倒鬚，一自閃爍一模糊。一足踏地一足趺，左執一鬼如侏儒，右抉鬼睛如驪珠。涼月一窗酒一瓠，謂之鬼雄毋乃誣。仙骨珊珊生氣粗，未盡鍾馗鍾馗呼。既畫鍾馗鍾馗無，有時離紙還幽都。遭吳道子驚烏鳥，鍾馗不蘇鬼復蘇。再生道子工臨摹，摹成留汝護邊隅。勿令萬鬼哄市途，題詩愧未合倧符。擱筆且聽秋風梧，梧葉蕭蕭代馗語：今吾擊鬼殊故吾。

前　題

（堂課正取二名）

蔣　谷

魖魖索索盡虛耗，公然白日敢跳趯。先生直欲群啾之，原來現身自寫照。不然鍾馗定何人，漢耶隋耶唐耶，李楊喬張誰歟神？紛紛丹青亦何爲？恐鬼暗笑君不聞。

前　題

（堂課正取五名）

孫文達

我聞南園善畫馬，骨峻神寒繼者寡。不聞南園畫鍾馗，僞迹概疑好事者。今一見之□心折，猙獰狀貌信非假。畫馬有神神益神，想見公時大筆寫。雙瞳如電鬚如鍼，齒牙格碎石生火。蠻靴烏帽手持劍，紅袍疑染鬼血赭。世說神自唐開元，大驅厲鬼竄荒野。魑魅魍魎歙踪跡，鎮懾民間靖宗社。習俗流傳皆寫真，冀除鬼謀說鬼禍。公畫此圖意有在，氣吞邪祟廓宇下。吁嗟今日羣鬼來，能否尺幅鎮中夏？

前　題

（堂課正取六名）

張鴻範

石虔不作桓康死，人世誰復能懾鬼？終南進士果有無？今日逢君畫圖裏。爲此畫者錢南園，怪狀崢嶸懾鬼魂。我聞明皇夢中遇，以鬼制鬼鬼而神。道子之畫吾未見，此圖應識廬山面。鬖髮倒捲目如電，捉鬼欲吞鬼色變。先生畫馬古莫如，畫茲怪物胡爲乎？豈懼他年鬼瞰室，懸之鬼怪皆能除。果今寰宇多鬼物，內有藍面外赤髮。南園畫意不暇求，願得鍾公驅鬼術。

前　題

（堂課正取八名）

錢良駿

素壁慘澹生秋風，高懸豎髮怒目之英雄。心驚魄悸不敢前逼視，云是吾家侍御筆墨生動直奪龍眠工。我聞鍾進士，入夢當玄宗。青袍藍面攫鬼食，宣勑道子圖其容。開元粉本誰祕惜，閱千百世遂使六丁攝去嗟無蹤。侍御立朝司彈劾，欲效老馗鋤羣凶。惜哉仗馬斥不返，捫心誰與鳴孤忠。故將餘事寄水墨，若與道元精神通。下筆驚使鬼怪却，盪除羣醜將毋同。心摩力追契微妙，遺貌取神恥學皮相之凡庸。我觀此圖在今日，憂國清淚交融融。啟土競來佛郎鬼，鐵軌絡繹穿長虹。馗兮馗兮偉男子，誰效爾攖攖鬼胸！

吁嗟乎，安得侍御九泉毅魄呼能起，圖作千萬，斬盡鬼孽，投之東海東！

前　題

（堂課正取九名）

秦光玉

何來異象懸堂前，鬖眉倒捲雙目瞋。着虎皮韠繫魚帶，凜凜生氣清神奸。云是終南唐進士，誰其畫者南園氏。馬麟道子嗟弗如，吳越丹青不足齒。我聞侍御當乾隆，奸臣鬼蜮遮天聰。獬豸觸邪動天下，誓掃妖孽鍾馗同。壯懷抑鬱乃畫此，南中老魅應避徙。會當臨摹千萬幅，驅盡世間虛耗鬼。

前　題

（堂課正取十四名）

李熙仁

斗室倏忽陰風起，儼如老馗來繫鬼。觀者色變心神驚，云是錢公圖懸此。明皇入夢真渺茫，爾時殿閣風淒涼。何來妖魔逞怪異，職司驅除臣敢忘？捉鬼抉鬼鬼膽破，啖鬼藉以充飢腸。道子繪像神宛肖，尺幅流播人爭藏。南園正直動神鬼，畫此有意煩推詳。當日賊珅竊國柄，如鬼如蜮肆披猖。偶借丹青寫異狀，要使椎繫無逋亡。筆力遒勁識者少，直與道子相頡頏。方今魑魅擾中上，詭術大于神人怒。安得猛將如楊喬，掃靖妖氛振威武。

宋柏行

（堂課正取一名）

孫文達

宋揮玉斧安有滇，胡柏曰宋森龍泉。蠻夷據地非正統，讀史當以宋紀年。一木尚知有中國，蒙酋段長名誰傳？我今遊矚碧潭上，捜尋古柏山之巔。枝葉倒垂怒龍爪，根節突起英虎拳。上透霄漢下黃土，偉幹棟立鬚長鬖。四圍花木一仰望，俯首不敢來比肩。道院陰翳黯朝日，山林蔥翠含秋煙。燧燧脫遭爨僰火（高智昇起東方，爨僰兵計。楊義貞事在宋神宗時），斧斤避觸崑崙（鋌狄青破崑崙，在宋仁宗皇佑癸巳）。況歷元明至今日，滄桑變易星物遷。金稜銀稜蔓荒草（段素在宋仁宗時，於春登隄種黃花，名"繞道金稜"；於雲津橋種白花，名"縈城銀稜"），此物猶復居人間。貞心得毋古無死，閱億千世猶完全。摩挲庭柯助嘆息，老梅欲花飛四筵。

宋柏行

（堂課正取二名）

袁嘉穀

柏不生宋名以宋，邊材幸託中朝重。宋今不存柏猶存，中朝轉託邊材尊。吁嗟乎，風霜飽閱八百載，柏身老矣色不改。問柏何緣老不改，中堅恃有性根在。三尺木化千尋高，下入九地上九霄。葉側豈礙枝條直，皮裂仍將元氣包。龍泉觀中龍晝泣，日烘不晴雨不溼。鼓浪撼柏作恨聲，柏若無聞柏自立。唐梅真許兄弟行，山茶郴堪友朋揖。終惜大渡玉斧揮，斯材長使老南邑。

宋柏行

（堂課正取三名）

張　璞

龍泉老柏根盤鬱，霜皴皮裂撐鐵骨。風號殿閣天地陰，故老相傳宋時物。宋時玉斧劃大渡，滇中草木淪異域。此柏閱世經千年，無乃扶持賴蠻卒。段興蒙亡時屢更，亦如半空風雨忽。孤高只許鸞鶴棲，正直肯學虯龍屈。是誰鬱此棟梁材？時危不合藏空谷。古觀雲煙春復春，我來況值秋氣蕭。一卷杜陵《古柏行》，臨風孤坐樹根讀。

宋柏行

（堂課正取四名）

丁庶凝

黑龍潭前木最古，唐梅宋柏兩推數。靈根同占靈潭靈，伊梅胡頓化塵土。豈其精英太自洩，不葆貞元騁媚嫵。當梅歲歲花香時，柏質無文有誰知？春來但見尋花屐，雪中惟有詠花詩。而今梅杏柏常在，始識貞幹歸幽姿。森翠不改參天色，堅綱益鍊盤虯枝。濃陰橫被三十畝，空山風雨獨撐持。嗚呼空山風雨獨撐持！

宋柏行

（堂課正取六名）

張鴻範

炎宋久無尺寸土，獨有老柏峙終古。空山盤錯已千年，歷劫不受雪霜侮。蒼然黛色淩青穹，昔如千仞遊雙龍。一龍已化形無迹，一龍猶自生雲風。玉斧一揮滇異地，大材鬱鬱遭淪棄。唐梅久共劫灰飛，猶留此柏感興廢。吁嗟乎，龍泉觀中柏無數，紛紛多是百年樹。後視今猶今視昔，豈讓此柏獨盤錯？

宋柏行

（堂課正取七名）

黃　蓁

峯頂有柏淩高空，四時不改青蘢蔥。濃陰交接隱睡鶴，枝葉森茂如虬龍。歷元及明近千載，風過往往鳴商宮。雪霜侵蝕矻不動，勁節足配秦時松。古梅蟠屈足昆季，羣木羅拜真兒童。我來觀内摩挲遍，仰見高插雲霄中。不生邑市在空谷，賢哲隱處將毋同。工師搜採不能到，材大難用嗟困窮。柏兮勸汝一杯酒，慎勿戕賊正直躬。爲樑爲棟扶大廈，出處自足争天工。有材如此信足貴，樗櫟小品羞凡庸。

宋柏行

（堂課正取八名）

楊葆齡

龍泉山下龍所宮，神龍變幻潛其中。不知何年龍起陸，化作老樹擎虛空。在唐爲梅宋爲柏，龍氣獨鍾千嶂脈。梅花早化龍歸潭，惟有此柏龍姿自奇崛。真幹干霄雲氣浮，卑枝到地雪痕積。數百年物蓋有神，般斧倕斤不敢厄。游客來游滇山中，往往繞帀嗟其窈。並世蘇黃富題詠，大渡揮矣無由逢。吁嗟乎，物生窮達亦有命，終老名山奚足病？不見黃龍古寺雙株柏嵩明城外黃龍寺有柏二株，大數十圍，疑是秦漢以前之所植。奇材偃蹇無人識，蒼然常留太古色。

宋柏行

（堂課正取九名）

李湛陽

玉笙未久停遊屐，唐梅已死山枯寂。攜筇直尋紫薇宮，祗見老柏千丈擎天立。幹節盤旋影婆娑，不畏霜雪時消磨。石根穿石石立碎，鐵幹屈鐵鐵無過。有時怒作風雨吼，恍如龍戰山之阿。宋代歷今近千載，胡爲樹色青蒼仍不改。豈是五老相扶持，不遣樵斤入山採。不然神龍護茲樑棟材，倒噴流泉相灌溉。故能歷盡紅羊刼，不與樗櫟同朽壞。憶昔年少西蜀遊，錦官城外風颮颮。漢柏數株已驚絕，何來此樹同千秋。嗚呼生材不限地，梗楠梓杞皆大器，可惜偃蹇空山時不遇！

宋柏行

（堂課正取十名）

張儒瀾

龍泉宮觀神仙窟，老柏相傳宋時物。虬幹撐天雲腳低，蟠根入地石骨裂。唐梅真面化劫灰，此柏千年尚鬱勃。元顛明蹶幾桑海。勁節堅心難磨滅。猶記去冬返故鄉，摩娑古柏黑龍岡。四柏相依如四皓，説元説宋殊茫茫。蚍蜉震撼蛇蝮螫，群龍交闕百鳥翔。奇材恨不逢識者，匿迹竟使終遐荒。今觀此柏亦大器，遠引空山自珍貴。五鳳樓起需柏梁，此材難求中州地。且偕潭龍暫潜形，莫學唐梅輕辭世。遵養時晦待徵求，天老汝材非無意。

宋柏行

（堂課正取十三名）

張　權

夔州精魄呼不起孔明廟柏在蜀夔州，化身飛度彩雲裹。龍泉觀中聊徜徉，柯銅根石無倫比。競爽唐梅雄天下，幾經劫火燒不死。吾想趙宋炎炎揮玉斧，至今八百餘年矣。唐梅有補柏尚書，信是正直天佑彼。冥冥孤高俯桃李，鬱鬱蒼勁長階戺。柏兮柏兮寓至理，尚質何必求華綺？文彩滿身禍難弭，返樸請自學柏始。以物例人理如此，正者常存剥者否。何嫌冷淡與寂寞，傲骨凌雲留滇水。歷盡冰雪鍊精神，庶同棟樑□□□。

宋柏行

（堂課正取十六名）

陳兆祥

龍宮神靈世莫測，秀氣獨鍾宋代柏。老梅化龍已飛去，獨留歲寒森黛色。凌霜傲雪戰千載，炙日淋雨撐百尺。真氣內鎔鐵骨堅，滑皮外圓奇性直。半沙陽塵知幾經，苴蘭劫人已數歷。長天無風湧奔濤，迅掃蒙段山川失。凝壑窮陰變萬象，倒影涵潭照堅白。恥隨秦松利大夫，遙結孔檜爲嘉客。出山雲雨詎無期，拳曲虬根穿頑石。嗟哉下顧塵世昏復昏，柳下伯夷幾人識？

繰絲行

喜滇人飼蠶有效也，用杜工部《白絲行》韻

（堂課正取三名）

李　坤

分繭不論黃與白，抽絲不計尋與尺。筠簿鱗次比戶青，桑枝猗儺滿城碧。八輩育成雪尚績，《齊民要術》:"寒蠶十月績。"五色繰來日相射。篋守楚子生在勤，商戰歐洲勝無迹。綺閣紅樓罷歌舞，紺蓋黃絁歇梵語。翻車蓉幕飛新聲，剖綫蓮鎧驚創舉。苟利家國何恤死，蛾父蛹母盍心許。更紓九陛宵衣塵，滇段會列庭實旅。

前　題

（堂課正取四名）

張鴻範

賣絲不論黃與白，繰絲不操刀與尺。纖纖女手理新絲，手痕猶染嫩桑碧。繅車軋軋衣旋轉，隔鄰燈火遠相射。車急如風風有聲，絲細如雨雨無迹。精緻可織霓裳舞，質惡浪傳齊東語時人謂滇絲不甚佳。中西互市誇絲綿，利奪亞歐看此舉。越羅蜀錦縱精工，較勝苴蘭知幾許？君不見金馬碧雞思盛時，栽桑飼蠶集商旅。

前　題

（堂課正取五名）

蔣　谷

縕湯繰出絲雪白，紅爐鐵金纆盈尺。繭盈葦箔疑盛雲，葉稀柔桑已減碧。手經指挂統紀抽，晶光乙乙蕩相射。靈機妙緒轉若環，精絜直無纖塵迹。儳儳已作飛蛾舞，滇不宜蠶伊誰語？耳食到今幾不知，父老稱述皆妄舉。吁嗟世事大抵然，傅聞不信知何許？馬頭娘祠神則靈，祈蠶何妨看核旅。

前 題

（堂課正取七名）

張崇仁

一樣新繭判黃白，絲長不許計尋尺。美人素手試繅之，玉環光含碧水碧。軒輪旋轉風欲生，丹竈屹立火相射。提絲絲斷又續絲，斷續之間若無迹。春風陌上桑枝舞，謂不宜蠶真謬語。嫘祖當日未到滇，四千年來無此舉。自今以始課女紅，蜀錦越羅何足許？君不見買絲昔到濯錦江，風雨途長苦覊旅。

段赤城刺蟒歌

（堂課正取一名）

袁嘉穀

丈夫不能輕此生，見義不勇仁不成。君看檏榆段赤城，捨生生氣雷霆爭。點蒼兀兀青空撐，下有毒蟒當行程。龍尾關外無人行，行行懼爲蟒犧牲。赤城赤城心不平，百夫之特千人英。人且不弱肯弱物，持刀赴蟒天爲驚。天意若曰蟒猙獰，制蟒宜智不宜兵。駐錫伏蟒唐高僧，口海波濤呪亦靈。刀利屠豹利斬鯨，惟刀制蟒輸無贏。豈知赤城笑不應，我今刀蟒殊常情。負刀餌蟒吞入膺，蟒欲吐刀刀轉橫。烏雲密密黑霧腥，刀出蟒背新發硎。人以蟒死悲風鳴，蟒以人死毒燄清。剖蟒出入淚交并，哀此雄骨埋幽冥。千尺高塔喧金鈴，行人惆悵不忍聽。當日豈爲死後名，立死後功光汗青。億萬身重一身輕，吁嗟赤城誰與結心盟！

段赤城刺蟒歌

（堂課正取二名）

秦光玉

世間奇事那有此，以蟒吞人蟒亦死。殺蟒救眾眾更生，丈夫雖死不死矣。唐家憲宗元和年，南荒有蟒凶滔天。啖人啖畜苦無算，洱海騰沸蒼山顛。赤城聞之目眥裂，誓存眾命一命滅。手持雙刀入蟒腹，剖蟒心肝吸蟒血。吁嗟乎，叔敖埋蛇明搏獒，退之驅鱷處斬蛟。男兒事業當如此，況死泰山非鴻毛。

段赤城刺蟒歌

（堂課正取十名）

席聘臣

修蟒決起雲術術，龍尾關外風揚沙。連山草木助暗咤，之而鱗甲紛騰拏。倏忽腥風吹地凼，樸榆父老齊色變。驅鱷空有昌黎文，斬蛟惜無孝侯劍。赤城壯士目眥裂，憤氣排空訴天闕。挺身慷慨探毒穴，誓清斯土殲斯孽。體圍鐵甲操利刀，掀髯賈勇臨荒郊。來與毒蟒決生死，霜鍔一揮山動搖。涎激崖崩共角逐，蟒頭未斫入蟒腹。短戈穿背刃交胸，紫肉委地殘軀伏。烏飛木落天為昏，斷澗血流凝血痕。山靈已落新洲膽，鬼母驚殘豐沛魂。百年巨害歸烏有，君骨雖朽名不朽。塋成高塔鎮妖氛，蠻夷共奠酴釀酒。

卷六　經文

君子以慎言語，節飲食

（崧督憲課正取五名）

孫文達

舉切務以觀君子，防患之基也。

夫言語不慎，有妄出之患；飲食不節，有妄入之患。君子慎之節之，小者如此，況大者乎？是可以防患，觀《頤》象。

且人以藐然一身，中處天地，其禍患之潛滋暗長者，恒百出其變以相當。使非防之於初，一笑嚬貽其毒，一饜飫伏其殃，極其流弊，必有因妄出妄入之不檢束而貽患於天下者。君子懼焉。故防患必自切近始也。

頤，有口之象，口其爲出入之關乎？何出乎？言語則出於口也；何入乎？飲食則入於口也。切莫切於此，近莫近於此，此又最易伏患者也。或者曰："動乎志，則有言；發乎情，則有語。血氣之倫，能默默乎？如謂口舌一騰，動能賈禍，得毋舉羣倫而歸寂寞，則乾坤亦覺無光。"或又曰："明冰，飲之祖；毛血，食之祖。饗殽之屬，能冥冥乎？如謂糗粢，一啜率可貽憂，得毋呼庶姓而絕糇糧，則水火亦爲多事。抑知《頤》象之君子，其防患固有深焉者矣。"患之不能自出也，有導之使出者焉，言語固其導耳。神姦側目，觸忌諱而銜之必深，危國攖心，露才華而禍之必速。然此猶馳説騁詞，僅僅爲一人累也。所患閉戶著荒誕之書，貽誤經生，謬説踵蓋棺以後，登朝獻殘苛之策，殺身暴主，才名惜《逐客》以來，以授經始，以惑世終，以遊説生，以殃民死。古今來禍亂機緘，皆咕嚅之不慎誤之也。

君子曰："吾其以慎，其鑒於言語者多矣。"患之不能自入也，有引之使入者焉。飲食固其引耳，貪心屬饕餮之徒，雖鼎鍾亦厭；疾病生膏粱之子，雖藥石無功。然此猶縱情極欲，僅僅爲一己憂也。所患飽於上而饑於下，搂括山珍海錯，則供億者離心，樂於君而憂於民；摩挲象箸玉杯，則逢迎者誤國，於歉歲不知，於流民不問，於讜言不納，於羣盜不虞，天地閒災殃變故，又嗜慾之不節成之也。

君子曰："吾其以節，其慮夫飲食者，大矣。"是知不慎者不止興戎，不節者不徒釀病。繫他時而關大局，故《尚書·堯典》聖帝恥聞囂訟之聲，《周禮·天官》膳夫不備新奇之饌。果其以所慎者卷舌，以所節者饜心，禁躁妄而資調和，則國士解紛，史官不採《滑稽》之傳；鄉人飲酒，民俗猶聞飽德之風。曰言語，曰飲食，固切務也。君子以慎以節，蓋□近以推之遠耳，此其爲防患之基耶？

君子以慎言語，節飲食

（崧督憲課正取六名）

張鴻範

宏養人養物之功，据古訓而君子之心見矣。

夫曰君子，則言語之慎不徒養德，飲食之節不徒養身。古訓可徵：養人與養物實碻。且頤之時義既大，固非爲一德一身言也。惟君子法頤之動，而言語加民者□之，慎則民生遂法頤之止。而飲食需物者節之，節則物類豐，此其人養物之心也。而昧昧者，但知言語養德,飲食養身,不推淺之乎解頤? 亦淺之乎視君子?

何則言語、飲食,人生所必需也,而君子法《頤》象,以慎之節之,其所養果何在哉? 或曰言語之慎,養德也。言語出於口,不慎則叢怨府,爲厲階,傷易傷煩,如流如簧,皆敗德也。故君子慎之以養德。又曰飲食之節,養身也。飲食入於口,不節則貪口腹,致疾病,皆損身也。故君子節之以養身。

然則執是説也,爲德計,不爲萬物計也;爲身計,不爲萬物計也,烏足以爲君子哉?《頤》之象有曰:"天地養萬物,聖人養賢以及萬民。"此養人養物之明證,而古訓所本也。君子者,法天地而希聖賢者也。希聖賢,則思所以養人;法天地,則思所以養物。養之之道,非瞻其身家也,廣其苑囿也,即在言語、飲食之閒耳。故欲明其心,請徵古訓。其曰:"言出乎身,加乎民。言不苟出,出必當理。"蓋以言語不慎,則興戎之事,見之《春秋》;職爲亂階,載之《小雅》。夫至興戎爲亂,天下之人未有不受其害者,故君子居其室,出其言善,則天下蒙其福;出其言不善,則天下被其禍。故慎言語所以養人也。

其曰"飲食不節,殘賊羣生",蓋以《周官》之制,膳夫掌食飲、膳羞。食用六穀,膳用六牲,飲用六清,羞用百有二十品。又庖人掌六畜六獸六禽,辨其名物,以法授之,不使過也。過則一膳之珍,動戕萬命,故節飲食所以養物也。

由是觀之,養德養身,養一己也;養人養物,養天下也。養一己之功小,養天下之功大。君子之心,斷未有舍其大而謀其小者。故据古訓以斷之,即以見君子仁民而愛物。

彊弗友剛克，燮友柔克

（丁撫憲課正取二名）

袁嘉穀

臣有剛柔之德，古注碻也。

夫不順孝敬之行者，使剛能之人治之；中和之行者，使柔能之人治之，古注昭然。

用德其有碻解乎？粤□《商頌》："不剛不柔，敷政優優。"歌《長發》者豔稱之，幾幾疑剛柔相濟，非天子之德不及此。不知天子無職，用人其職。人之類不一，匪剛則柔，匪柔則剛。令剛者善用其剛，柔者善用其柔，美哉？疇言豈第商人私言耶？

义用三德。一曰正直。安平之國，使中平守一之人治之。古之經注，固以"正直"爲人臣也。自傅《書》者多僞學，誤以"正直"爲君德。夫正直既爲君德，則並誤"剛克柔克"爲君德，夫復何怪？然建用皇極、列义，用三德之先，君果自有此德，何以復別於皇極外乎？君子曰："是皆棄古注之過。"古之盛推臣德者，識不可以不毅，力不可以不健。毅者，健者，何剛也？顧剛，必協乎剛之地，請於彊弗友者驗之。彊，通作"强"，暴也。暴則惡乎順？善兄弟曰友，奈何弗敬？不順乎友，直不敬耳，遑問孝乎？淺者第以彊爲禦，以友爲順。夫彊禦不順之罪，孰若不順孝敬之罪耶？治彊禦不順者宜剛，孰若治不順孝敬者之尤宜剛耶？惟有德者，能以寬服人。

其次莫如猛。千古臣職，疇不賅貫，所謂有不順孝敬之行者，則使剛能之人治之。古之人豈欺我哉？顧人臣不能有剛而無柔，人君豈盡用剛臣而不用柔臣耶？錐刀之利，太剛則折；昇平之民，用剛則擾。《爾雅》云："燮，和也。"燮而且友，則雖非型仁講讓之隆，而論學則不偏而中，同俗則不戾而近，和其大異於彊弗友者，蓋可知矣。斯時也，民好好之，民惡惡之，柔順利貞，剛者安能爲功乎？是知燮友柔克，古所謂有中和之行者，則使柔能之人治之，斷乎無疑。

古之天子，其取人也精，而別其任人也久而專。彼臣也符剛者名，或兼得天地陰柔之氣，而一遇夫彊弗友者，則所克必不稍寬符柔者名，或不無天地陽剛之氣，而一遇夫燮友者，則所克必不銳進。有是君，有是臣，臣之治皆君之治也，何必以人臣各有之德，誤爲天子自有之德？與古注背，實與經義背哉！

抑又聞之，古人引經記史，"弗友"作"不友"，"燮友"作"內友"。夫"弗""不"本通訓，人知之矣。"燮"之與"內"或以爲聲相近，假借字。愚謂史成一家之言，不必悉依乎經文，而要其以剛克柔，克爲臣德，則與古經注一也。

世有不順孝敬之行與中和之行者乎？臣也勉之，勿諉責於天子可。

靈雨既零，命彼倌人。
星言夙駕，説於桑田
（堂課正取一名）

馬燦奎

乘時勤桑農，衞侯所以中興也。夫雨零星見，桑農勤作，時也。文公乘此説，駕焉中興，宜哉！

且我周中興令主，宣王也，實能光啟王業。然千畝不耤，周史惜之。即《庭燎》一詩，美厥勤，亦勤於視朝，未勤桑農。箕畢遷晦，啟明在天，郊塍臨玉趾，吾知其不爾也。訪洙邦父老，聞往事，美哉！文公規模宏遠矣，卜云其吉，終焉允臧。都建矣，狄人之仇未復也，忘之乎？文公曰："徐圖之。姑勤我桑農。"楚邱勢卑下，地瘠民貧。甫遷茲，耕織其急務，富強資也。身不勞之，其何以勸？

獨是《雲漢》歌矣，月未離畢也，法駕出，如農夫何？有司告曰："其雨其雨，郊原數十里。既優既渥，既霑既足。"公曰："善。"農夫慶哉，賴天之靈。其周視原野，雖然乘輿駕，佁人未知何日也；修除道路，有司未卜何時也。擇日出巡耶？從容課農耶？人君舉動，諒無有迫不及待者。公則命佁人曰："詰朝將發，子興視夜。明星有爛，載馳載驅。"將有事於西疇。

東方未明，顛倒衣裳。雞人入，鸞輿出矣。三星在隅，天街含潤。旆旗濕，柳露拂也；雷霆乍驚，宮車過也；轆轆遠聽，杳不知其所之也。都人曰："吾君何逝？壯遊觀往鄰國耶？"曉色未開，奚爲是？嘒彼小星，三五在東。野烟漠漠，平原一望，不辨幾村落。倉庚未鳴，身在綠雲者，執筐女也。鳲鳩無聲，簑沾玉露者，耕野人也。天漢有光，不遑啟處。子婦丁男，惟時懋，吁嗟乎美哉！農人勤作，農人勤作耶？公勗之也。勗者虛文耶？躬勞之也。夫農桑下詔常也。躬親勞問，豈野人敢冀茲？何如北隴南畝間，木縈旗，雲拂馬，布衣帛冠，乘鸞路至止，伊誰人哉？

相傳曰："我君說於桑田，問民勞苦也。"則見文公勞之曰："無衣無褐，何以卒歲？"婦無公事，休其蠶織，寒隨之。隋農自安越，其罔有黍稷，飢因之，懋哉？上天降澤，勤乃事。野人曰："嗟我農夫，敢弗承於戲？"此衛所由富強也。

我思平王東遷，徙都也，而周以衰；文公徙都等耳，而中興。平王苟安，文公奮發有爲，故"靈雨既零，說於桑田"，乘天時，勤民事也。"星言夙駕"，志帥氣，不避勤也。元年革車三十乘，季年三百乘，文公富強，宜哉！迨孔子適衛，"庶哉"一歎，繼思富之；又以見文公桑農之教廢，而衛以貧。嗚呼，此又衛國中興後盛衰之明證也。

靈雨既零，命彼倌人。
星言夙駕，說於桑田
（堂課正取二名）

袁嘉毅

衛侯訓農，中興宜也。蓋千古政要，莫如農事耳。陰雨既晴，文公說駕而訓之，其中興也亦宜。

且農事興於稷，稷官一失，周幾幾以替。公劉出而徹田度隰，赫然中興，懿乎鑠哉！重農之效也。衛濱大河，厥由惟中。上不有訓農之典，則天之澤望不之慰，地之利躬不之親，無論左右御之曠職也。即問諸勤求中興之衷，安乎否也？然不足爲我文公慮。文公自楚邱徙後，居安矣，民諡矣，歎劍戟之餘生，覩瘡痍之滿目。黠者曰：“是宜斂財以富國。”而文公曰：“否否。”淺者曰：“是宜發粟以賑民。”而文公曰：“否否。”盛世無聚斂民財之弊政，聖人亦無濫發民粟之常經。孰無身謀？孰無生計？驅之於農，焉可也？而要非上之訓之，又烏乎可？

不見夫霖霖而霑足優渥者，非雨耶？其始挾陰氣而來，其繼積陰寒而重。《記》有之：“陰之精氣曰靈。”茲雨也，非靈雨耶？顧既陰而雨，既雨不晴，必待晴而始計晴時之事，戒晴時之行，則訓農尚覺疏爾。天下之事，意之所注，身未行而慮已周。當陰雨之膏，彼黍其滋，彼稷之浮。彼農也，將無歌“非惟雨之，又潤澤之；非惟徧之，我汜布濩之。萬物熙熙，望君之來。君乎君乎，侯不邁哉”？爰召倌人而命之，豈能緩之於“靈雨既零”時也？

倌人者，不知何許人，亦不傳其職掌。第觀其命，悟其人，其爲主駕車者無疑。今也戴雨而受命，必曰：“與己駕矣。有司未知所之，敢請。”文公則必應之曰：“自我天覆，雲之油油。甘露時雨，厥壤可遊。”方春和時，草木遂生。民或不能以自樂，爲民父母者將何如？有桑田焉，其説之便，顧方其初命而未説也。

“既零之雨，已易爲星。”傳《詩》有説云：“星，晴也。”“星”訓“晴”，與“靈”訓“陰”，皆疊韻爲訓，而義則相反而相續。或乃以“星”爲“戴星而出”。不知“雨之既零”，不必於星明時止。其在説《春秋》者云：“陽精为日，日分爲星。”故其字曰“生”爲“星”。夫“星”既屬陽，亦與陰對，則訓“戴星而説桑田”，誠不若訓“雨晴而即説之”允也。

“夙”本義爲“早”，“敬倌人之夙駕”，其亦“早備而敬事”之義乎？抑吾聞召伯説《甘棠》，訟之聽也；《碩人》説農郊，車之盛也。今文公“雨晴而説”，將以觀風問者，敦俗勸農。不曰“農田”，而曰“桑田”，豈勸桑之政本埒於農耶？抑古之授田，半樹禾，半樹桑，言“桑田”可以賅“農田”耶？侈不詝車盛之容，惠不異聽訟之美。惰使勤，華使樸，末使本，貧使富，衰使盛，下民安而上遂中興。論文公之中興，則務材、通商、惠工、敬教、勸學、授方、任能，不止一訓“農”，而訓“農”最其要，復康叔、武公之業於懿公之後，宜哉，宜哉！

嗟嗟，大亂之餘，其民必困；大困之民，其情必逸。文公一訓而衛興；篤《公劉》，其揆一也。後儒記史，稱其身自勞，與百姓同苦，以收衛民，合證《詩》言。君子於以歎文公之澤，蓋與雨澤同溥云。

靈雨既零，命彼倌人。
星言夙駕，説於桑田
（堂課正取三名）

李　坤

閭澤應時，民事用勸矣。

夫"靈雨"者，桑田所甚望者也。既"零"而命駕，衛侯殆將説之哉？

且人主敬天恤民，而第盛樂備張，壇謹大雩之福，法宮高拱，座懸《無逸》之圖，皆未足以膺穹貺、孚輿情也。夫惟修德召和，甘霖立降；順時布政，靡日不勤。《鴻範》驗作肅之徵，《犧》《易》應勸相之筮。雞鳴未已，鸞輅出巡；温語勞之，頌聲作矣。卜云"允臧"，宮室成矣，衛侯居之。顧牖戸之完，則念"武父之東，圃田之北"，或尚有因播遷致失其所者乎？憫經營之久，則念"陶施之族，共滕之民"，或尚有因興作致違其時者乎？

夫即康田，周先王所以造周也；藝黍稷，衛先公所以保衛也。稼之不力，民何以生？澤之不流，生何以遂？則雨重矣。乃無何而震霆起于谷，鸞雲上于霄，惜憶冥濛，滋液滲漉。汜兮若挹河流而徐注之澮，沃兮若剷壤土而漸浸之膏。淇園之箭益菁，泉源之流載響。桑者忭野，田父慶塍，侯亦顧而樂之曰："集地之靈，降甘風雨。既優既渥，既霑既足。"承天寵矣，而人慢之，非所以答上靈、奉侯職也。

召彼倌人，其敬聽寡人命。惟王建國，重農寶穀。行原于夏，則命野虞。省耕於春，躬率保介。駌命既布，蠶事亦咨。天子猶然，矧在藩服。其展爾軨，先脂爾辇。候雨之止，戴星之明。從之桑田,其毋怠時也。欄雷方絕,庭燎有光。殘月輝輝,太白瞵瞵。宿潤樓樹,輒溼旌斿。積潦氾塗,每滯輂輆。櫛風蒙露,越陌度阡。薦蓑襏襫之倫,筥筐斧斨之眾。聞錫鑾之振響,睹車駕之遙臨,莫不驚相告曰:"此非吾君耶? 何曦輪之未升,而辰章之已屆也?"既又聆恩言,承明詔,詢田間之疾苦,申桑土之禁令。羣黎竭歡,比戶蒙福,乃頌曰:"君之來兮神哉沛! 先以雨兮般裔裔! 乘雷動,騎雲屯,君何戾戾(楚原)? 楚原戾矣,民事勵矣! 民事既勵,民生永濟。惟民之濟,實君之惠。防儉於逸,在豐圖匱。求宵衣而,興夙馳而。勤而慈而,侯其祎而!"

風雨如晦,雞鳴不已

(堂課正取一名)

馬燦奎

時際昏晦,惟雞不改其度焉。

夫"風雨"而曰"如晦",則時之暗可知矣。相彼鳴雞,不改度焉,雞於是乎重? 詩人曰:"陰氣之乘時也,一如是哉!"天地爲愁,樹不見其枝矣;重陰凝閉,路不分其歧矣。黯兮慘悴,雨凄風悲;羣類闃寂,鳴將何時? 有聲不斷,在墻之埘。童子告余曰:"此雞鳴也。"當風雨未晦,已有聲矣,今爲甚?

噫嘻,雞顧不改其度哉! 吾聞之,陰陽之運,陰静陽行。天以布序,帝以垂平。振古如茲,世運以亨。陽氣就衰,羣陰迭生。日月光華而難見,任彼雲霧之縱橫。風寒兮色變,雨凄兮聲悲。望天顏兮不見,覿麗日兮難期。如長夜兮漫漫,旦復旦兮何時。

噫,時勢之昏暗,亦如是耳。凡彼有心,當此暗晦。俯首悲鳴,羣增感慨。嗔嗔其音,匪不致喟。處變失常,其度安在? 觀之羣物,已有可徵焉者:寒風滿山,聲以遠而悲者,清猿啼也;宿雨在樹,聲之迫而促者,老鶴唳也。遠而悲,迫而促,失常度矣。果孰清越其音,從容其度者? 有聲有聲,在室之桀。韻短音長,欲絶不絶。茅店無月,孤客魂驚。短籬霜滑,紅窗韻清。此何鳴哉? 噫,雞也。一鳴乎哉? 似斷仍連耳。數鳴乎哉? 似連又斷耳。客有聽斯音者,直不覺其夜之闌,天之曙,蓋不已焉。噫,此雞所爲,不失常度哉?

夫晴空麗日,萬鳥爭鳴,常也。風雨迷離,謂非羣物避寒時者,鳴雞乎,兹何如? 商飈瑟瑟,不知其爲寒也;秋雨淒淒,不覺其爲涼也。我君子處暗世而不汙,奚異是者?

風雨如晦,雞鳴不已

(堂課正取二名)

袁嘉毅

可已而不已,雞其先鳴也。

夫風雨當如晦之時,雞之鳴似可已也。可已而不已,可以人而不如鳥乎?

且世之稱有德者,動曰"木雞"。木雞者,雞雖有鳴者已無變矣。夫應聲之鳴,固有德所深恥。顧亦問所鳴之時何時耳? 剥陽氣而積陰,慘明光而承闇。天若剏此漂揺之局,驗萬物操守,奚如而雞也? 襲長夜之悠悠,思白日之昭昭,不必驚小音合金、大音合鼓之奇,而識者必曰此非惡聲也。《鄭風》詠風雨,淒淒然,瀟瀟然,愁慘之狀,可畏人也。夫人且可畏,而況於物哉! 而況於淒淒瀟瀟之風雨,寒且慄,嚴且疾,能變不晦之時,而儼然如晦哉! 吾想夫爰居避矣,雌雉伏矣。小之則憐彼燕雀巢梁木而不知危,大之則九萬里之鵬搏扶搖而上不復與人間事，羽蟲三百六十，總之不出乎其類。

而於是鳴雞顯，而於是雞鳴奇。雞既鳴矣，朝既盈矣，此思賢妃於昧爽時也。"雞棲於塒，日之夕矣"，此思行役於薄暮時也。今以風雨之故，天地異景，日月異色，非昧爽，非薄暮，非真晦也。如真晦者，本其先鳴之素，若斷若續，如泣如訴，有難別其爲喈喈爲膠膠者，蓋風雨無已時，雞鳴亦無已時也。

人生之大患，患不可已而已，尤患可已而即已。不可已而已者，謬；可已而即已者，庸。以雞之畏風畏雨，常性耳，鳴似可已耳；乃一鳴驚人，且不止於一鳴者。時哉時哉，豈得已哉！天道易明而爲昏，天運無往而不復，風雨如晦，風雨必不能終晦。然使當此晦時，盡天下而如爰居如雌雉如燕如鵬，雖晦者終明，恐人類息人事廢，造物不自以爲功，人亦安得有功耶！幸也！雞可以勵乎人，人可以法乎雞。對此茫茫，百端交集，未免有情，誰能遣此？

且夫興八風，降時雨，稱羽蟲長，非鳳也耶？然世有入雞羣而不必羨鳳者，盛明之鳳易，晦昧之雞難也。茲之不已之鳴，未知於鳴歧山鳴高岡，奚如？設易地而觀，則鳳兮德衰，即不免"已而，已而"之歎。方茲雞鳴，瞠乎後已。

嗟嗟，疾風知草，歲寒知松；舉世混濁，清士乃見；世亂可悲，亦復可幸。非風雨則雞不顯，非如晦則雞不奇，人亦無負此亂世，可也。不然，世亂莫如鄭、馬之控蛇之鬭，人所不取，獨取不已之鳴雞，抑又何也？

風雨如晦，雞鳴不已

（堂課正取三名）

孫文達

終賦亂世之甚，小人道長也。蓋《風雨》一章，亂極思治也。“風雨”喻亂世，“雞鳴”非喻小人乎？曰“如晦”，曰“不已”，益見亂之甚，而小人愈張矣。故卒賦之。

且自鄭寤生卒，嫡庶爭立，忽與突更入更出，皆祭仲、高渠彌輩播弄其間，此正晦盲否塞之秋，自非羣小人之主持不至此也。鄭之有心人，目睹夫昏亂之世，姦邪盈廷，欲開其冥，如子身何？欲去其惑，如羣喙何？因於《風雨》卒章，極形其愁慘之氣象焉。陰霾於上，狂噪於下，亦可見天時人事。

夫固有相感而成者矣，解之者曰：“風雨雜至而如晦，喻世之昏亂。雞鳴在暗而思曙，喻正人居亂思治，不改其度。”然則是說也，以“風雨”喻亂世，何嘗以“雞鳴”喻小人？噫，其礭解乎？曰：未也。前之詠風雨，曰“淒淒”，曰“瀟瀟”。淒淒，氣也。瀟瀟，聲也。至於“如晦”，則更摹繪其色矣。氣被於身，聲聆於耳，色寓於目，凡身與耳目之所經，無非風雨晦冥之狀。箕伯颶飆，愁霖滲灑，《谷風》之“陰雨”，《(北)[邶]風》之“雨雪”，其黯蕩憂危之象，何異乎是？以比亂世，其說固然。

然想其時，天地閉，賢人隱。苟有一二名達者流，强諫則死，知幾則遯，舉朝側目，能容之乎？能效翰音登天，作金距之長鳴乎？嗟乎，黃鐘毀棄，瓦釜雷鳴；讒人高張，賢士無名，此其時也。時而鳴者，其讒邪耶？其僉壬耶？其神姦巨蠹耶？忠臣良士，箝口閉舌，要亦勢所必然者耳。

而謂“雞鳴”不足喻小人，得毋惑甚？且卒章曰“不已”，蓋甚其辭以形容之也。吉人辭寡，有已時也；不已者，其小人乎？賢能未盡，不已也；政治未壞，不已也；國計未絀，民生未蹙，仍不已也。故於“喈喈”“膠膠”之後，甚其辭曰“雞鳴不已”，意殆於祭仲、高渠彌之徒，有微詞歟？仲脅於宋而立突，渠彌衛昭公而立亹，苟有人心睹此魚肉，尚忍立人之朝，戀爵禄貪富貴哉！此又隱諷“不已”之明證也。吁，國家之敗，由官邪也？官之失德，天之所以示象也。風雨如晦，皆“雞鳴不已”所致，則“不已”一語，其爲喻小人道長何疑。

或又曰：“如晦，亂之極也。不已，謂不改其度也。以‘雞鳴’喻小人，可乎？”曰：“是不然。亂臣思不改其度之人，思尚屬諸虛，未徵諸實也。若竟以‘雞鳴不已’比之不改其度之人，則是實有其事、實見其人耳，何得云思哉？”且使實有其事、實見其人，則不改其度者，舉國皆是。一鳴百和，翕然從風，得失爭之，利弊籌之，存亡計之，同室之戈又大義以曉之，雖無大濟，亦足補萬缺之一也。何至紛紛擾擾，有“風雨如晦”之景象耶？

由是觀之，“風雨如晦”固可喻亂之極也，“雞鳴不已”則明明言小人道長君子道消也。下云“既見君子，云胡不喜”，則思治之悁方見；然見亦思慕之甚，而設想之也。上二語言亂，下二語思治，全詩皆然，奚止卒章？故曰：亂極思治耳。況“忽突爭國”是其確證。竊以爲參觀鄭之情事，則卒章之義益明。

是月也，天子乃教於田獵，以習五戎，班馬政

（堂課正取一名）

張　璞

以田獵講戰法，步騎均宜有資也。

蓋教步戰，則五戎必習；教騎戰，則馬政必班。聖天子順時講武，豈徒事於田獵乎？

嘗思蒐苗獮狩，四時講事之經；振旅治兵，三年大習之制。古先王殷殷教民，豈樂聞是戎馬之事乎？蓋田獵有禮，特預爲軍旅計耳。於是大司馬進曰：“天子順時而動，法天而行。今者寒氣總至，馴見隕霜。陰陽有舒而必慘，法度久弛而必張。故軍政不可不備，而我武不可不揚。悅乎肅殺之氣，其應爲兵。是宜整頓營伍，厲兵秣馬，以備非常聖躬。雖勞，靡有或忘。”天子曰：“嗟，余一人不克承四海永清之治，亦不獲際止戈爲武之休，其命六師，咸聽朕言：予將有事於田獵。”曰爾將帥：“其選士練卒，凡若有一技之長，一藝之能，角試高下，必銳必精。”曰三軍：“其各執弓、矢、殳、矛、戈、戟，隨而所攜，悉聽調一。”曰校人：“若所畜馬，孰強孰弱？與夫鬣尾、黃白雜色者，各以其類異厩，俟所取擇。”曰軍正：“凡步卒騎士，令若爲監，必進退有度，左右有局，其有愆於四伐、五伐、六步、七步者，汝皆罪之。”曰尉：“若有精於軍部車騎之容、挽彊擊刺之法者，汝得簿而上之汝帥。”曰士：“圉人牧馬，其各以所養肥瘠驗勤惰。”曰有司：“自今以往，季秋之月，若擇日先啟，豫修場埒。其列陣之儀，步騎之數，別俟後勅。”曰司馬：“田獵既畢，飲至之禮，一如軍制，無有或殊。”曰將帥：“其勤教誨以兵經戰略。俾恩威並加，眾心如一；蓄

銳觀釁，折衝於外。"其各知朕意。

夫軍不習練，百不當一；習而用之，一可當百。以不教民戰，是謂棄之。故田獵不可不爲軍旅計也。則見夫駗乘初臨，陛戟警蹕。三令五申，合圍斯集。雲卷平林，波馳長莽。聲必應弦，節皆赴鼓。欲野噴山，毛風血雨。倅烈軒弧，配恩湯罟。育羣生以仁，威天下以武。天子曰："吁！武功弗尚，古制宜崇。不能禦侮，或反召戎。礪爾戈矛，張爾矢弓。天威震疊，六服景從。駕言行狩，我馬既同。願與爾羣侯校三驅而射鹿，登百尺而懸熊也。"

是月也，天子乃教於田獵，以習五戎，班馬政

（堂課正取二名）

袁嘉穀

寓兵於獵，聖人不得已也。

夫田獵常耳，天子乃教以習五戎，班馬政，豈得已而不得已哉？《月令》特著之："季秋之月，意若以大司馬秋獮治兵。"錏鍜之威，辻駿之隊，隱然敵國，天子寔嘉賴之。夫天子亦豈冕旒鞋纘，出警人蹕云爾哉？田車既安，鑾勒駻駻，避眾既簡。左旛旛，右騑騑，馳我君輿。務此鳥獸，非必胕割輪焠，自以爲娛也。物亦既老，人不知兵。避畝其時，避其用御。夸考孟春藉田，兵戎不起。延及孟夏，無大田獵。即仲夏班馬政，亦不過分布養馬之政，重乎牧，未重乎乘也。季秋霜始降，寒氣總至，刑官也。於時爲陰，兵象也，於行爲金。節候非春夏等令，豈與春夏同哉？太平之運，不永千年；蕭墻之憂，甚於萬里。天子曰："嘻！器械不精，以卒予敵。有千里馬辱於奴隸，是余一人之咎也。余於是月乘戎路，駕白駱，載白旂，衣

白衣，將以鼓民氣、震國威耳。特無端而詰戎，俗必駭；無端而料馬，眾必驚。三五之隆，有秋獮禮。今將復三王之田，反五帝之虞，獸臣司原，其克用命。東有甫草，駕言行狩。西京之盛，於田獵見。蓋天子無事而不田爲不敬，田而不以禮爲暴天物。君子鼎鼎，邁邁鼎胹，秋也烏可無教耶？

《周禮・司馬》以旌致民，平列陣。如戰之陣。王執路鼓，諸侯以次佐之，教坐作進退，疾徐疏數之節，典蓋同此。故注《月令》者曰："因田獵之禮，教民以戰法。"章句《月令》者曰："寄戎事之教於田獵。"然哉，然哉！夫立教之旨，習武而已。教武之事，則五戎一，馬政二。解字者曰："戎，兵也。兵、戎，古皆器名，後乃移爲執兵戎者之名。"天子命習五戎，即《周禮》五兵無疑。

夫"雷動猋至，星流霆擊，獲若雨獸"，似非僅恃乎五兵。然兵而有五，其利已多。《周禮》舊經説以戈、殳、戟、夸矛、酋矛爲五兵。注家去"夸矛"而易"弓矢"，豈"弓""矢"非二物耶？天下未有習矢而不習弓者，一"弓""矢"而並"殳""矛""戟"爲五，又何疑？

"馬政"者何？齊其色，度其力，使同乘也。兩驂如舞，馬之力度；駟騵彭彭，馬之色齊。"色"與"力"俱備，雖無"陽子驂乘，孅阿爲御"，而生貔豹，搏豻狼，手熊羆，足壄羊，馬之有功也，可知。《校人職》曰："軍事，物馬而頒之。""頒"即"班"也，班然而有序也。後人襲《月令》，以"著書"譌"班"爲"獀"，有"馬"無"政"，失之遠者。且並無"班馬政"之文，皆未喻"馬政"必"班"，猶之"五戎"必"習"也。而要非教之所以不及此，懿鑠哉！

"麀鹿速速，君子之求"，非真求彼"麀鹿"也。"多庶趦趦，君子逌樂"，非真樂此"多庶"也。斯時有箴於天子者，曰："今日畋樂乎？"曰："樂。""獲多乎？"曰："少。"然則何樂曰"樂"？夫動大閲，理秋御，窮馳極騁，不擾農人，三旬有餘，其塵至矣。徽緤受詘，戎汢如章。五輅鳴鑾，四馬其寫。故以五戎論，不必左烏號，右夏服。始時習之以"馬政"論，不必乘遺風、轉陶駼、始班如也。然則此一教也，謝喜功之名，符講武之義，防至治之亂，應肅刑之時，乃知兵者是凶器，聖人不得已而用之。

是月也，天子乃教於田獵，以習五戎，班馬政

（堂課正取三名）

錢良駿

季秋講武，備患也。蓋非武事不足以禦外患，因季秋而教田獵，修戎馬，善備患哉！

嘗聞天下士相聚而言曰："聖王之世，尚文德不尚武功。"此迂儒之談耳。天下雖安，忘戰必危，是以古昔盛時，秋獮有經，非徒侈罜網連紘，籠山蔽野，格猛獸，殫大兕之樂也。蓋將於無事之時，操擊刺，練馴馽，即於有事之際，備折衝，任馳驅，吁嘻鑠哉！皇威震懾，我武維揚矣。

秋者何？兵象也。五行之運，在秋屬金。金，兵也，故秋宜兵事。殺氣盛於秋，故宜田獵。雖然，新穀布野，豈六飛馳逐，遂不恤萬家黍稻耶？天子曰："農功方盛，徐圖之。"有司告曰："郊原數十里，筑場圃，慶秋成，農事將畢。"天子曰："可矣。其逐鹿中原乎？"招虞人以皮冠鍜，乃弓矢礪，乃戈矛。選勁卒，發輕騎，將有事於原藪。桓桓武士，慷慨赴功，執轡在手，方以為各奏爾能矣。望平崗而進發，金戈相撥，鐵騎成羣，由基、孟賁之倫，造父、王良之輩，蒙盾負羽，杖鏌邪而羅者，以萬計焉。天子曰："稱爾戈，比爾干，立爾矛。予其教開三面之網，發五豝之技，亦今日之壯觀乎？"而實非予所擊念者。器械之用，適其宜；駤騳之力，合其用。無以劍擊遠，無

以矢射近。下駟不可敵中駟，中駟不可敵上駟，勗哉敬乃事。軍吏曰：“嗟，敢弗承於是！”策嘶風之馬，逐走險之鹿，獵火滿山，營合圍會。拖蒼豨，跋犀犎，斮巨狿，搏元援。旌旗戈矛，繽紛往來；虎旅雲合，駷驥奔騰。吁嘻美哉，軍容斯盛；盛奚由哉，軍律嚴也，嚴者奚爲哉！

田獵之時，寓戰陣之法也。夫田獵，遊事也。兵凶戰危，豈田獵可類？曰：“否。《志》有之：‘器械不精，以其卒與敵也；騎不素練，以其士與敵也。’”國家當外侮未至之秋，不即農隙以訓練之，一旦有事，兵雖多，其如不習戰陣何？惟茲逐角之時，以訓無用之卒，而成無敵之師，或可安內攘外焉。故曰：“季秋講武，備患也。”

是月也，天子乃教於田獵，以習五戎，班馬政
（堂課正取九名）

劉啓藩

借田獵以講武，順民情也，甚矣。

民雖惡戎馬，而莫不好田獵也。天子乃教之於季秋，而五戎以習，馬政以班，謂非順民情乎？且獮狩之典重，而後軍旅之事明。是戎馬者，先王所以定因時之制也，即所以備不時之虞。蓋好利惡死，人有同情；軍旅之效死，何如獮狩之獲利？以所好寓所惡，而武備修焉。

古大司馬因秋獮以治兵者，職是故爾。不然，備車騎之眾，抗士卒之精，費府庫之財，忘國家之政，以張殺戮，以侈畋遊，務在獨樂，不顧眾庶，斯則仁者不繇也。況當是月，霜始降而寒氣總至，百工且休。民力有不堪者，方將命其皆入室矣。而乃舉烽伐鼓，申令三

驅。秉繁弱之弓,搢忘歸之矢。殳矛林植,戈戟星懸。駧駅彭彭,
驂驪濟濟。飛黃奮銳,賁石逞技。禽相鎮壓,獸相枕藉。風毛雨
血,灑野被天。與之終日馳騁,勞神苦形;戮力致獲,以娛左右。此
豈聖天子之所以教民者哉?

　　大抵武事之修,盛朝不廢。修爾車馬,弓矢戎兵。用戒戎作,
《詩》詠之矣。特兵凶戰危,人所深忌。而兔罝狐驚之地,既壯軍容
於宿衛,即嫻軍略於遊觀。寓兵於農,古有常法,與其大簡閱以重
干城之寄,強其所難;孰若假娛樂以儲專閫之材,使皆有勇? 矧農
事備收,田獵因無有害乎? 於是教之。所謂順天道以殺伐,而非侈
天下之窮覽極觀者矣。

　　且夫指決臂拾,左張右挾,勁弩在前。一夫當十者,弓矢之力
也。拳擊力盡,短兵忽鳴。爲守爲攻,狹巷能持者,殳矛之用也。
至若秘短易持,鋒廣易入;致人於數步之外,決勝於一戰之餘,則莫
便於戈戟。然非習之。將五戎中,何者宜長? 何者宜短? 何者爲
進退之應? 何者爲攻刺之方? 有戎器而無戎法,猶之無器也。

　　若乃兩服兩驂,齊驅並駕;六轡在手,一塵不驚,則又非馬政之
班不及此。天子乃臨之以王政,考之以《風》《雅》。歷騶虞,覽駉
騋;嘉車攻,采吉日。爰於是月,禮官整儀乘輿而出。夾旅賁之長
戈,建干將之雄戟。左烏號之雕弓,右夏服之勁箭。殳列前而霜
屬,矛擁後而電炎。騏駵驂乘,騑駁駧駕。甲兵修其器,丁壯發其
徒,相與聊浪乎昧漠之坰。軍吏率其夫,司馬興其役,相與騰躍乎
莽罛之野,則見獲禽獻技,兵氣揚也。展驥呈材,畜牧盛也。藉田獵
而學藝,遵其教者,五戎以習,非以縱淫荒也;因田獵而觀兵,守其
教者,馬政以班,非以誇驅騁也。

　　猗歟,休哉! 人盡知兵,士皆効命。於田獵時習之班之,實能
於農隙時教之故也。《月令》曰:"是月也,天子乃教於田獵,以習五
戎,班馬政。"此誠萬世教戰之良法也夫!

地廣大，荒而不治，此亦士之辱也

（堂課正取一名）

袁嘉毅

有地如無地，士之辱不可解也。

夫士，事也。事爲治地，則士爲邑宰，可知。今既廣大而荒之，辱豈第卿大夫乎？

且王者大一統，分千百邑宰而治之，其將以井其井，田其田，膏沃其磽瘠，豈徒爲邦家光哉？抑邑宰與有榮焉爾。然斯事體大，保無疑屬望之士，疏爲邑宰者失誣，不知《雜記》云："士次於公館。"《喪服》傳云："公卿、大夫、室老、士，貴臣。"注經通儒皆謂"士"爲"邑宰"。誠以一宰之專而任一邑之務，有土此有事，責無旁貸，功有攸歸也。

而事乃有大謬不然者。四郊多壘，兵事也，辱在卿大夫。其在《詩》云："百辟卿士。"《記》亦云："列國之大夫，入天子之國，曰'某士'。卿、大夫與士爲一。"說《詩》說《禮》者皆然。然聖代無相混之職，司職無等夷之理。職兵者卿、大夫，縱不妨通名曰"士"，而職農者士，斷不可通事於卿大夫。言有士也，必有地也；言有地也，必有治也。吾將驗夫治地者。舉上上、中中、下下之田，圻田、圍田、湖田、方田之別，授民百畝以及萬千畝，地之利其溥哉！今夫地，一撮土之多，及其廣大。有縱之橫之，邊涯陰陽，而莫知其極者。朝一令曰耨其易，夕一教曰耕其深。將一樹一穫，不風、不餒、不益、不蟲、不蝗、不蚼蛆，以廣生焉，以大生焉。在邑宰操之券爾，何居乎？

地雖廣大而可治，竟不治而荒之哉！惟荒度土功。古時之重地利也，較以今之荒則異。四穀不升謂之"荒"，他年之逢大旱也。

而今之"荒"則又異。何異乎爾？地愈廣大而愈荒，誠有如大司馬政所謂"野荒民散"，則削之者。然即未之削，而士也遂嘻嘻而幸，漠漠而視，安乎？否乎？君子曰："人不可以無恥。"忽此稼苗，使吾民飢餓於我土地，如己推人於溝中，如人撻己於市朝，以云辱也，不亦宜乎？

嗟乎，世風不古，經義沈冥。淺者曰："地之不治，仍卿、大夫之辱。"故曰亦重詞也，於是乎邑宰之責輕。矯者曰："士爲修士，雖無荒地之咎，辱亦有之。"故曰亦輕詞也，於是乎邑宰更輕。以吾所聞，士者，事也，任事之稱也。濟濟多士，豈盡朝臣，偕偕士子，同趨王事，荒地之事，詎必限以卿大夫哉？況夫天下己任，士之修立者固善，然農不越畔而務力，士詎以荒地而引憂？挨建官初心，地必有宰，宰必治地，當不於邑宰之外，望人以不治之辱也。恥之於人大矣。當恥不恥，不可；不當恥而恥，可乎？天下之宏，地利之興，人但隨吾職以免吾辱焉！斯亦已矣。願持古義以砭邑宰之有地如□□者。

地廣大，荒而不治，此亦士之辱也

（堂課正取三名）

秦光玉

地荒而歸咎於士，與《周禮》相發明也。

蓋士者，即《周禮·地官》之里宰也。地荒而以爲士辱，不與《周禮》相發明哉！

嘗讀《周禮》一書，里宰之職，比其邑之眾寡。以歲時合耦於鋤，以治稼穡，趨其耕耨。夫里宰即邑宰也，邑宰即士也，曰"合耦於鋤"，則土地闢可知矣；曰"治稼穡，趨耕耨"，則田野不荒蕪，可知矣。無如後世之士，大謬不然。蔓草荒烟，赤地千里，吁可愧矣。"四郊多壘，以爲卿大夫辱"，固已。今夫四郊之外有山林之地焉，有川澤之地焉，有邱陵之地焉，有墳衍之地、原隰之地焉，廣矣，大矣，不可紀極矣。

考《周禮·大司徒》以土會之灋，辨五地之物生：山林宜皁物，川澤宜膏物，邱陵宜覈物，墳衍宜莢物，原隰宜叢物。又以土宜之灋，辨十有二壤之物而知其種，以教稼穡樹藝，則欲使野無曠土，國無閒田，豈非宰斯土者責哉？奈之何驅車原野，浩浩乎平沙無垠，夐不見人；蓬斷草枯，蕭條極目，求所謂"麥秀漸漸，禾黍油油"者，無有也；登高而遊目騁懷，則素號童山，求所謂樞栲漆梄者，無有也；降而觀諸卑濕之地，則田卒污萊，求所謂榆杻栗苓，游龍荷華者，無有也。綜而計之，或數千里，或數百里，數十里，不可得而知也。

嗟嗟！以有用之地，如此之廣，如此之大，坐視其荒廢而不治焉？抑可悲矣！然則果誰之咎歟？責之鄉老，鄉老不應也；責之黨正，黨正不從也；責之旅師、閭胥、比長，而旅師、閭胥、比長不任受也。曰地廣大，荒而不治，此固卿、大夫之辱，而亦士之辱也。何也？士者，里宰也。里宰每里下士一人，所以主宰斯地者也。故《周禮·地官·司徒》以"治稼穡，趨耕耨"責成於里宰，有專司也，無旁貸也。明乎此，而後世之爲邑宰者，其亦知所愧恥也哉？

地廣大，荒而不治，此亦士之辱也

（堂課正取四名）

孫文達

以辱愧士，田野皆分内事也。

蓋士爲四民首，它即不與焉。而田里之事難諉也。地荒而不治，以此愧士，切哉！

且士者，事也。數始於一，終於十。從十，從一，明以見士之爲士，始於民之事，終於君之事，皆統繫於士之一身，士何嘗無所事事哉？如謂士未嘗食君祿也，服君爵也，凡國家事，舉可優焉游焉，置之度外，則國家安賴有士？即士亦何重於國家？以田里之可謀者責之，不能出而謀國家，並不能入而謀桑梓。吁，此分內事，應汗顏已！

或云：地，采地。士，邑宰。爲君邑宰，其寀地亦荒穢不治，故曰"辱"。曰：否否，不然。古未有以"士"訓"邑宰"者。且邑宰之責，奚止地哉？盜賊之源，何以弭也？牧畜之利，何以興也？訟獄之煩，何以聽也？禮樂之化，何以振也？黎庶之情，何以通也？元氣之調，何以先也？朝廷之恩德何以宣？祖宗之制度何以持也？至於度地居民，分田授井，此王者事。於邑宰弗與。至於分疆畫井，外攘內修，此相臣事，於邑宰又弗與。邑宰之於地，教開墾，勸蠶桑，課耕耨，講種植，營儲蓄，備災饉，此邑宰所有事。然亦一端耳，其他之責備尚多也。僅以此爲邑宰事，毋亦視邑宰不廣歟？是地非采地，士非邑宰何疑？或又謂《舜典》："皋陶，汝作士。"解者曰："士，理官也，欲得其曲直之理也。"是"士"有以名官者，安見士非邑宰？豈知"皋陶作士"之"士"，刑官也；地之治不治，烏得責刑官耶？竊謂此之爲"士"，或真無官守者也。赤土千里，不建言以補救之，辱也；流民萬人，不擇術以提倡之，辱也。蓋士者，民之表率也，田里且不治，遑問他哉？故引不治以責士，切矣。

雖然，有難言者。繩樞甕牖、貧而無資者，其士哉！勤樹藝，闢田園，美利之興，非大裕資財者不能遂。士而倉箱未裕，儋石無儲，使遽以經營畎畝期之，所期亦太刻耳。然亦何能恝置也？或著書貽後世，邊帥藉以置屯田，或建策陳當途，宰臣爲之興水利。苟可挽回，則挽回之；驟謂其挽回無術焉，正恐躊躇四野，必羞顏矣。然後歉田疇不理,士斷難以困乏爲辭,何況搜俊秀於膠庠中? 其坐擁巨貲者不少已,泌水衡門、散而無位者,其士哉! 趣耕耘,教稼穡,力田之詔,非有關職守者不得行。士而閉戶讀書,下帷講學,使概以籌畫井疆責之,所責亦甚苛耳。

然亦自有經綸也,或一畝以倡於先,則灌溉之風傳里黨;或一身以率於始,則勤勞之習化家人。苟可振作,則振作之。驟謂其振作無權焉,正恐悵望平原,多愧色矣。從可知耕作不勤,士復難以逍遙藉口;又況獻蒭蕘於廊廟上,其扶持大政者尚多已。

嗟嗟! 輿图所載,先朝之締造已艱。士苟以忠愛爲心,當思沃壤蕭條。倘窺伺有人,得毋愧圖維太晚;梓里所經,數世之身家有繫。士果以綢繆爲急,務使鄉邦富庶;俾安居無事,或不虞禍患方殷,士各以辱自勵哉,天下無不治之地矣!